Eleanor Janega
Die ideale Frau

Propyläen wurde 1919 durch die Verlegerfamilie Ullstein als Verlag für hochwertige Editionen gegründet. Der Verlagsname geht zurück auf den monumentalen Torbau zum heiligen Bezirk der Athener Akropolis aus dem 5. Jh. v. Chr. Heute steht der Propyläen-Verlag für anspruchsvolle und fundierte Bücher aus Geschichte, Zeitgeschichte, Politik und Kultur.

Eleanor Janega

DIE IDEALE FRAU

Wie uns mittelalterliche Vorstellungen von Weiblichkeit noch heute prägen

Aus dem Englischen von Karin Schuler

Propyläen

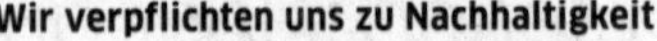

- Papiere aus nachhaltiger Waldwirtschaft und anderen kontrollierten Quellen
- Druckfarben auf pflanzlicher Basis
- ullstein.de/nachhaltigkeit

Die Originalausgabe erschien 2023 unter
dem Titel *The Once and Future Sex*
bei W. W. Norton & Company Ltd, London.

Propyläen ist ein Verlag der Ullstein Buchverlage GmbH
www.propylaeen-verlag.de

ISBN 978-3-549-10072-1

Gesetzt aus der Granjon LT Std
Satz und Repro: LVD GmbH, Berlin
Druck und Bindearbeiten: GGP Media GmbH, Pößneck
Printed in Germany

Für meine Mutter

Inhalt

Einführung

Im Prag des späten 14. Jahrhunderts stattete der Erzdiakon Pavel von Janovice allen Gemeindekirchen der prächtigen Residenzstadt einen Besuch ab und fragte auch nach etwaigen religiösen Problemen, um die man sich kümmern müsste. In der Andreas-Gemeinde in der Altstadt wurde der Erzdiakon auf »eine bestimmte Frau namens Domka« aufmerksam gemacht. Den anderen Gemeindemitgliedern der Pfarrei zufolge lebte Domka mit einer Gruppe von »verdächtigen Frauen« im Haus eines Mannes namens Jindřich und leitete die Gruppe sogar, obwohl sie mit einem Kammerherrn des Königs verheiratet war. Um ihren Lebensunterhalt zu verdienen, verkauften die Frauen gesegnete Kräuter an Kunden, die an Kopfschmerzen litten.[1] Dieses Arrangement stellte aus verschiedenen Gründen eine »verdächtige« religiöse Notlage dar: Erstens lebte Domka außerhalb der Kontrolle ihres Ehemannes, während die anderen Frauen offenbar überhaupt keinem Mann außer ihrem Vermieter verpflichtet waren; zweitens war zwar ihr Kräutergeschäft grundsätzlich erlaubt, doch die Tatsache, dass eine Gruppe von Frauen es ausübte, schien die Grenzen üblicher Kräutermedizin hin zu magischen Heilmitteln zu verschieben; und drittens mussten Frauen, die so zusammenlebten, ganz sicher ein unerlaubtes Bordell führen und darin arbeiten.

Die Sorgen der Gemeinschaft in Bezug auf Domka und ihre Mitbewohnerinnen zeigen uns, dass es Frauen im mittelalterlichen Europa schwer hatten – allerdings nicht so, wie wir es uns meist vorstellen. Wir wissen, dass sie es schwer hatten, weil unsere Gesellschaft auf ihrer aufbaut und Frauen noch immer gegenüber Männern benachteiligt sind. Heute bekommen Frauen unter anderem weniger Lohn für die gleiche Arbeit; sie übernehmen überproportionale Anteile der Hausarbeit; medizinische Fachleute glauben ihnen nicht, wenn sie Schmerzen haben; man erwartet, dass sie stets sexuell attraktiv wirken, aber Sex immer nur mit ihren richtigen, festgelegten Partnern und *genau in der richtigen Menge* haben; und sie ertragen sexuelle Belästigungen und die große Gefahr eines sexuellen und körperlichen Übergriffs, während sie ihren Alltagsaufgaben nachgehen. Wenn wir jetzt, im Zeitalter des Feminismus, mit alldem zu kämpfen haben, können wir doch davon ausgehen, dass es den Frauen des Mittelalters noch schlechter ging – ohne die Pille, die Gleichberechtigung und Dolly Partons *Nine to Five*, ein Aufruf zur Gleichbehandlung von Frauen am Arbeitsplatz. Und doch nehmen wir uns selten die Zeit, herauszufinden, wie die Frauen des Mittelalters in ihrer eigenen Zeit betrachtet und behandelt wurden und warum dies so war. Stattdessen gehen wir einfach davon aus, dass sie mit einer drakonischeren Version unserer eigenen Probleme konfrontiert waren. Das stimmt auch in gewisser Hinsicht, da Domka und ihre Gefährtinnen beim Erzdiakon angeschwärzt wurden, der die Macht hatte, sie zu exkommunizieren und aus ihrem Heim zu vertreiben. In diesem Fall scheint allerdings überhaupt nichts passiert zu sein. Waren diese Frauen »verdächtig«, standen sie unter Beobachtung in ihrer Gemeinde und wurde über sie geklatscht? Ja! Und griff die Kirche deswegen ein? Nein. Schließlich taten diese Frauen offenbar nur, was Frauen normalerweise taten – verdächtiges Zeug. Es gab keine Möglichkeit, dies wirksam zu unterbinden.

Wenn wir – also die Gesellschaft als Ganze – historische

Begebenheiten wie diese ignorieren und annehmen, dass Frauen stets auf ebenjene bestimmte Art und Weise behandelt wurden, die wir erst jetzt allmählich überwinden, gehen wir fälschlicherweise davon aus, dass unsere Gesellschaft immer so gewesen ist und im Grunde *so sein sollte*. Unsere Welt als Ganze reagiert in dieser Perspektive schlicht und einfach auf die natürlichen Defizite der Frauen und organisiert sich so, dass sie sie ausgleicht. Wir neigen zu der Ansicht, dass unsere Gesellschaft heutzutage allmählich beginnt, diese Unzulänglichkeiten anzugehen. Und gehen dabei davon aus, dass Frauen in der Vergangenheit so behandelt wurden, wie wir behandelt werden – aus denselben Gründen, nur ohne die Vorzüge der modernen Welt, die uns helfen, unsere angeblich angeborenen und natürlichen Defizite zu kompensieren.

Der Fatalismus solcher Annahmen macht mich wütend. Die Vorstellung, dass die Dinge immer so waren und dass unsere gesellschaftlichen Erwartungen an Frauen sich als das Ergebnis einer unveränderlichen Wahrheit in Bezug auf mehr als die Hälfte der Weltbevölkerung entwickelt haben, ist einfach zu bequem. Schlimmer noch: Sie ist auch falsch und entbehrt jeder historischen Basis. Welche Probleme unsere Gesellschaft auch immer heute mit Frauen haben mag – wir halten sie nicht ganz allgemein für so sexbesessen und häretisch, dass sie, wenn man sie gewähren lässt, ein Bordell mit einem netten kleinen Nebenerwerb durch den Handel mit magischen Kräutern eröffnen. Ganz offensichtlich hat sich doch manches geändert.

Wenn wir verstehen wollen, wie die westliche Gesellschaft zu ihren gegenwärtigen Einstellungen in Bezug auf Frauen kommt, müssen wir sie bis ins mittelalterliche Europa zurückverfolgen. Leider betrachten wir die damalige europäische Geschichte als den Gipfel an obskurem oder unnötigem Wissen. Wir verwenden den Begriff *mittelalterlich* als Kürzel für »rückständig« oder »barbarisch«, als etwas, aus dem wir gelernt und das wir längst hinter uns gelassen haben, wodurch wir letztendlich besser geworden sind. Wir sind so selbstgewiss in unserer Überzeugung, was wir fänden, wenn wir einen vertiefenden Blick auf die mittelalterliche Geschichte werfen würden, dass wir uns oft gar nicht mehr die Mühe machen. Doch diese Haltung ist nicht nur falsch, sie ist auch ein Grund dafür, dass unsere Gesellschaft sich nicht auf eine gleichberechtigte Zukunft zubewegt.

Mittelalter bedeutet ja im Grunde »mittleres (Zeit-)Alter«. Es beschreibt eine Spanne von mehr als einem Jahrtausend, vom Fall Westroms im Jahr 476 bis zum Ende des 15. Jahrhunderts – die Zeit zwischen dem Altertum und der Neuzeit. Es fungiert mit anderen Worten als eine Art Brücke und erklärt, wie die Gesellschaft der antiken Welt sich zu ihrer heutigen Form wandelte – oder würde das vielmehr erklären, wenn wir uns dafür interessieren würden. Weil dieses Zeitalter zwischen zwei anderen liegt, können wir durch die Beschäftigung mit seinen Geschlechternormen sehen, woher einige unserer fortbestehenden Gender-Annahmen stammen. Dass wir Frauen als »von Natur aus« schwach und minderwertig betrachten und deshalb annehmen, sie bräuchten Schutz und Führung, ist ein Überbleibsel aus der Antike und dem Mittelalter. Wenn wir das verstehen, können wir fragen, warum wir noch immer daran glauben. Wenn wir die Menschen des Mittelalters für so rückständig halten, warum sind wir dann in dieser Hinsicht einer Meinung mit ihnen?

Zudem können wir bei der Auseinandersetzung mit mittelalterlichen Gender-Normen feststellen, dass viele Annahmen über Frauen sich in Wirklichkeit seit dem Mittelalter drastisch geändert haben. Wenn wir das bewusst wahrnehmen, können wir unsere schlimmsten und rückständigsten Verhaltensweisen hinter uns lassen. Die einzige ungebrochene Tradition in Bezug auf Geschlechternormen besteht schließlich darin, dass Frauen als minderwertig behandelt werden. Und damit können wir jederzeit aufhören.

In diesem Buch untersuchen wir das historische Problem unseres gesellschaftlichen Beharrens darauf, dass Frauen *X* sind und wir deshalb mit *Y* reagieren. Zunächst werden wir uns auf den intellektuellen Unterbau der mittelalterlichen Vorstellungen konzentrieren. Die antiken philosophischen Schriften eines Platon, Aristoteles, Galen und Hippokrates prägten die Auffassungen der mittelalterlichen Gesellschaft zu Frauen und Geschlecht. Außerdem werden wir uns, um die religiösen Grundlagen des mittelalterlichen Europa zu verstehen, mit Kirchenvätern wie Augustinus und Hieronymus beschäftigen, deren Werke den Rahmen der christlichen Theologie lieferten. Ausgerüstet mit einem guten Verständnis der antiken Denker können wir uns ihren mittelalterlichen Nachfolgern zuwenden. Dazu gehören Theolog:innen wie Albertus Magnus, Thomas von Aquin und Hildegard von Bingen, aber auch weltliche Autor:innen wie Geoffrey Chaucer und Christine de Pizan, deren literarische Werke Ansichten widerspiegeln, über die gebildete Zeitgenoss:innen debattierten.

Sobald wir klar erfasst haben, wessen Vorstellungen das waren und wie sie weitergegeben wurden, werden wir zu einer Betrachtung der Schönheit übergehen, jener angeblich wichtigsten aller weiblichen Eigenschaften. Wir werden sehen, dass die Menschen des Mittelalters nicht nur bei der Vermittlung von Wissen auf die Vergangenheit schauten, sondern auch bei der Bewertung weiblicher Schönheit. Wenn wir die mittelalterliche Checkliste für attraktive Attribute kennen, hilft uns das, die Körperpflege und die Mode mittelalterlicher Frauen zu verstehen, und erlaubt uns, den Aufwand zu bewerten, den sie betrieben, um dem damals gängigen Schönheitsideal zu entsprechen. Man sagte ihnen einerseits, dass es genau einen Weg gebe, attraktiv zu sein, machte ihnen andererseits aber auch klar, dass sie sich unter keinen Umständen anstrengen sollten, um jener Erwartung gerecht zu werden. Frauen sollten einfach mühelos schön *sein*. Wenn sie aktiv versuchten, dieses Ideal zu erreichen, machten sie sich lächerlich oder setzten sogar ihr Seelenheil aufs Spiel. Mittelalterliche Frauen sahen sich zu einer Gratwanderung gezwungen – zwischen den strengen Kriterien, die zu öffentlicher Bewunderung und erfolgreichen Eheschließungen führten, und dem, was als ein unziemliches Interesse an jenen Hilfsmitteln galt, die sie dabei unterstützen konnten, dieses Ziel zu erreichen.

Frustrierenderweise wurde die Schönheit, die Frauen verkörpern sollten, oft auch verurteilt, weil sie die Aufmerksamkeit der Männer von erhabenen politischen und religiösen Gedanken auf das niederste und weiblichste aller Themen, den Sex, lenkte. Um die mittelalterlichen Einstellungen zur Sexualität besser zu verstehen, müssen wir uns mit den theologischen Erwartungen befassen, an denen sich die Menschen des Mittelalters orientierten. Allerdings setzten die meisten mittelalterlichen Christen ab und an ganz gern ihr Seelenheil für ein bisschen Vergnügen aufs Spiel und sagten, es seien die Frauen, die gegen die von der heiligen Kirche gesetzten sexuellen Normen verstießen. Anders als heutzutage galten Frauen sowohl als sexbesessen wie auch als unersättlich in ihren Forderungen. Deshalb hatte man ständig Angst, Frauen würden Ehebruch begehen. Man glaubte sogar, sie würden Magie einsetzen, wenn man ihren sexuellen Forderungen nicht nachkam. Insgesamt sieht das mittelalterliche Konzept der weiblichen Sexualität ganz anders aus als unseres, außer dass weibliche Lust ebenso als seltsam galt.

Nachdem wir ermittelt haben, wie Frauen aussehen und lieben sollten, werden wir uns allgemeiner den Erwartungen an mittelalterliche Frauen außerhalb des Schlafzimmers zuwenden. Zuerst und vor allem wurden Frauen als Ehefrauen und Mütter wahrgenommen, während die Kirche manchmal zu intervenieren versuchte, um sie auf einen Pfad der religiösen Kontemplation und Ehelosigkeit zu führen.

Die meisten Frauen heirateten also und bekamen Kinder, doch man erwartete auch, dass sie sich intensiv an verschiedenen Arbeiten beteiligten. Die Mehrheit der mittelalterlichen Frauen waren Kleinbäuerinnen und verrichteten landwirtschaftliche Arbeit, die sich Monat für Monat und Jahr für Jahr wiederholte. Abgesehen von der Landarbeit waren Frauen auf dem Lande wie in der Stadt womöglich mit Heimarbeiten wie Weben, Backen und Bierbrauen beschäftigt. Manche Frauen arbeiteten in exklusiveren Berufen als Künstlerinnen und Kunsthandwerkerinnen, als Ladenbesitzerinnen und Händlerinnen, als medizinische Fachkräfte und, wenn die Kirche ihren Willen durchsetzte, als Nonnen. Auch reiche Frauen führten kein Leben in Muße. Eine Adlige oder Angehörige eines Königshauses zu sein, war an und für sich schon eine Form besonderer und belastender Arbeit. Während also Frauen zuerst und vor allem Ehefrauen und Mütter waren, wurden sie niemals *nur* als solche betrachtet. Im Mittelalter Frau zu sein, hieß, nützlich sein zu müssen, auch wenn diese Arbeit nicht notwendigerweise so geschätzt wurde wie die Arbeitskraft eines Mannes.

Und schließlich wollen wir uns unseren eigenen Erwartungen auf ebenjenen Gebieten zuwenden. Wir werden sehen, wie die philosophischen und akademischen Rechtfertigungen, die wir in Bezug auf das Wesen der Frau entwickelt haben, verwendet werden, um darauf zu pochen, dass unsere Einstellungen zu Frauen immer schon da waren, dass wir aber jetzt in einem goldenen Zeitalter für Frauen leben. Wenn wir die Annahmen über mittelalterliche Frauen wie auch die Realitäten ihres Lebens kennen, werden die gegenwärtigen Erwartungen, die wir an Frauen haben, alles andere als »traditionell« erscheinen. Unsere Vorstellungen von der idealen Frau haben sich im Laufe der Zeit stark verändert, wie auch unsere Idee davon, was genau mit Frauen nicht stimmt. Beharrlich geblieben ist leider das gesellschaftliche Verlangen, Frauen zu unterjochen – sie nach den härtestmöglichen Standards zu beurteilen und mangelhaft zu finden. Die Einschätzung ist dieselbe geblieben – nur die Rechtfertigung hat sich geändert.

Und doch ist diese Arbeit nicht fatalistisch. Wenn die Vorstellungen zu Frauen ständig so angepasst werden, dass sie ihre schlechte Behandlung rechtfertigen, können sie auch so umgearbeitet werden, dass sie die Fähigkeiten und Wünsche von Frauen respektieren. Sobald wir verstehen, dass unsere Vorurteile Frauen gegenüber kulturell bedingt sind, können wir sie dekonstruieren und neu beginnen.

Setzen wir also in Kapitel 1 ganz am Anfang an: bei den philosophischen Grundlagen für das mittelalterliche Verständnis von Frauen.

1

Zurück zu den Anfängen

Im Jahr 1371 setzte sich Geoffroy de La Tour Landry daran, ein Buch für seine Töchter zu schreiben. Im Vorwort schilderte er seine überwältigende Liebe für und Hingabe an ihre Mutter, die »geübt war in aller Ehrsamkeit und jeder Vortrefflichkeit; und sie besaß höfische Haltung und Gebaren; von den Guten war sie die Beste«. Ihr Tod ließ ihn in eine jahrzehntelange Depression über den Verlust seiner »vollkommenen Liebe« versinken, und gleichzeitig führte er ihm vor Augen, was er alles tun musste, um seine Töchter so zu erziehen, dass sie auf ihren Spuren wandelten. Seiner »Seele Wunsch war, dass ihnen alle Ehre und jeder Vorzug zuteilwerden möge; sie waren noch jung und klein, … so dass es erforderlich war, sie früh an die Hand zu nehmen und sanft zu brechen«. Also beschloss er, »ein Buch zu machen, in dem [er] die denkwürdigen Beispiele bewundernswerter Frauen zusammenstellen werde … um durch ihr Vorbild zu zeigen, was wahre Weiblichkeit und gutes Benehmen sei; und also wie sie aufgrund ihrer Tugenden in Ehren und Hochachtung gehalten wurden und ewig weiterhin gehalten werden«.[1]

Indem er diese Worte aufs Pergament brachte, schuf Geoffroy nicht nur einen gesellschaftlichen und moralischen

Ratgeber für seine Töchter; er lieferte auch ein perfektes Beispiel für die Haltung seiner Gesellschaft Frauen gegenüber. Jede Frau hatte die Möglichkeit, den Gipfel der Weiblichkeit zu erreichen – eine geliebte Ehefrau und Mutter zu sein, mit einem treu ergebenen Ehemann, der Gedichte für sie schrieb und noch Jahre nach ihrem Tod liebevoll an sie dachte. Allerdings wurden solche Frauen nicht geboren, sondern durch das frühzeitige Eingreifen ihrer männlichen Familienmitglieder und mithilfe von Vorbildern aus der Vergangenheit gemacht. Die Männer wussten, wie Frauen sein sollten, die Männer verstanden das Wesen von Frauen am besten und konnten sie so zähmen, dass sie genau das waren, was sie von ihnen erwarteten. Damit eine geliebte Tochter eine hochgeschätzte Ehefrau wurde, mussten Männer ihre schlechtesten weiblichen Eigenschaften brechen, um sie zu einer Begleiterin und Gehilfin zu formen – der höchste Status, den eine Frau des Mittelalters erreichen konnte. So klang es zumindest, wenn man die Männer des Mittelalters fragte (und manchmal sogar, wenn man das nicht tat).

Wenn also ideale Frauen gemacht werden konnten, waren sie logischerweise ohne gezielte Intervention ausdrücklich nicht ideal. Die idealen Standardmenschen waren die Männer. Frauen waren ein Anhängsel oder ihr Spiegel, sie sollten für das dominante Geschlecht arbeiten und es ergänzen. Zudem fehlte es ihnen dieser Betrachtung zufolge an den vorteilhaften Eigenschaften der Männer. Wo Männer stark, beständig, vernünftig und fromm waren, endeten auf sich allein gestellte Frauen als schwache, flatterhafte, eitle, wollüstige Geschöpfe und blieben – das war das Allerschlimmste daran – deshalb unverheiratet. Die Ankunft eines kleinen Mädchens in der Welt war daher nicht unbedingt unwillkommen, bedeutete aber, dass Eltern wie Geoffroy alle Hände voll zu tun hatten, wenn sie wollten, dass ihre Töchter ein funktionierender Teil der Familie und Gesellschaft wurden.

Diese Vorstellungen über Frauen und ihr Wesen waren nicht einfach voll ausgeprägt dem Kopf des Zeus entsprungen, sondern leiteten sich vielmehr aus den Werken antiker Gelehrter ab. Die Intellektuellen der Zeit glaubten, sie säßen »auf den Schultern von Riesen«, ein Ausdruck, den der Gelehrte und Philosoph Bernhard von Chartres († nach 1124) am Anfang des zwölften Jahrhunderts prägte, um auszudrücken, dass Wissen kumulativ war und spätere Gelehrte kontinuierlich auf dem Fundament der großen Philosophen und Denker der alten Welt aufbauten.

Tatsächlich hatte man das gesamte mittelalterliche Bildungssystem auf und rund um die Autoren des antiken Griechenland und Rom errichtet. Wenn es um Unterschiede zwischen den Geschlechtern ging, hatten die Vorstellungen einer kleinen Gruppe antiker Männer einen übermäßigen Einfluss. Die Denker des Mittelalters verehrten ihre Vorväter, weil sie in ihren Augen ein philosophisches System besessen hatten, das dem ihrigen nicht nur überlegen, sondern sogar aufgrund seines ehrwürdigen Alters fast göttlich zu nennen war. Sie standen dem Garten Eden, in dem Gott gegenwärtig gewesen war, zeitlich einfach näher. Seit damals hatte sich die Menschheit immer weiter von jener Zeit und jenem Ort der Göttlichkeit entfernt und dabei stetig an Wissen verloren.

Den Philosophen und Theologen des europäischen Mittelalters lieferte der Schöpfungsmythos einen fruchtbaren theologischen Ausgangspunkt. Allerdings war er nur ein Teil eines komplizierten christlich geprägten theologischen Systems aus dem Zeitalter der Kirchenväter (das grob zwischen 100 und 450 n. Chr. zu datieren ist), auf dem sie aufzubauen versuchten.

Um zu verstehen, wie die Menschen des Mittelalters über

Frauen dachten, müssen wir erst nachvollziehen, woher sie ihre Vorstellungen hatten. Und das heißt, dass wir in die Antike zurückschauen müssen, um die Riesen zu sehen, auf deren Schultern die Menschen des Mittelalters saßen.

Theoretisieren über den weiblichen Körper: Hippokrates

Der älteste Autor, den die mittelalterlichen Denker verehrten, war der griechische Arzt Hippokrates von Kos (um 460–370 v. Chr.). Noch heute wird Hippokrates, der so bekannt ist, wie man nach 2500 Jahren nur sein kann, als »der Vater der Medizin« gefeiert.[2] Sein Name ist auf ewig mit dem hippokratischen Eid verbunden, an dem sich alle Ärzt:innen orientieren und der sie unter anderem dazu verpflichtet, »alles zu unterlassen, was den Patienten schädigt«, »alle Maßnahmen anzuwenden, die zum Wohle des Kranken nötig sind«, und »daran zu denken, dass sie ein Mitglied der Gesellschaft bleiben, mit besonderen Verpflichtungen gegenüber allen ihren Mitmenschen«. Die von Hippokrates gegründete Ärzteschule brachte gut ausgebildete medizinische Fachkräfte hervor, die großen Wert auf ihre Professionalität und die sorgfältige Beachtung von Systemen und Techniken legten. So kommt es, dass viele »hippokratische« Texte nicht unbedingt von diesem einen Mann verfasst wurden, sondern vielmehr ein Textkorpus bilden, das seine Anhänger und nach hippokratischen Methoden ausgebildeten Schüler zusammenstellten.

Sie fragen sich vielleicht, wie die Menschen im Europa des Mittelalters über Hippokrates lesen und schreiben konnten, der als, nun ja, alter Grieche natürlich Altgriechisch gesprochen und geschrieben hatte. Die Antwort lautet, dass sie ihn in Übersetzung lasen, wie Generationen von Studenten es seit Jahrhunderten getan hatten. Hippokratische Texte bildeten schon lange das Rückgrat der medizinischen Ausbildung in der klassischen Welt. Sie waren in Alexandria Unterrichtsmaterial, als die Stadt zum Wissenszentrum der römischen Welt wurde. Die Römer sprachen, wie Sie wissen, Latein und legten großen Wert darauf, wichtige Werke in ihre Muttersprache zu übersetzen, um nicht Griechisch lernen zu müssen. Die hippokratischen Texte gelangten also in ihrer Sprache in römische Bibliotheken.

Auch als das Weströmische Reich unterging, blieb Hippokrates beliebt.[3] Die Ostgoten (die sogenannten Barbaren, die dem im Sterben liegenden Weströmischen Reich den Todesstoß versetzten) kopierten das alexandrinische hippokratische Modell, um ihre Ärzte in ihrer neuen Hauptstadt Ravenna auszubilden. Tatsächlich liebten die Ostgoten Hippokrates so sehr, dass sie keine Mühen scheuten, um auch Texte zu übersetzen, die den Sprung ins Lateinische bisher noch nicht geschafft hatten. Dazu gehörten Arbeiten wie *Über die Frauenkrankheiten* sowie seine *Aphorismen*, darunter kurze, prägnante Anleitungen für Ärzte, angefangen mit: »Das Leben ist kurz, die Kunst ist lang, der rechte Zeitpunkt ist knapp bemessen, der Versuch ist trügerisch, die Entscheidung ist schwierig. Man muss aber darauf sehen, dass man nicht nur in eigener Person das Erforderliche tut, sondern auch der Kranke und die Assistenten, und dass auch die äußeren Umstände dem entsprechen.«[4]

Die hippokratische Schule und ihre Texte sind absolut grundlegend, um das klassische und mittelalterliche medizinische Denken zu verstehen, doch obwohl dieses System auf Beobachtung gründete, würden wir es heute nicht als »Medizin« oder »Wissenschaft« bezeichnen. So war etwa ein Eckstein des hippokratischen Denkens die sogenannte Humoraltheorie, die Lehre von den »Körpersäften«.[5] Dahinter stand die Vorstellung, dass in jedem menschlichen Körper vier Flüssigkeiten zu finden sind: Blut, Schleim, gelbe Galle und schwarze Galle. Diese Körpersäfte wurden mit den vier Elementen Luft, Wasser, Feuer und Erde in Verbindung gebracht. Auch vier Temperamente wurden mit den Körpersäften assoziiert: sanguinisch, phlegmatisch, cholerisch und melancholisch.

Alle menschlichen Körper enthielten nach dieser Vorstellung alle vier Körpersäfte, doch die Humoraltheorie lehrte, dass sie in den Körpern von Männern und Frauen in unterschiedlicher Menge vorhanden seien. Männer galten als heiß und trocken oder als von Natur aus sanguinisch und gesellschaftlich nützlich. Frauen dagegen waren kalt und feucht und deshalb eher phlegmatisch – oder sanft. Die Tatsache, dass alle Menschen alle vier Körpersäfte in sich hatten, räumte ihnen allerdings einen gewissen Verhaltensspielraum ein. Die Historikerin Sherry Sayed Gadelrab hat diese Unterschiede als eine »gleitende Skala« zwischen den Geschlechtern charakterisiert und meint damit, dass Hippokrates und seine Anhänger »die Möglichkeit« akzeptierten, »dass eine Person männlicher oder weiblicher sein konnte als andere in seinem oder ihrem Geschlecht«.[6] Das Gleichgewicht der Körpersäfte einer Person veränderte sich zudem im Laufe ihres Lebens wie die Jahreszeiten im Laufe des Jahres. Junge Menschen galten als trockener und wärmer, ältere Menschen als kälter und feuchter. Und dies waren nicht nur Beschreibungen oder Beobachtungen; aus ihnen ergab sich ein System dafür, wie die Körpersäfte miteinander interagieren sollten. Frauen *sollten* kalt und feucht sein und sich in einer bestimmten Weise verhalten, doch es konnte passieren, dass man Frauen begegnete, die heißer und trockener waren als der Durchschnitt. Es konnte weibliche Männer und männliche Frauen geben.

Das Temperament der Geschlechter konnte sich durch

bestimmte Aktivitäten ändern. Und mit »bestimmte Aktivitäten« meine ich natürlich Sex.

In seiner Abhandlung *Über den Samen* erklärte Hippokrates, Frauen sollten »Geschlechtsverkehr mit Männern haben, [weil] ihre Gesundheit dann besser ist, als wenn sie keinen haben … Geschlechtsverkehr gibt der Monatsblutung durch das Erhitzen des Blutes und dadurch, dass er es flüssiger macht, einen leichteren Durchfluss; wenn dagegen die Monatsblutung nicht fließt, sind die Körper der Frauen anfällig für Krankheiten.«[7] Dies ist in verschiedener Hinsicht lehrreich. Es sagt uns, dass dem hippokratischen Konzept zufolge weibliche Körper (a) seltsam und (b) störanfällig sind, vor allem, weil sie mit einer Gebärmutter ausgestattet sind. Das ist sinnvoll vom Standpunkt eines Arztes aus, der anderen Ärzten zu erklären versucht, wie Körper funktionieren. Das Problem bei Frauen, im Gegensatz zu Männern, war, dass sie all diese Besonderheiten hatten, die Männer nicht aufwiesen, und dass sie in ihnen waren, wo man sie schwer beobachten konnte. Deshalb richtete sich die Sorge hippokratischer Gelehrter vor allem auf die schwer kontrollierbare und unbegreifliche Gebärmutter und ihre Funktion im Inneren des geheimnisvollen weiblichen Körpers.

Für sie war die Gebärmutter ein unabhängiges und schwer zu kontrollierendes Gebilde. Sie konnte herumwandern und medizinische Probleme verursachen, die Männer nicht hatten, einschließlich eines Zustands, den man als Hysterie bezeichnete und der ein Erstickungsgefühl, Zittern, Beklemmungen und in extremen Fällen Krämpfe und Lähmung hervorrief.

Ein absolut sicherer Weg, Hysterie zu lindern, war in der Vorstellung dieser Ärzte die Schwangerschaft. In dieser Zeit konnte die Gebärmutter nicht wandern, weil sie an einer Stelle feststeckte, während der Fötus wuchs.

Eine Frau nach der Pubertät, die gerade nicht schwanger, aber idealerweise verheiratet war, sollte regelmäßig Geschlechtsverkehr haben, um die Gebärmutter gut befeuchtet und warm zu halten. Sonst konnte es passieren, dass die Gebärmutter nicht zur richtigen Zeit blutete oder zu den anderen, feuchteren Organen im Körper – dem Gehirn, dem Herz, der Leber – wanderte, um deren Feuchtigkeit aufzunehmen. Eine Frau, deren Gebärmutter ihr Gehirn belastete, konnte irrational handeln und allen um sie herum das Leben schwer machen. Frauen mit unterentwickeltem Sexualtrieb waren daher eine Angelegenheit von öffentlichem Belang.

In der hippokratischen Welt – und damit in der mittelalterlichen Welt – war eine Leber eine Leber und ein Gehirn ein Gehirn, doch Frauen hatten noch ein zusätzliches unheimliches Ding, weshalb man sie nicht mit Männern vergleichen konnte. Frauen waren physisch komplizierter, und das, was sie so kompliziert machte, war rätselhaft und unverständlich, weil es in ihrem Inneren verborgen lag. Damit war es medizinischen Studien praktisch unzugänglich, denn die anatomische Sektion kannte man im alten Griechenland kaum. Leichen galten als potenziell verunreinigend, besonders, wenn die Haut aufgeschnitten wurde. Rechtliche wie religiöse Verbote wahrten die Unantastbarkeit der Toten. Insgesamt blieb also die innere Anatomie der Frau in dieser Zeit ein »Geheimnis«.[8]

Philosophieren über Frauen: Platon

Ärzte waren nicht die einzigen antiken Denker, die sich über Geschlecht und Sex ausließen. Auch der Philosoph Platon hatte einiges dazu zu sagen.[9] Was Platon über Frauen dachte, war besonders einflussreich, weil er ähnlich wie Hippokrates vor ihm nicht in einem Vakuum philosophierte; er gründete eine Schule und sicherte somit sein Erbe. Platons Schule, die Akademie, lag außerhalb von Athen. Dort entwickelte er ganze Studiengänge und rief die europäische Tradition der Dialektik und des Lehrdialogs ins Leben. Und er dachte über die Geschlechter nach.

Man kann durchaus sagen, dass Platons Schriften für die Philosophen in der antiken Welt ebenso wichtig waren wie die des Hippokrates für die Ärzte. Und sein Dialog *Timaios* übte ebenso einen großen Einfluss auch auf mittelalterliche Denker aus.[10] Der *Timaios* war im Mittelalter vor allem deshalb beliebt, weil er in lateinischen Übersetzungen im Umlauf war. (Es zirkulierten zwei Fassungen, beide aus dem vierten Jahrhundert, wobei die dem römischen Philosophen Calcidius zugeschriebene Übersetzung allgemein als besser galt.)

Das mittelalterliche Interesse am *Timaios* ist für uns wichtig, weil Platon Frauen darin als ein spirituelles Dilemma behandelte. Hier präsentierte er seinen Schöpfungsmythos, der die physische Welt als ein moralisches Testgelände darstellte, in dem Männer – die als die einzigen Menschen galten – einen höheren Seinszustand zu erreichen suchten. Wer dabei scheiterte, wurde der Erde zurückgegeben, um noch einmal zu leben. (Ja, es ist mehr oder weniger eine altgriechische Fassung des buddhistischen Konzepts der Reinkarnation.) Aber Sie werden nicht glauben, was mit den Männern geschah, die zurückgeschickt wurden! Sie wurden für ihre Unfähigkeit, ein moralisch gutes Leben zu führen, damit bestraft, dass sie als Frauen wieder auf die Erde kamen.

Sobald es neben den Männern auch Frauen gab, schufen die Götter das sexuelle Verlangen. Platon war der Ansicht, sexuelles Verlangen sei je nach Geschlecht verschieden. In den Männern öffneten die Götter einen besonderen Durchgang, der vom Gehirn aus an der Wirbelsäule entlangführte und dem Samen erlaubte, vom Kopf in die Hoden zu kommen. Der Samen selbst hatte eine Seele und wollte in der Gebärmutter freigesetzt werden, um neues Leben zu schaffen. Das entsprechende Verlangen war der *Eros*. Das Problem mit dem *Eros* war, dass er die Penisse der Männer ganz unabhängig von ihrem Willen agieren ließ. Für Platon war der Penis im Grunde außer Kontrolle – eine Art lebendiges, vorsätzlich agierendes Tier. Dies wiederum spiegelte sich in seinem Konzept von der Gebärmutter. Ganz ähnlich wie die hippokratischen Denker vor ihm hatte Platon den Eindruck, das entsprechende Fortpflanzungsorgan für Frauen sei ein unberechenbares Geschöpf, das im Körper umherwanderte und von einem entsprechenden weiblichen sexuellen Verlangen beseelt war. Wie Hippokrates war er der Ansicht, dass die Gebärmutter durch Schwangerschaft beruhigt und am Platz gehalten werden müsse. Deshalb konnten die unkontrollierbaren Aspekte des Penis wie der Gebärmutter durch sexuelle Fortpflanzungsaktivität beruhigt werden.[11]

Die Tatsache, dass Platon auch dem Penis eine solche Unkontrollierbarkeit zuschrieb, könnte vielleicht als eine Art Entwicklung oder Fortschritt gegenüber dem hippokratischen Modell aussehen. Das stimmt nicht. Während der unkontrollierbare Penis in seinen Darstellungen nur kurz auftaucht, spielt die wandernde Gebärmutter eine wichtige Rolle, ebenso die Notwendigkeit, sie durch Schwangerschaften am Ort zu halten. Gleichzeitig gibt es eine Hierarchie in der Art, wie Platon das Fortpflanzungsverlangen dieser Organe beschreibt. Der männliche Samen *will* freigesetzt werden, weil er eine Seele hat. Die Gebärmutter indessen verlangt nach diesem Material und seiner Seele, um Kinder zu bekommen.

Platon verstand Frauen als gefallene Männer und als deshalb den Männern von Natur aus unterlegen. Dementsprechend argumentierte er, die Gesellschaft solle sich so organisieren, dass die Männer die Frauen kontrollieren könnten. Schließlich hätten sich die Frauen schon als unfähig erwiesen, richtige moralische Entscheidungen zu treffen, denn sonst *wären* sie ja gar keine Frauen.

Philosophieren über den weiblichen Körper: Aristoteles

Platons *Timaios* war im Mittelalter durchaus von Bedeutung; für einen Philosophen jedoch schwärmten die mittelalterlichen Denker mehr als für alle anderen, und das war Aristoteles (384-322 v. Chr.).[12] Aristoteles ist noch immer so bekannt, dass er auch heute kaum vorgestellt werden muss. Er ist der *andere* Philosoph, den jeder kennt. Und auch bei ihm ist dies zum Teil darauf zurückzuführen, dass er seine eigene Schule leitete, an der seine Ideen Schüler und Erben fanden. Das Lykeion war gleichzeitig Unterrichtsgebäude und ein dem Gott Apollon geweihter Tempel. Hier wurden Philosophen der Peripatetischen Schule ausgebildet, so genannt nach dem *peripatos,* der Wandelhalle des Lykeion. Die Peripatetiker konzentrierten sich vor allem darauf, die Werke des Aristoteles nach seinem Tod zu bewahren und zu kommentieren, und sie schafften es, die Schule bis ins dritte nachchristliche Jahrhundert weiterzuführen. Auch die Römer, die nur allzu gern zeigten, dass sie die logischen Erben der hellenistischen Welt waren, griffen Aristoteles' Werke begierig auf.

Es wäre untertrieben, einfach zu sagen, dass die Intellektuellen des Mittelalters Aristoteles verehrten. Sie waren so verliebt in ihn, dass er für sie oft einfach nur »der Philosoph« war.

Deshalb kann auch ein großer Teil der mittelalterlichen Philosophie als peripatetisch gelten. Um es ganz klar zu sagen: Alle, die im Mittelalter lesen und schreiben konnten (was im Grunde hieß, dass sie des Lateinischen mächtig waren), waren im Wesentlichen mit Aristoteles ausgebildet und sahen sich verpflichtet, seine Tradition fortzusetzen.

Wie Hippokrates und Platon hatte Aristoteles seine Werke natürlich auf Griechisch verfasst, und die mittelalterlichen Gelehrten lasen sie in lateinischer Übersetzung. Boethius (um 477–524), ein Philosoph und Konsul im frühmittelalterlichen Rom, hatte viele seiner Schriften übertragen, und so befassten sich die Menschen des Frühmittelalters ohne Griechischkenntnisse vor allem mit dem, was in den Augen des Boethius übersetzenswert gewesen war. Vor allem die *Categoriae* und *De Interpretatione (Lehre vom Satz)* waren weithin verbreitet. Über die Übersetzungen hinaus arbeitete man im Hoch- und Spätmittelalter mit vielen Erläuterungen und Deutungen des Aristoteles aus der Feder des arabischen Universalgelehrten Ibn Sina (um 980–1037) oder Avicenna, wie er in der lateinischen Welt genannt wurde.

Wie Platon war auch Aristoteles davon überzeugt, dass Männer im Grunde die Standardmenschen waren. Männer waren der Maßstab, nach dem alle Menschen beurteilt werden sollten, und Frauen waren ihr blasser Abklatsch. In seiner *Politik* heißt es: »Ferner ist im Verhältnis (der Geschlechter) das Männliche von Natur aus das Bessere, das Weibliche das Geringerwertige, und das eine herrscht, das andere wird beherrscht.«[13] So frustrierend es auch ist, so etwas zu lesen: Laut Aristoteles sollten gesellschaftliche Rollen auf der menschlichen Natur aufbauen.

Aristoteles war wie jeder gute griechische Denker, der die hippokratischen Texte verinnerlicht hatte, der Ansicht, dass die

Menschen von ihren Körpersäften kontrolliert wurden. Weil Frauen kalt und feucht waren, waren sie, so glaubte er, auch »sanfter, verschlagener, weniger durchschaubar, impulsiv … Deshalb ist die Frau mitleidvoller … eher zum Weinen geneigt … neidischer, hat immer etwas an ihrer Lage auszusetzen, ist zanksüchtiger und neigt zu Handgreiflichkeiten. Das weibliche Geschlecht ist auch weniger leicht in Wut zu bringen … und verzweifelt leichter, außerdem ist es unverschämter und verlogener, es ist zum Täuschen veranlagt und hat ein besseres Gedächtnis, … ist … wachsamer und zögerlicher … passiver … und bedarf weniger Nahrung« als das männliche.[14] Sie werden bemerkt haben, dass Aristoteles in diese Beschwerdeliste über das, was »von Natur aus« nicht mit Frauen stimmt, ein paar kleine Komplimente einstreute. Sicher, Frauen waren kreischende Harpyien, die gerade einmal so lange mit dem Heulen aufhören konnten, um dir eine Lüge unterzujubeln, aber sie hatten ein gutes Gedächtnis und waren *komplex*! Allerdings mussten Männer sie unter ihrer Kontrolle halten, weil man Frauen einfach nicht trauen konnte.

Der Beweis dafür lag laut Aristoteles in der Physiognomie der Frauen. Sie hätten, so behauptete er (fälschlich), weniger Zähne als Männer. Außerdem hätten Frauen keine äußeren Geschlechtsorgane. (Das gilt als ein ganz offenkundiges Negativum, aus Gründen, die er nicht ausführlich darlegt.) Deshalb, so Aristoteles, seien Frauen *umgedrehte Männer*, die im Prozess des Umkrempelns einen Teil ihrer Kraft verloren hätten.

Pathologisieren von Frauen: Galen

Noch vor dem Mittelalter wurden Aristoteles' Grübeleien über Frauen und Geschlecht von Claudius Galenos (129– um 216) festgeschrieben. Galenos von Pergamon, auch bekannt als Galen, Aelius oder Claudius Galenus, war ein überaus einflussreicher Arzt. Wie die drei Männer, die wir schon kennengelernt haben, war Galen Grieche, doch seine Welt sah ganz anders aus als ihre, denn er wurde mehrere Jahrhunderte später in eine durch und durch römische Zeit hineingeboren. Er entstammte einer reichen Familie in Pergamon (dem heutigen Bergama in der Türkei), war umfassend gebildet und weit gereist. Wie jeder soziale Aufsteiger auf dem Höhepunkt der römischen Macht ließ auch Galen sich schließlich in der Ewigen Stadt nieder. Dennoch schrieb er auf Griechisch. Die Menschen des Mittelalters lernten den Großteil seiner Werke kennen, nachdem sie zunächst ins Arabische und dann im zwölften Jahrhundert vom Arabischen ins Lateinische übersetzt worden waren, gefolgt von einer zweiten Welle im späten 15. und frühen 16. Jahrhundert.[15]

In Rom machte sich Galen daran, das vorhandene medizinische Wissen der hippokratischen und aristotelischen Vier-Säfte-Lehre mithilfe von Obduktionen zu erweitern. Leider war im Römischen Reich die Sektion von Menschen verboten, und so sezierte er Affen und Schweine, um die Theorie der Körpersäfte weiterzuentwickeln. Damals war man der Ansicht, Menschen ähnelten *äußerlich* den Bären oder den Menschenaffen und *innerlich* den Schweinen.

Diese Obduktionen waren ein großer Schritt nach vorn. Allerdings stand für Galen die physiologische Arbeit nicht im Widerspruch zu philosophischen Überzeugungen, und ganz sicher konnten physiologische Erkenntnisse die philosophischen Grundsätze nicht anfechten. Stattdessen betrachtete er sie als Entsprechung und Erweiterung der Philosophie seiner Vorgänger. Davon war er so überzeugt, dass er sogar eine Abhandlung mit dem Titel *Dass der beste Arzt auch Philosoph ist* verfasste.[16] In Anbetracht dessen kann es kaum überraschen, dass all diese Obduktionen absolut nichts dazu beitrugen, das aristotelische Konzept von Frauen als umgekrempelten Männern zu verbessern.

Galen hielt vielmehr die peripatetische Tradition am Leben und ermutigte seine Leserschaft, bei Frauen »zuerst … an die [Genitalien] des Mannes zu denken, eingedreht und sich innen zwischen dem Enddarm und der Blase ausdehnend. Dann würde der Hodensack notwendigerweise den Platz der Gebärmutter einnehmen, wobei die Hoden außen an beiden Seiten anliegen.«[17]

Man beachte, dass zwar nach dieser Vorstellung alle Menschen Geschlechtsorgane hatten und sogar mehr oder weniger die gleichen (wenn auch an verschiedenen Orten), dass man aber zuerst an die *männlichen* denken sollte. Noch so viele Obduktionen sollten daran nichts ändern, denn Galens Behandlung von Frauen als zweitrangig hatte nichts mit medizinischen Tatsachen zu tun. Die Frauen mit ihren kalten feuchten Körpersäften, nach innen gestülpten Geschlechtsorganen und irrationalen Gehirnen waren gar keine richtigen Menschen.

Gebildete Frauen der Antike

Nach allgemeiner antiker Meinung waren Frauen nicht gefestigt genug, um zu wählen, und ganz sicher nicht in der Lage, sich an gelehrten Debatten über die Frage, ob sie nun Menschen waren oder nicht, zu beteiligen.[18]

Allerdings – und das ist sehr wichtig – versuchten sie es dennoch. In der griechischen wie in der römischen Gesellschaft waren Frauen, die zur reichen Elite gehörten, oft gebildet und arbeiteten als Lehrerinnen, schrieben Gedichte oder schufen

Kunst. Und sie waren brillante Philosophinnen. Bekannterweise wurde der Mathematiker Pythagoras (Sie haben vielleicht von seinem »Satz« gehört?) von der Philosophin Themistokleia (sechstes Jahrhundert v. Chr., auch Aristokleia oder Theokleia) unterrichtet, von deren Werken leider keines erhalten ist.[19] Die kynische Philosophin Hipparchia (um 350-280 v. Chr.) schockierte die griechische Gesellschaft damit, dass sie Männerkleidung trug und in einer gleichberechtigten Partnerschaft mit ihrem Ehemann, dem Kyniker Krates, lebte. Ihr philosophisches Werk war so bekannt, dass sie als einzige Frau in Diogenes Laertios' *Leben und Meinungen berühmter Philosophen* Erwähnung fand, einer Enzyklopädie berühmter griechischer Denker.[20] Es ist zwar leider nur sehr wenig von ihrem eigentlichen Werk erhalten geblieben, doch ihr Leben an sich galt schon als ein philosophisches Argument für die Ebenbürtigkeit der Frauen. Unter römischer Herrschaft lebte und arbeitete die Philosophin Hypatia (um 350–415) in Alexandria als eine Universalgelehrte, die Astronomie und neuplatonische Philosophie lehrte. Auch ihre außergewöhnliche Intelligenz wurde als ein Argument für ihre Ebenbürtigkeit gegenüber den Männern gesehen, und der Kirchenhistoriker Sokrates Scholastikus (Sokrates von Konstantinopel, um 380–439) schrieb begeistert, dass sie »sich nicht schämte, eine Versammlung von Männern zu besuchen. Denn alle Männer bewunderten sie wegen ihrer außergewöhnlichen Würde und Tugend.«[21] Dies war wirklich ein großes Lob eines Christen für eine heidnische Frau und zeigte, welche Wertschätzung sie genoss.

Doch so intelligent und unabhängig diese Frauen auch waren und so starke Argumente manche von ihnen auch dafür liefern konnten, dass Frauen tatsächlich vollwertige Menschen waren – sie wurden immer noch als Randfiguren behandelt. Die Tatsache, dass Hipparchia sich wie ein Mann kleiden musste, um ihre Ebenbürtigkeit zu betonen, lässt erahnen, dass viele Menschen die Arbeit von Frauen nicht richtig ernst nahmen. Wir kennen vielleicht noch den Namen Themistokleia, aber wir wissen nicht einmal genau, wann sie lebte. Sie war zweifellos eine berühmte Intellektuelle ihrer Zeit, doch ihre wichtigste historisch festgehaltene Leistung besteht darin, dass sie einen Mann unterrichtete. Von keinem philosophischen Werk dieser Frauen ist so viel erhalten geblieben, dass wir uns damit intensiver auseinandersetzen könnten. Stattdessen müssen wir uns damit zufriedengeben, dass ihre Zeitgenoss:innen sie als Ausnahmegestalten sahen. Oder schlimmer noch: Hypatia wurde im Jahr 415 von einem wütenden Mob umgebracht, der ihr vorwarf, schwarze Magie zu praktizieren.

Mittelalterliche Bildung

Im Mittelalter verbreiteten Theologen diese Grundlagen über ein Bildungsnetzwerk von Philosophen und Geistlichen in Schulen, die zuerst in Klöstern und dann in Universitäten angesiedelt waren. Diese eher raren Institutionen wurden durch Kultur im weiteren Sinne ergänzt. Eine breiter angelegte Kultur ergänzte solche anspruchsvolleren Bildungsapparate. Menschen, die keinen Zugang zu formeller Bildung hatten, erhielten dennoch im eigenen Heim Unterricht. In ihren Pfarrkirchen, durch Unterhaltungsliteratur und manchmal sogar in theatralen Formen lernten sie etwas über Theologie und Kosmologie. Die Menschen des Mittelalters sahen sich gern als Nachfolger ruhmreicher antiker Reiche, was ihrer Verehrung der antiken Denker ein mythisches Element verlieh. Wenn sie nur entschlossen genug Anspruch auf Aristoteles erhoben, konnten sie auch fordern, die Neuauflage des Lykeions zu sein.

Dieses Bedürfnis, sich mit den Menschen der Antike zu verbinden, schlug gelegentlich ins Absurde um. Manchmal porträtierten zum Beispiel Chronisten (eine Art mittelalterliche Historiker, die allerdings auch Propaganda für ihre Gönner machten) ihre Herren als Nachfahren mythischer antiker Herrscher. So schrieb etwa der französische Dichter Benoît de Sainte-Maure (†1173), Kaiser Karl der Große (748–814) stamme von dem mythischen Trojaner Francus ab.[22] Ähnlich vertrat der Benediktinermönch Geoffrey von Monmouth (um 1095–1155) in seiner *Historia Regum Britanniae (Geschichte der Könige von Britannien)* die Ansicht, Britannien selbst sei nach seinem ersten König Brutus, einem Enkel des Aeneas, benannt, der zur Insel Britannien gesegelt war, um das dort lebende Volk von Riesen zu erschlagen.[23] Die Tatsache, dass in beiden Mythen gerade Trojaner eine Rolle spielten, ist kein Zufall, denn als Nachfahre eines Trojaners konnte man sich auf einen Schlag mit der ruhmreichen griechischen Welt und mit Rom verbinden. Dies war wichtig, weil für alle feststand, dass Rom und die altgriechischen Stadtstaaten den Höhepunkt menschlichen Strebens darstellten. Wenn man dann noch das Christentum in der Gleichung unterbringen konnte, war das geradezu optimal – zumindest was die irdische Kultur anging.

Karl der Große *belegte* seine angebliche Nähe zu den Römern (und seine Stellung als der rechtmäßige Herrscher der größten zusammenhängenden Landmasse in Europa) auch dadurch, dass er antikes Wissen und die dazugehörigen Texte verbreitete. Damit rief er die von Historikern später so genannte Karolingische Renaissance ins Leben,[24] eine vom Kaiser geförderte Blütezeit der Künste und der Kultur im ganzen Karolingerreich. Zusammen mit seinem Hofgelehrten Alkuin von York (um 735–804) setzte Karl der Große wichtige Bildungsreformen für seine christlichen Untertanen in Gang. Alle

Kathedralen und Klöster sollten Schulen einrichten, an denen Jungen lesen und schreiben lernten, sodass sie die Bibel lesen, wichtige Texte abschreiben und zu einer christlichen Gesellschaft beitragen konnten. Der beste Weg dazu war, so hieß es übereinstimmend, die Konzentration auf die sieben freien Künste, die in zwei Abteilungen gegliedert wurden. Die erste und wichtigste war das Trivium, das aus Grammatik, Logik und Rhetorik bestand. Sobald die Schüler das beherrschten, konnten sie zum Quadrivium übergehen: Arithmetik, Astronomie, Geometrie und Musik.

Auf diese Anordnung Karls des Großen hin brachte jedes Kloster und jede Kathedrale bald den Jungen, die zum Unterricht erschienen, bei, wie man Latein las und schrieb. Dazu suchten sie verfügbare klassische Texte heraus. Sie studierten Platon und lasen die *Odyssee*. Sie rezitierten Ovid und diskutierten über Vergil. Unter der Herrschaft Karls des Großen war Bildung gleichbedeutend mit einem Studium der Klassiker, und die Schüler mussten sie erst voll und ganz verstehen, bevor sie sich dann mit dem biblischen Denken beschäftigten.

Die Geistlichen trugen nicht nur durch die Lehre zur Verbreitung des Wissens bei, sondern auch durch das Abschreiben und Weitergeben von Texten. Das ganze Klosterleben war dem Konzept gewidmet, dass neben dem Gebet auch gearbeitet wurde und Arbeit eine Form des Gebets war – *ora et labora* oder »bete und arbeite«. Da die meisten Mönche sehr gebildet waren und Zugang zu Bibliotheken hatten, war das Abschreiben von Texten eine Arbeit, für die sie besonders geeignet waren. So konnten sie sicherstellen, dass sehr viele Kopien der Schriften von Platon, Aristoteles und Galen im Umlauf waren, während überall auf dem europäischen Kontinent Kloster- und Domschulen entstanden.

Selbst nachdem die Dynastie und das Reich Karls des Großen zerfallen waren, blieben seine Beiträge zur Gelehrsamkeit und zum Wissen fest im mittelalterlichen Denken verankert. Dreihundert Jahre später erlebte Europa noch einmal eine Renaissance, von den Historiker:innen ganz kreativ Renaissance des zwölften Jahrhunderts genannt.[25] Sie ging von den Universitäten aus, die seit dem Ende des elften Jahrhunderts entstanden waren und als bevorzugte Institutionen der höheren Bildung an Zugkraft gewannen. Universitäten wurden in Bologna gegründet (1088 von einer Gruppe besonders eifriger Schüler), in Paris (1150 von Klerikern, die mit der Kathedralschule von Notre-Dame verbunden waren) und in Oxford (von Klerikern, die entweder keine Lust auf die Reise nach Paris hatten oder davon abgehalten wurden, nachdem Heinrich II. von England [1133–1189] im Jahr 1167 den Engländern verboten hatte, dort zu studieren). Die Studenten besuchten diese Schulen in der Hoffnung, lukrative Posten in der Kirche oder an verschiedenen Königshöfen zu ergattern. Sie beschäftigten sich weitgehend mit den gleichen Dingen wie die Mönche Karls des Großen, allerdings mit einem Schwerpunkt auf der Rhetorik, was bedeutete, dass es ganz allgemein mehr Diskussionen und Streitgespräche gab.

Aufgrund dieser Schwerpunkte wurden die Schüler und Studenten mit einer breiten Auswahl von Werken klassischer Autoren ausgebildet – und so wucherten auch antike Vorstellungen über Frauen und Geschlecht, egal, wie absurd sie waren. Niemand hinterfragte sie. Für mittelalterliche Gelehrte war die Philosophie der goldenen Regel des Improvisationstheaters nicht unähnlich: Wenn jemand dir einen Gedankengang vorgibt, akzeptierst du die Vorgabe, sagst »Ja, und …« und führst sie fort. Wenn du ausdrücklich dazu erzogen und ausgebildet wurdest, bestimmte Texte zu verehren, zu glauben, dass das antike Wissen vollständiger war als das deiner Zeit, und die

Bewahrung dieses Wissens als deine Aufgabe in der Welt zu sehen, versuchst du eher nicht, es zu verbessern. Das gilt besonders, wenn deine eigenen theologischen Überzeugungen zufällig mit den klassischen Konzepten in Bezug auf Frauen übereinstimmen, die man dir während deiner Ausbildung eingetrichtert hat.

Das Dogma der Erbsünde

Im mittelalterlichen Europa wurde ständig am Gesamtkonzept »Frau« gearbeitet und darüber gestritten, doch alle Christen konnten sich auf eine unumstößliche Wahrheit einigen: Frauen waren verantwortlich dafür, dass es überhaupt Sünde gab, dass Menschen sterblich waren und die Frauen selbst unter der Geburt Schmerzen leiden mussten. Diese absurde Idee haben wir – wieder einmal – dem Schöpfungsmythos zu verdanken, dem zufolge all diese Übel aus Evas Entscheidung heraus entstanden, von der Frucht der Erkenntnis zu essen.

Dieses Konzept war und ist noch heute als das Dogma der Erbsünde bekannt. Augustinus von Hippo (354–430), ein Theologe und Philosoph, dessen Werke im Kanon des Christentums eine solche Bedeutung erlangten, dass er als Kirchenvater und Heiliger gilt, beschrieb die Sünde als eine Art ansteckende Infektion, die von einer Generation der Menschheit an die nächste weitergegeben wurde. Vor dem Sündenfall waren Adam und Eva eher Inkarnationen geistiger Wesen als Menschen mit einem echten Körper gewesen. Nachdem sie allerdings gesündigt hatten und aus dem Garten Eden vertrieben worden waren, bestanden sie aus Fleisch und waren dazu verdammt zu sterben.[26] Für viele Gläubige war dies ein Anlass, so richtig wütend zu werden. Sterben war noch nie beliebt, und man konnte sich leicht über einige vielleicht reale, wahrscheinlich aber doch eher allegorische Vorfahren ärgern, die dafür verantwortlich waren, dass alle Menschen nach Augustinus eine *massa peccati*, »Masse der Sünde«, und deshalb verabscheuungswürdig waren.

Bevor Sie hier vorschnell urteilen: Nicht nur die Frauen waren schuld. Dem Dogma der Erbsünde zufolge waren die Männer nicht unbeteiligt. Schließlich hatte Adam sich entschieden, die Frucht vom Baum der Erkenntnis zu essen, und wurde ebenso sterblich wie Eva. Allerdings gab es verschiedene Ebenen der Schuld.

Eva aß von der Frucht des Baumes, weil die Schlange sie in Versuchung führte – sie war leicht zu beeinflussen, und es fehlte ihr an mentaler und moralischer Kraft, der Versuchung zu widerstehen. Adam wurde laut Augustinus in Versuchung geführt und aß von der Frucht, nicht einfach, weil er schwach war, sondern weil er an einer Erfahrung mit Eva teilhaben wollte. Ja, er wurde genau wie sie gezwungen, den Garten zu verlassen, doch seine Gründe waren sicherlich reiner als ihre, oder zumindest stärker. Augustinus' Botschaft lautete: Selbst wenn ein Mann Gott gegenüber ungehorsam war, geschah dies wahrscheinlich, weil eine Frau ihn dazu überredet hatte. Einmal abgesehen vom Dogma der Erbsünde sollten Adam und Eva, die ersten Menschen, als Archetypen für den Rest der Spezies gesehen werden. Der zuerst entstandene Adam war der Standardmensch. Er wurde nach dem Bilde Gottes geschaffen und war genau so, wie ein Mann sein sollte: fromm, gehorsam, hart arbeitend und taub gegenüber dem Ruf der Versuchung. Frauen dagegen waren wie Eva – ein Anhängsel. Eva war von Adams Rippe genommen und in die Welt gebracht worden, um ihn zu unterhalten und sich mit ihm fortzupflanzen. Wie Augustinus es ausdrückte, war eine Frau nur Begleiterin und Gehilfin des Mannes, in ihrem alleinigen Wirken aber nicht

Bild Gottes. »Was aber den Mann allein betrifft, so ist er Bild Gottes …«.[27] Frauen waren Anhängsel von Männern, und wenn Männer sie sich selbst überließen, zogen sie los, um mit dem Teufel zu reden, und verdammten die Männer so zur Sterblichkeit.

Der Sündenfall aus *Les Très Riches Heures du duc de Berry,* gemalt von den Brüdern von Limburg (aktiv zwischen 1385 und 1416), Bibliothèque du Château, Chantilly.

Wenn Sie denken, dass Augustinus in seiner Abneigung gegenüber Frauen wegen Evas angeblichem Fehlverhalten doch sicher allein war, müssen Sie sich nur Tertullian (155–240) zuwenden, um weitere Verleumdungen und abfällige Bemerkungen zu lesen. Quintus Septimius Florens Tertullianus wurde vor Augustinus geboren, war aber ebenfalls ein wichtiger christlicher römischer Denker aus Afrika. Wie Augustinus gilt auch er wegen seines Einflusses als Kirchenvater. (Anders als die meisten anderen Kirchenväter wurde er nie heiliggesprochen, weil man einige seiner Vorstellungen, etwa dass der Sohn und der Heilige Geist in der Dreieinigkeit dem Vater untergeordnet seien, für häretisch hielt.) Nichtsdestotrotz war Tertullian der erste Christ, der ein gewaltiges theologisches Konvolut in Latein produzierte. Mittelalterlichen Christen, die Latein lesen konnten, machte es großen Spaß, sich jene Teile seines Denkens herauszupicken, die mit dem übereinstimmten, was als akzeptables christliches Dogma galt. Seine Meinungen, was Frauen anging, griffen mit ihren ineinander.

Tertullian konnte sich in seiner Schimpftirade über die Frau kaum zurückhalten: »Du bist es, die dem Teufel Eingang verschafft hat, du hast das Siegel jenes Baumes [der Erkenntnis] gebrochen, du hast zuerst das göttliche Gesetz im Stich gelassen, du bist es auch, die denjenigen betört hat, dem der Teufel nicht zu nahen vermochte. So leicht hast du den Mann, das Ebenbild Gottes, zu Boden geworfen. Wegen deiner Schuld, d. h. um des Todes willen, musste auch der Sohn Gottes sterben, und da kommt es dir noch in den Sinn, über deinen Rock von Fellen Schmucksachen anzulegen?«[28] Mit anderen Worten war alles Schlechte, das geschah, die Schuld der Frauen, und schlimmer noch: Statt darüber nachzudenken und sich zu ändern, waren sie Modefetischistinnen. Dies ist nicht zuletzt ein deutlicher Beleg dafür, dass selbst 1800 Jahre alte theologische Abhandlungen gegen die banalsten Klischees nicht immun sind.

Man muss ehrlicherweise sagen, dass Eva zwar die erste Frau in der Bibel war, aber nicht die einzige.[29] Es gab auch loyale Frauen, die als moralische Vorbilder für das schöne Geschlecht herausgestellt wurden. Die kühne Esther zum Beispiel war ein Orientierungspunkt für jüdische wie für christliche Frauen. Gleiches galt für Ruth, die Urgroßmutter König Davids. Die Christen jedoch verehrten ein weiteres leuchtendes Beispiel der Weiblichkeit, dem sich alle anderen unterzuordnen hatten: die Jungfrau Maria. Maria verkörperte den Gipfel der Weiblichkeit, nicht nur, weil sie die Mutter Gottes war, sondern weil sie es geschafft hatte, dank der unbefleckten Empfängnis ohne Erbsünde geboren zu werden. Das wird zwar oft mit Jesu göttlicher Empfängnis durcheinandergebracht, doch es war Marias Empfängnis ohne den Fluch der Sünde, die als unbefleckt gelten musste. Dadurch wiederum stand sie als Gottes Gefäß für die Geburt Jesu bereit.

Die theologischen Abläufe der unbefleckten Empfängnis hatte die griechische Kirche im frühen Mittelalter schon weitgehend festgelegt. Nach Aussage des Erzbischofs von Konstantinopel und gefeierten Rhetorikers Gregor von Nazianz (ca. 329–390) reichte die göttliche Natur Christi zurück bis in die Zeit, als Maria empfangen wurde. Damit Christus empfangen werden konnte, »reinigte« er mehr oder weniger seine Mutter »vor«, um den Weg für sich freizumachen.[30] So war Maria ein hervorragendes Beispiel für alles, was eine Frau sein *konnte* – aber fast nie war. Tatsächlich galt Maria, schon bevor das Dogma der unbefleckten Empfängnis ins Spiel kam, allgemein als über jeden Tadel erhaben. Augustinus schrieb zum Beispiel, dass »die Ehre des Herrn es nicht zulässt, die Frage der Sünde in Verbindung mit der gesegneten Jungfrau Maria zu erörtern«. Seinem Eindruck nach konnte Maria, selbst wenn sie von Erbsünde befleckt worden wäre, Sünde »aller Art« durch die ihr gewährte Gnade überwinden.[31]

Wenn Frauen von ihrer Natur her eher zur Sünde neigten, waren sie auch fähig, sie zu überwinden. Schließlich hatte Gott genau aus diesem Grund als Christus Menschengestalt angenommen. Er war gekommen, um die Welt von den Sünden ihrer Vorfahren zu befreien. Die rechtgläubigen Christen mussten nur fest dazu entschlossen sein, dann konnten sie ihre schwache Natur überwinden. Sicher, die Frauen hatten mehr wiedergutzumachen, doch sie hatten auch ein glänzendes Vorbild in der Jungfrau Maria, das ihnen helfen konnte.

All dies soll nicht heißen, dass Eva und Maria die einzigen Frauen waren, die in den frühchristlichen Gender-Vorstellungen eine Rolle spielten. In den theologischen und naturphilosophischen Diskussionen des Mittelalters taucht ein ganzes Spektrum weiblicher Gestalten auf. Aber Maria und Eva können als die Anker der mittelalterlichen christlichen Weiblichkeit gelten. Sie verkörperten die best- und schlimmstmögliche Frau und wurden beim Nachdenken über das Wesen der Frau am häufigsten genannt.

Kloster- und Domschulen

Es ist Ihnen vielleicht aufgefallen, dass es in dieser Diskussion zwar nominell um Frauen geht, aber in erster Linie darum, was verschiedene Männer über Frauen denken. Das liegt vor allem daran, dass bestimmte Stimmen aus der Vergangenheit den Vorzug bekamen. Aristoteles' Vorstellungen wurden ins Rampenlicht gestellt, während Hypatias im Dunkel verschwanden. Und diese männlichen Stimmen wurden auch deshalb bewahrt und an das mittelalterliche Denken weitergegeben, weil organisierte Bildung (und all die dazugehörenden Wege des Lernens, Schreibens und Veröffentlichens) den Frauen größtenteils ausdrücklich verschlossen waren.

Für die Reichen galt dies nicht unbedingt. Sie schätzten Bildung durchaus. Die durchschnittliche Prinzessin oder Herzogin hatte jemanden, der ihr Lesen und Schreiben auf Latein beibrachte und mit ihr die Bibel studierte. Wer in einem Laden arbeitete oder Bücher führen musste, war wohl ebenso bis zu einem gewissen Grad ausgebildet. Arithmetik und Geometrie waren Voraussetzungen für viele Bereiche des mittelalterlichen Lebens: Geld musste gezählt und Häuser mussten gebaut werden. Meist unterrichteten die Frauen ihre Kinder. In manchen Städten tat man sich vielleicht auch zusammen und bezahlte Frauen, um den Kindern die Ausbildung zu geben, die sie brauchten, um die Gesellschaft am Laufen zu halten. Wir wissen dies aus persönlichen Berichten und bildlichen Darstellungen von Frauen, die in Klassenzimmern arbeiten. Und wir haben sehr viele Belege in Form von Stundenbüchern – kleinen Büchern mit den richtigen Gebeten für die einzelnen Tageszeiten. Sie galten im Allgemeinen als eine weibliche Vorliebe, und die Frauen zogen sie heran, um ihre Kinder zu unterrichten. Manchmal stand ganz vorn im Buch sogar als Lernhilfe ein Alphabet. Es war also so, dass Frauen Bildung lieferten, sie aber nur im Privaten aufnahmen.

Und sie bestimmten den Lehrplan nicht. Im Großen und Ganzen war die Kirche, insbesondere die Mönche, verantwortlich für alle Bildung, die über eine grundlegende Lese- und Schreibfähigkeit und berufliche Fähigkeiten hinausging. Im Frühmittelalter wurde ein Mann, der Bildung erlangen wollte, am besten Mönch. Allerdings ist es schwierig, pauschal über frühmittelalterliches Mönchtum zu reden, denn es veränderte sich im Laufe der Zeit stark. Die frühesten Mönche, die wir als die »Wüstenväter« bezeichnen, waren meist Einsiedler des dritten Jahrhunderts, die ihre Zeit in der ägyptischen Wüste in religiöser Kontemplation verbrachten. Irgendwann zogen sie Bewunderer an, was der Kirchenführung nicht unbedingt recht war, denn diese Anhänger konnte man durchaus als eine eingeschworene Fangemeinde beschreiben. Viele Wüstenväter waren charismatisch und inspirierten die Menschen um sie herum zu Akten der Selbstaufopferung. Das klang ja eigentlich positiv, doch in den Augen der Kirchenführer bedrohte es nicht nur ihre eigene Macht, sondern widersprach womöglich auch ihren Lehren. In der Theorie ging es beim Christentum ja eigentlich darum, sich auf Christus zu konzentrieren und nicht auf die Menschen, die sein Wort verkündigten.

Diese Bedenken brachten die Kirche dazu, das religiöse Leben in geordnete Bahnen zu lenken und Klöster zu gründen, wodurch das entstand, was die meisten von uns unter mittelalterlichem Mönchtum verstehen. Benedikt von Nursia (480–543) gründete den Prototyp mittelalterlicher christlicher Klöster in Monte Cassino außerhalb von Rom. Klöster (vor allem die frühen) sollten abgeschlossene Welten sein, in denen die Mönche losgelöst von den käuflichen Ablenkungen der äußeren Welt alle Arbeiten verrichteten, die zum Erhalt der Gemeinschaft nötig waren. Im Gegenzug forderte der heilige Benedikt von den Mönchen, dass sie seine Regel achteten, eine Abfolge von 73 Kapiteln, die vorgaben, wie man ein christliches Leben führte und ein Kloster effektiv verwaltete. Das Leitprinzip seines und späterer Klöster war das schon erwähnte »Bete und arbeite«. Wenn die Mönche nicht schliefen oder beteten, sollten sie sich nützlich machen. Neben der Landwirtschaft, der Küche, dem Bierbrauen und all den allgemeinen Aufgaben, die wichtig waren, um eine Gemeinschaft zu ernähren und zu kleiden, zählten dazu auch ihre gelehrten Pflichten.

In der Zeit vor dem Buchdruck mussten Bücher von Hand abgeschrieben werden – ein zeitaufwendiger und mühsamer Prozess. Die Mönche kopierten also sorgfältig die Werke des Aristoteles, Galen und Augustinus. Und all dieses Abschreiben führte zu verschiedenen Innovationen, etwa der Einführung von Zwischenräumen zwischen den Wörtern. Diese Neuerung war das Werk der Mönche von Kilmalkedar im heutigen Irland, die erkannten, dass ein Text leichter zu lesen war, wenn er nicht als ein durchgehendes Bandwurmwort daherkam. Innovationen wie diese ergaben sich zwangsläufig, wenn gebildete Menschen sich viele Male ähnlichen Aufgaben widmeten. So entstanden in den Klöstern einige der wichtigsten Schulen im frühmittelalterlichen Europa. Neben Monte Cassino und Kilmalkedar gab es andere berühmte Klöster wie Marmoutier (gegründet 372 bei Tours in Frankreich), die Fürstabtei Stavelot-Malmedy (gegründet 651 an der Amel im heutigen Belgien), die Abtei St. Gallen (gegründet 747 in der Schweiz) und die Abtei Cluny (gegründet 910 in Ostfrankreich) – und das sind nur einige der bekanntesten solcher Einrichtungen.[32]

Die Kehrseite eines solchen Bildungssystems (aus der Perspektive der breiteren Gesellschaft) war, dass man, wenn man nicht zum Adel gehörte, Mönch werden und auf Dauer abgeschlossen und im Dienste Gottes in einem Kloster leben musste, um eine gute Bildung zu genießen. Für diejenigen, die sich nicht zum Klosterleben berufen fühlten, richtete Karl der Große im Zuge seiner »Renaissance« neben den Klöstern sogenannte Kathedral- oder Domschulen ein und stattete sie aus. Diese Schulen nahmen junge Männer auf, die etwas lernen wollten. Sie mussten dazu nicht ins Kloster gehen. Manche, die diese Ausbildung durchliefen, traten danach in den Klerus ein, andere arbeiteten für Adelshäuser oder Königshöfe. Heinrich I. von England (1069–1135) pflegte Angehörige des Hofes an Domschulen zu schicken mit der ausdrücklichen Erwartung, gebildete Höflinge zurückzubekommen. Andere Domschüler ergriffen verschiedene Berufe, für die eine gewisse Bildung vonnöten war, wie etwa Kaufmann oder Rechtsanwalt. Zu den berühmtesten Domschulen gehörten Canterbury in England; Utrecht, Lüttich, Köln, Metz und Speyer in den deutschsprachigen Ländern; und Chartres, Orleans, Paris, Laon, Reims und Rouen im heutigen Frankreich. Laon war übrigens für Heinrich I. die Schule der Wahl.[33]

Im zwölften Jahrhundert wurden die Domschulen als vorrangige Anlaufpunkte wissbegieriger Schüler von den Universitäten abgelöst.[34] Das Universitätssystem entwickelte sich in Reaktion auf die Nachfrage nach gründlicherer und stringenterer Bildung sowie einem Unterricht in Fächern, die an den Kathedralen nicht gelehrt wurden. Alle in dieser Zeit gegründeten Universitäten lehrten die sieben freien Künste, boten aber auch Spezialfächer an. Bologna wurde schließlich zu einem Zentrum der Jurisprudenz, während man nach Paris ging, um Philosophie zu studieren. Angehende Ärzte zog es nach Salerno, das seit dem neunten Jahrhundert eine medizinische Schule besaß und im elften und zwölften Jahrhundert einen wahren Boom erlebte, als arabische medizinische Texte ins Land kamen. Diese Universitäten boten eine größere Wahlfreiheit; statt ihren halbwüchsigen Sohn an eine Domschule zu schicken, konnten wohlhabende Familien ihn an einer Universität unterbringen, wo er mit Gleichaltrigen über Aristoteles diskutierte und mit einer Ausbildung zurückkam, mit der er Arbeit an allen möglichen Institutionen finden konnte. Mit dem Trivium und dem Quadrivium, das diese Studenten auf dem Lehrplan stehen hatten, könnten wir heute kaum noch etwas anfangen. Viele Hinweise lassen uns jedoch vermuten, dass eines uns doch sehr vertraut vorkäme: der Student an sich.

Der mittelalterliche Student trank, kämpfte und machte im Allgemeinen denselben angeberischen Blödsinn wie die Studenten heutzutage. Und genau wie heute konnte dies zu Spannungen zwischen diesen zeitweiligen und rebellischen Bewohnern der Universitätsstädte und den Ortsansässigen (und ihren, in den Augen der Studenten, kleinkarierten Gesetzen) führen.

Damit ihre Studenten keine rechtlichen Konsequenzen ihres Verhaltens zu fürchten hatten – eine wichtige Forderung wohlhabender Eltern im Mittelalter, ebenso wie auch reicher Wohltäter heute –, warteten die Universitäten mit einem genialen Trick auf: Alle Universitätsstudenten empfingen die geistlichen Weihen. So waren, wenn sie in Schwierigkeiten gerieten – etwa die Wirtshausrechnung nicht bezahlten, wie es die Pariser Studenten gern taten –, die kirchlichen Gerichte für sie zuständig und nicht die städtischen. Dort bekamen sie eine Verwarnung und wurden zu ihren Studien zurückgeschickt, hatten aber keine echte Strafe zu fürchten. Dies hieß aber auch, dass jeder Student an einer mittelalterlichen Universität technisch gesehen dem Klerus angehörte und einen Talar trug, um dies unter Beweis zu stellen.

Außerdem versperrte diese Notwendigkeit, die geistlichen Weihen zu empfangen, Frauen die beiden wichtigsten Wege zu einer höheren Bildung – die Klosterschule und die Universität. Als Platon und Hippokrates und Galen und der Schöpfungsmythos ihren Platz im Bildungssystem fanden und selbst als die Pädagogik an sich systematisiert wurde, konnten die Frauen also nichts dazu beitragen. Die Natur ihres Wesens wurde festgelegt, und sie waren nicht mal anwesend, um mitzusprechen.

Der größte Teil des mittelalterlichen Denkens über Frauen wurde von Männern für Männer niedergeschrieben, auf der Basis von Werken, die wiederum Männer verfasst hatten.

Die meisten mittelalterlichen Autoren, die ich in diesem Buch heranziehe, kamen entweder aus dem Kloster- oder aus dem Universitätssystem. Zu den konsultierten Koryphäen gehören (unter anderem) Constantinus Africanus (um 1020–1087), ein Benediktinermönch in Monte Cassino; Andreas Capellanus (etwa zwölftes Jahrhundert), dessen Name wörtlich »Andreas der Kaplan« bedeutet, was auf eine geistliche Person hindeutet, die in einer weltlichen Institution wie einem Hof oder einem Krankenhaus arbeitet; und Thomas von Aquin (1225–1274), ein Dominikanermönch und Heiliger. Die Dominikaner zählen zu den Orden, die seit dem 13. Jahrhundert versuchten, in ihre Gemeinde hineinzuwirken und zu ihr zu predigen, statt sich aus der Welt zurückzuziehen. Tatsächlich tauchten bei der eindrucksvollen Parade von Kirchenkonzilen, Päpsten und Predigern immer nur Männer auf. Selbst wenn wir über populäre Texte wie die *Canterbury-Erzählungen* sprechen, befragen wir immer noch Männer. Und auch die Literatur der Troubadours oder der höfischen Minne wurde überwiegend von Männern geschrieben.

Nun ist es an und für sich kein Problem, wenn Männer über die Natur der Frau diskutieren, aber es ist ein Problem, wenn Frauen nicht die Möglichkeit haben, darauf zu reagieren oder ihre eigenen Debatten in irgendeiner empirisch dokumentierbaren Form zu führen. Deshalb ist es der Mühe wert, die Autorinnen aufzuspüren, deren Werke es geschafft haben, das Mittelalter zu überdauern. Selbst wenn mittelalterliche Frauen dieselben Studientexte in die Hand bekamen, wenn sie sich in Diskussionen einbringen konnten, lasen sie die Texte nicht genauso wie mittelalterliche Männer. Da es nur wenige dieser

Denkerinnen gibt, müssen wir uns auf das konzentrieren, was sie uns hinterlassen haben.

Hildegard von Bingen und Christine de Pizan

Es liegt auf der Hand, dass einige gewaltige Hindernisse Frauen davon abhielten, an wissenschaftlichen und kulturellen Diskussionen über ihr Geschlecht teilzunehmen. Und doch gelang es einigen Ausnahmegestalten unter ihnen. Die vielleicht berühmteste war Hildegard von Bingen (1098–1179), die bis heute als außergewöhnliche Persönlichkeit gefeiert wird. Sie war eine Universalgelehrte mit Talenten, die es ihr erlaubten, unter anderem als Komponistin, Philosophin und Begründerin der deutschen Schule der Naturphilosophie zu wirken. Schließlich wurde sie sogar heiliggesprochen. Hildegard gelang es, sich an philosophischen Gesprächen über die Unterschiede zwischen den Geschlechtern zu beteiligen, indem sie denselben Weg einschlug, den so viele frühmittelalterliche Männer nahmen – sie wurde Geistliche.

Das Leben der Nonnen ähnelte dem der Mönche in vielerlei Hinsicht. Die große Mehrheit wohnte abgeschlossen in Klöstern, fern von der Welt, um besser über Gott nachdenken und ihm mit ihren Werken dienen zu können. Wie Mönche mussten auch Nonnen gebildet sein, um ihre Arbeit tun zu können. Und so war für eine Frau aus einer Familie, die so wohlhabend war, dass ihre Arbeitskraft zu Hause nicht gebraucht wurde, und die selbst religiöse oder intellektuelle Neigungen verspürte, das Nonnenkloster die erste Wahl. Sie musste der Kirche wie auch ihrer Äbtissin gegenüber ein Keuschheitsgelübde ablegen, bekam aber für ihren Verzicht auf ein Familienleben die Chance zu denken. So begann auch Hildegard ihre Laufbahn. Als jüngstes Kind einer Familie des niederen Adels wurde sie irgendwann im Alter zwischen sechs und zehn Jahren als Oblatin in ein Kloster geschickt. Dort erhielt sie die Gelegenheit, dieselben griechischen und römischen Denker, Kirchenväter und Bibelkommentare zu lesen wie die Männer in ihren Klöstern.

Allerdings gelangte sie bei ihren Studien zu anderen Schlüssen als ihre männlichen Pendants. Zwar war auch sie der Ansicht, dass Eva aus Adams Rippe gemacht worden sei, um seine Gefährtin zu sein, doch in ihrer Vorstellung war dies tatsächlich etwas Gutes. Adam und im weiteren Sinne alle Männer waren aus Lehm gemacht. Sie waren deshalb hart und stark. Eva war, weil sie aus Adams Leib geschaffen war, schwächer und weicher, aber das bedeutete auch, dass ihr Verstand schärfer war. Sie war weniger durch das definiert, was ihr Körper tun konnte, als durch das, was ihr Verstand ohne die Last des schweren Fleisches erreichen konnte.[35] Man sollte sich die Frauen daher als geistig beweglichere und empfindsamere Gegenstücke zu den Männern vorstellen. Sie waren von Gott nicht als eine schlechtere Art Mann geschaffen worden, sondern als etwas Neues und Anderes.

Frauen nicht als minderwertig zu sehen, sondern als eine andere Art Mensch, erforderte ein ganz neues Denken. Statt zu akzeptieren, dass Männer notwendigerweise an der Spitze eines hierarchisch geordneten Universums und die Frauen unter ihnen standen, stellte sich Hildegard die Schöpfung als ineinander verzahnt und harmonisch vor. Männer und Frauen mussten sich als komplementär verstehen, mit Eigenschaften, die sie nutzen sollten, um einander zu unterstützen, und als ebenbürtig vor Gott. Sicher konnte ein Geschlecht manche Dinge besser als das andere, doch das machte keines schlechter als das andere. Vielmehr konnten Männer und Frauen voneinander lernen. Die Männer konnten den Frauen als Vorbildern der Anmut und der Barmherzigkeit nacheifern, während die Frauen versuchen konnten, jene Kraft und jenen Mut zu entwickeln, die den Männern eigen waren. Hildegard lieferte eine ausführliche Analyse nicht nur der Frauen, sondern des ganzen Gender-Konzepts und seines Einsatzes, indem sie das Gespräch von den Erwartungen, die auf dem Männlichen basierten, löste und ganz neu ausrichtete.

Offenbar näherten sich also mittelalterliche Frauen, wenn sie es schafften, gleichsam einen Fuß in die Tür der Debatte zu bekommen, diesen Texten aus einem anderen Blickwinkel heraus.

Ähnlich zeugte der mangelnde Einfluss klassischer Frauengestalten auf mittelalterliche Konzepte von Weiblichkeit nicht von einem Mangel an Interesse am Leben antiker Frauen. Auch hier näherten sich Frauen der klassischen Vergangenheit ganz anders. Christine de Pizan (1364 bis ca. 1430), eine Hofpoetin und -autorin des französischen Königs Charles VI. (1368–1422), hatte ganz besondere Ansichten zu Frauen in Geschichte und Philosophie. Als Tochter eines bekannten Arztes und Astronomen erhielt sie eine gute Bildung. Auf der Suche nach einer Möglichkeit, ihre Familie nach dem Tod ihres Mannes zu versorgen, wurde sie Hofautorin und schrieb Werke, die die französische Königsfamilie unterhalten sollten, darunter auch Liebesballaden. Wenn sie Zeit hatte, verfasste sie vor allem Bücher über große Frauen. Ihr *Buch von der Stadt der Frauen* (*Le Livre de la Cité des Dames*) war so etwas wie ein mittelalterlicher Bestseller – und eine Polemik gegen die negativen Konzepte der Männer, wenn es um Frauen ging, geschrieben in einem Genre, das wir heute als Fan-Fiction bezeichnen würden.

Christine beschreibt sich selbst als anfangs durchaus empfänglich für die Vorstellung, dass die Frauen den Männern von Natur aus unterlegen seien. Deshalb habe sie natürlich die Gesellschaft von und das Gespräch mit Männern bevorzugt. Allerdings begann sie schließlich an ihrer Überzeugung von der Minderwertigkeit der Frauen zu zweifeln, weil die Männer ihr ständig predigten, wie schwierig und schrecklich Frauen doch seien. Sie fand diese Ansicht seltsam, denn

> »… obwohl ich äußerst gründlich beobachtete und prüfte, fand ich keinerlei Anhaltspunkte für solche abschätzigen Urteile über meine Geschlechtsgenossinnen und die weiblichen Stände. Dennoch bezog ich Position gegen die Frauen und meinte, es sei völlig unvorstellbar, dass so bedeutende Männer – berühmte Gelehrte von beträchtlichem intellektuellem Format, scharfsinnig in jeder Hinsicht, wie jene es zu sein schienen –, dass diese Männer Lügen über die Frauen verbreitet hätten.«[36]

In ihrem Buch erscheint ihr die personifizierte Vernunft und führt ihr die Bedeutung von Frauen vor Augen, indem sie historische und mythologische Frauengestalten von der mittelalterlichen Gräfin Maria von Blois (1136–1182) bis hin zu Isis und Dido Revue passieren lässt. So gelangt Christine zu der Erkenntnis, dass Frauen tugendhaft, interessant und fähig sind. Später beginnt sie mit der Hilfe einer Personifikation der Rechtschaffenheit eine Stadt aufzubauen, die sich mit »vortrefflichen und hochberühmten Damen«[37] aus der Geschichte füllen soll, und listet dafür insgesamt 92 Kandidatinnen auf. Dann lädt sie mit der Hilfe der personifizierten Gerechtigkeit alle weiblichen Heiligen in die Stadt ein, woraufhin sie eine Wahl abhalten und die Jungfrau Maria zu ihrer Königin bestimmen.

Es kann nicht überraschen, dass *Das Buch von der Stadt der*

Frauen so beliebt wurde. Um die Vorstellung infrage zu stellen, dass die Frauen von Natur aus minderwertig seien, zieht es genau die Art rhetorischer Argumente heran, mit denen die Männer des Mittelalters vertraut waren. Es griff auf die mittelalterliche Faszination für die Vergangenheit und die Ehrfurcht vor den antiken Autoren zurück und drängte sein Publikum, auch mythologische und historische Frauen als verehrungswürdige Persönlichkeiten auf Augenhöhe mit den Männern zu betrachten. Dann bezieht es klugerweise die Jungfrau Maria mit ein – die, wie alle guten Christen zugeben mussten, der zweitbeste Mensch war, der je gelebt hatte (nach ihrem Sohn natürlich) – und beschreibt, wie sie zur Führerin der Stadt gewählt wird, um zu zeigen, dass Frauen heilig sein und dass sie sich zusammenschließen können, um jene Heiligkeit zu ehren. Das Buch kam so gut an, dass Christine einen Folgeband schrieb, *Der Schatz der Stadt der Frauen (Le Trésor de la Cité des Dames)* oder *Das Buch der drei Tugenden (Le Livre des Trois Vertus),* das sich auf die Frage konzentrierte, wie man Frauen so weit bilden konnte, dass sie den Idealen ihrer fiktiven Stadt genügten. Ihr Nachdenken über Frauen formulierte nicht nur neue Ideale – die Menschen wollten auch ausdrücklich, dass sie mithalf, Frauen so zu bilden, dass sie Ähnliches erreichen konnten wie die Vorbilder in ihrem Buch.

Hildegard und Christine de Pizan sind zwei der berühmtesten mittelalterlichen Autorinnen. Es gab natürlich andere, doch leider wäre selbst eine umfassende Liste aller weiblichen Ausnahmegestalten des Mittelalters – von Heloïse von Argenteuil (um 1090–1164) bis Marguerite Porete (†1310) – kürzer als die Liste entsprechender mittelalterlicher Männer. Das hat nichts mit den Fähigkeiten von Frauen, damals wie heute, zu tun, sondern war vielmehr eine Frage des Zugangs in einer Kultur, die eine feste Vorstellung von Frauen als minderwertig hatte. Selbst wenn die widersprechenden Stimmen von Frauen doch einmal durchdrangen wie die von Hildegard und Christine oder von Hypatia und Hipparchia vor ihnen, waren sie Sonderfälle. Die Frauen in ihrer großen Mehrheit bekamen nie die Chance auf eine so gute Bildung, dass sie mit dem Patriarchat in einen Dialog hätten treten können, geschweige denn es hätten anfechten können, was für uns alle ein Verlust ist.

Predigten und Literatur

Die meisten Menschen des Mittelalters, Männer wie Frauen, hatten nicht die Chance auf eine Bildung über das Notwendige hinaus. Theoretisch konnte jeder Junge an eine Domschule gehen und dort etwas lernen, doch die meisten mittelalterlichen Menschen (85 Prozent) waren Bauern und Bäuerinnen. Sie lebten und starben (wie die große Mehrheit der Menschen in der Geschichte) auf dem Lande. Sie bauten Feldfrüchte an und brachten die Ernte ein, um zu überleben, und konnten ihre Kinder nicht jeden Tag für den Unterricht entbehren.[38] Gleiches galt, wenn ein Kind ins Kloster eintreten und danach Mönch oder Nonne werden wollte. Dann musste die Familie nicht nur abwägen, ob sie sich den Verlust einer Arbeitskraft leisten konnte, sondern auch die finanzielle Belastung stemmen (siehe Kapitel 4). Man erwartete, dass die Familie eine gewisse Geldsumme oder Land an die Institution gab, der sich das Kind anschloss, um es zu ernähren, bevor es in der Lage war, wesentlich zum Arbeitsleben in einem Kloster beizutragen. Das stellte Bauern vor gewaltige Probleme, besonders bevor mittelalterliche Fortschritte in Technik und Landwirtschaft bessere Erträge möglich machten.

Für viele war es auch abgesehen von finanziellen Erwägungen *rechtlich* gar nicht möglich, ein Kind wegzuschicken. 85 Prozent der Bevölkerung waren Bauern und Bäuerinnen, und 75 Prozent davon waren Leibeigene. Leibeigenschaft war eine Art Unfreiheit. Man konnte einen Leibeigenen zwar nicht kaufen oder verkaufen, wohl aber seine Arbeitskraft. Leibeigene waren auch in ihrer Bewegungsfreiheit eingeschränkt. Ohne Erlaubnis ihres Herrn durften sie nicht umziehen oder in eine Stadt abwandern. Die Reichen, die bestimmen durften, wo Leibeigene lebten, und die erwarteten, dass sie ohne Lohn auf ihrem Land arbeiteten, waren nicht gerade erpicht darauf, junge Arbeiter:innen gehen zu lassen, damit sie eine klassische Bildung erlangten. Mit anderen Worten stand ein solcher Wissenserwerb für die gewaltige Mehrheit der Bevölkerung außer Frage.

Das soll aber nicht heißen, dass diese Landbevölkerung vom antiken Wissen um nach innen gestülpte Penisse und Hysterie oder von den Weiblichkeitskonzepten der Genesis verschont blieb. Manchen Gemeindepriestern auf dem Lande fehlte es an einer Kloster- oder Universitätsausbildung, doch sie alle mussten lesen und schreiben können, um ihrer Herde aus der Bibel vorzulesen und Predigten für sie zu verfassen.

Die Menschen dagegen, die ihre Bibeln sorgfältig von Hand abschrieben, waren in ihrer überwältigenden Mehrheit sehr gebildet. Nun konnte eine Bibel den klassischen und zeitgenössischen Gender-Diskurs nicht durch Osmose vermitteln, aber mittelalterliche Bibeln bestanden nicht nur aus den Worten des biblischen Textes. Sie enthielten auch sogenannte Glossen, ausführliche Anmerkungen, die an die Ränder rund um den biblischen Text geschrieben wurden. Glossen galten als eine absolute Notwendigkeit für jeden, der eine Bibel konsultierte – besonders im Hoch- und Spätmittelalter hieß es, man lese »blind«, wenn man die Bibel ohne Glossen benutzte.

Seit dem zwölften Jahrhundert befassten sich des Lesens Kundige vor allem mit der *Glossa Ordinaria* parallel zu jedem Bibelabschnitt, etwa den Paulusbriefen an die Korinther, obwohl es auch noch andere Glossen gab.[39]

Der Bibeltext stand in der Mitte der Seite, und rundum an den Rändern befanden sich Texte, die erklärten, wie die Leser:innen die jeweilige Passage deuten sollten. Die Glosse enthielt Zitate von Kirchenvätern und Theologen, sodass man zum Beispiel etwa für jeden Abschnitt Zugriff auf die Gedanken des Augustinus zu diesem Thema hatte. Während man also eine mittelalterliche Bibel las, standen alle Informationen der Glosse rund um den eigentlichen Bibeltext. Sie begann oben, setzte sich in der Mitte parallel zum Text fort und zog sich schließlich am Ende der Seite noch unter dem Text hin.

Dann las man den ganzen biblischen Text auf der Mitte der Seite.

So hatte selbst der niedrigste Diener der Kirche Zugang zu anspruchsvollen theologischen Deutungen der Bibeltexte, die er tagein, tagaus las. Und er konnte seiner Gemeinde diese Vorstellungen in seinen Predigten nahebringen. Ebendiese Predigten waren es also, die in großem Maßstab den aktuellen Wissensstand verbreiteten. Die Menschen des Mittelalters waren ganz wild auf Predigten. In einer Welt mit beschränkten Möglichkeiten der Unterhaltung, einer Welt, in der die Menschen nicht die Chance hatten, zur Schule zu gehen und Bücher zu lesen, war es eine spannende Sache, jemandem zuzuhören, der die Bibel auslegte – warum sie für das Leben der Zuhörer:innen bedeutsam war und wie diese sich verbessern konnten. Die Europäer:innen des Mittelalters verstanden sich selbst und alle anderen zunächst und vor allem als Christ:innen. Innerhalb des ausdrücklich religiösen Kontextes der mittelalterlichen Gesellschaft war die Beschäftigung mit religiösen Geschichten und theologischen Lehren eine so persönliche und unmittelbare Angelegenheit, wie sie es für viele von uns heute nicht mehr ist oder sein kann.

Hunderte lauschten den Worten beliebter Prediger, und Predigtsammlungen zählten zu den einflussreichsten Werken der Epoche. Solche Aufzeichnungen zirkulierten weithin und erlaubten Menschen, die zu weit weg von diesen bekannten Gestalten des öffentlichen Lebens wohnten, ihre eigenen Prediger zu hören, die vor Ort dieselben Gedanken wiederholten. Tatsächlich waren Predigten und Predigtsammlungen so beliebt, dass Mittelalterhistoriker:innen sie als mittelalterliche Massenmedien bezeichnen.[40] Eine auf Latein geschriebene Bibel wirkte einem Publikum vielleicht kaum vermittelbar – wenn überhaupt eine zur Verfügung stand –, doch die europäische Gesellschaft des Mittelalters konnte diese Botschaften effektiv verbreiten. Der Durchschnittsmensch, der in Flandern auf dem Feld arbeitete, las vielleicht nie ein Wort des Aristoteles, doch er oder sie hörte das ganze Leben lang Messen, in denen die Prediger darlegten, wie die Kirchenväter Aristoteles zu den jeweiligen Bibelversen in Beziehung setzten. Mehr noch, für diesen Menschen auf dem Feld war es vielleicht der Höhepunkt der Unterhaltung, den Worten eines Wanderpredigers zu lauschen. Die Europäer:innen des Mittelalters waren durchdrungen von einer Kultur, die diese Ansichten ernst nahm und sich damit beschäftigte.

Wenn schon die Menschen auf der untersten Stufe der sozialen Leiter von Philosophie beeinflusst wurden, so galt das noch mehr für die Wohlhabenderen über ihnen. Menschen aus der Schicht der Kaufleute und Ladenbesitzer ließen ihre Kinder an Domschulen oder von Hauslehrern ausbilden, während der Adel und die Königshäuser Geistliche beschäftigten, die ihren Kindern dieselben Vorstellungen nahebrachten.

Fast alle Christ:innen des Mittelalters liebten also Predigten, doch auch andere Formen der Unterhaltung bedienten verschiedene Zielgruppen und halfen dabei, traditionelle Konzepte von Weiblichkeit zu zementieren. Mysterienspiele waren, was ihr Name uns heute nicht mehr anzeigt, Theaterproduktionen, in denen es um Bibelgeschichten oder hin und wieder auch um Wundertaten von Heiligen ging (die wir manchmal zur Unterscheidung auch »Mirakelspiele« nennen). Spätestens seit dem fünften Jahrhundert wurden Mysterienspiele mit komplizierten Gesängen in den Kirchen aufgeführt und konnten Tage dauern. Oft waren sie Teil großer religiöser Feste. Schließlich entwickelte sich ein Kalender der Mysterienspiele: Die Schöpfungsgeschichte wurde an Neujahr aufgeführt, und so ging es durch das ganze Jahr bis zur Offenbarung am Jahresende.

Ein Stück, das die Vertreibung Adams und Evas aus dem Garten Eden zeigte, trug natürlich dazu bei, bestimmte Vorstellungen in Bezug auf Frauen zu festigen, doch die Mysterienspiele spiegelten auch Einflüsse antiker Philosophen wider. Die beliebten spätmittelalterlichen Fronleichnamsspiele in England zum Beispiel basierten auf platonischen und galenischen Körperkonzepten.[41] Anfangs wurden die Mysterienspiele oft von Geistlichen aufgeführt, ebenjenen Priestern, die eine klassische Bildung genossen hatten und Glossen lasen. Sie nahmen dieses Wissen und trugen es in die Stücke hinein, die sie zur Erbauung ihrer Gemeinde aufführten. Diese Praxis endete im Jahr 1210, als Papst Innozenz III. (1160/61–1216) ein

Edikt (mehr oder weniger eine katholische Unterlassungsaufforderung) erließ, dass Priester nicht in Mysterienspielen auftreten sollten. Das Papsttum fand, Priester sollten ihre Vorstellungen am Altar und nicht auf der Bühne vermitteln. Doch inzwischen waren diese Spiele schon zu beliebt geworden, man konnte sie nicht einfach verbieten. Schauspieltruppen oder Angehörige örtlicher Zünfte und Gilden (mittelalterlicher Organisationen von Handwerkern und Kaufleuten) sprangen ein und füllten die Lücken, die die Geistlichen zurückließen. Die Schauspieler und Zunftmitglieder blieben bei denselben Konzepten, nicht nur, weil sie sie selbst aus den Stücken gelernt hatten, sondern auch, weil zumindest Zunftmitglieder gewöhnlich wohlhabend waren und deshalb eine gute Ausbildung genossen hatten.

Sobald sich die Mysterienspiele aus dem Schoß der Kirche lösten, nahmen sie sehr viel populärere Formen an. Damit meine ich, dass jede Menge Sex- und Furzwitze vorkamen. Die Menschen des Mittelalters waren zwar sicher religiös, *liebten* aber einen guten Furzwitz oder die Gelegenheit, den Zuschauern den blanken Hintern zu zeigen. Um mehr Menschen zu erreichen und wohl auch mehr Geld von begeisterten Zuschauern zu bekommen, entwickelten einige mutige Schauspieltrupps eine neue Idee: derbe Parodien auf Mysterienspiele. Professionelle Schauspieler waren anders als Priester und reiche Mitglieder von Zünften und Gilden meist nicht besonders gebildet. Sie waren Unterhaltungskünstler, die mit ihren Stücken von Ort zu Ort zogen, und standen im Ansehen auf einer Stufe mit Sexarbeiterinnen[42]. Ja, jeder sah gern solche Spiele, aber sie waren ein unanständiger Spaß, keine hohe Kunst.

In dieser Tradition parodierte beispielsweise das tschechische Spiel *Mastičkář (Der Salbenverkäufer)* unter anderem die Auferstehung Jesu, die Geschichte von Abraham und Isaak und das Wirken der Quacksalber.[43] Neben den unabdingbaren Furzwitzen wartete es aber auch mit einer Fülle von Gags über die Notwendigkeit auf, die eigene Frau zu schlagen, damit sie nicht herumstänkerte.

Die spätmittelalterliche Fantasie machte nicht bei Theaterstücken halt. Die derben Interessen der einfachen Leute und ihre Vorstellungen über Frauen kommen auch in literarischen Werken wie den *Canterbury-Erzählungen* zum Vorschein. Diese gefeierten Geschichten waren ähnlich wie die späteren Mysterienspiele das Produkt einer gemischten Gesellschaft. Geoffrey Chaucer (um 1342–1400) wurde in eine Familie von Weinhändlern hineingeboren, arbeitete aber in den Haushalten des Adels. Er verfügte daher über die Fähigkeit, seine Bücher selbst niederzuschreiben, und war klug genug, dies auf Englisch zu tun (und nicht auf Latein oder Französisch, der Verkehrssprache unter eleganten Engländern). Um die *Canterbury-Erzählungen* zu lesen, musste man keine Fremdsprache beherrschen. In dieser Geschichtensammlung verhalten sich die Frauen genau so, wie die mittelalterliche Gesellschaft es von ihnen erwartete: Sie betrügen ihre Ehemänner, haben mit ihren Freunden Sex auf Bäumen und furzen in die Gesichter von Männern, mit denen sie nicht schlafen wollen. Wer sich in diese Lektüre hineinbegab, erlebte eine Fülle von Geschichten, die alle möglichen Probleme mit Frauen beleuchteten. Die *Frau aus Bath* ist eine gute Geschäftsfrau, aber gierig und sexbesessen. Die *Priorin*, eine Frau des Klerus, trägt ungeachtet ihrer Position Schmuck (darunter eine Brosche mit der Aufschrift *Amor vincit omnia* oder »Liebe besiegt alles«), die anzeigt, dass sie einer sexuellen Begegnung vielleicht nicht abgeneigt wäre; sie ist habgierig und besessen davon, wie eine Adlige aufzutreten. All die Frauen in den Geschichten fordern entweder Gehorsam von ihren Ehemännern, oder sie tricksen sie aus und setzen ihnen Hörner auf.

Insgesamt sind die *Canterbury-Erzählungen* ein Kompendium von Anekdoten darüber, was angeblich an den Frauen auszusetzen war.

Man könnte jetzt vielleicht denken, dass die besseren Leute, für die Chaucer schrieb, eine solche Sammlung von Sexgeschichten empörend fanden. Wir möchten heute glauben, dass Menschen mit einem elaborierten Geschmack wohl eher nicht an weitschweifigen Thekengeschichten darüber interessiert sind, was die Leute alles anstellen, um mit anderen ins Bett zu gehen. Während jedoch Furzwitze bei Hofe vielleicht nicht so gut angekommen wären, wurden die Anekdoten über betrügende Ehefrauen nicht nur geduldet, sondern waren sogar das Rückgrat des ganzen Genres der höfischen Liebesbekundung, unter anderem der Minne.

Höfische Liebesliteratur war, wie der Name schon sagt, Literatur über die Liebe von und für Menschen am Hofe – von epischen Erzählungen über die Könige früherer Zeiten in der Artusliteratur bis hin zu allegorischen mystischen Gedichten wie dem beliebten *Roman de la Rose* (*Rosenroman*). Als Genre wurde die höfische Liebesliteratur im zwölften Jahrhundert plötzlich sehr bekannt und blieb bis in die Mitte des 14. Jahrhunderts populär. Troubadoure – wandernde Sänger, die vom heutigen Südfrankreich aus auch nach Spanien und Italien ausschwärmten – nutzten sie als thematische Vorlage für ihre Lieder. Im deutschen Sprachraum zogen die Minnesänger umher. Unabhängig von der Ausdrucksform zeichnet sich höfische Liebesliteratur dadurch aus, dass sie die Liebe zwischen einem Mann und einer Frau, die oft mit einem anderen Mann verheiratet ist, beschreibt. In der Artusdichtung finden sich vielfältige Hinweise auf die verbotene Liebe zwischen der Königin Guinevere und dem Ritter Lancelot – ihr sexuelles Verhältnis bringt letztlich Camelot zu Fall. In der romantischen Geschichte von *Tristan und Isolde* entfaltet sich die Liebe des Paares, während Tristan Isolde zur Hochzeit mit seinem Onkel begleitet. Und Andreas Capellanus' *De amore* (*Über die Liebe*) ist entweder ein Ratgeber, wie man Frauen bei Hofe verführt, oder eine Parodie auf die Vorstellungen des romantischen Ehebruchs.

Der Reiz einer solchen außerehelichen Liebe war im Kontext des Mittelalters durchaus nachvollziehbar, da die Ehe für die Menschen im Allgemeinen und für die mittelalterlichen Herrscher im Besonderen nichts mit Liebe zu tun hatte. Vielmehr war sie ein religiöses Sakrament und ein Eigentumsvertrag. Angehörige mittelalterlicher Königs- und Adelsfamilien heirateten oft, um Bündnisse zwischen Haushalten zu schmieden und große Landbesitzungen zu schaffen. Viele wohlhabende Menschen lebten auf solchen Ländereien und dienten den Herren und Königen dort. Weil sie nicht draußen auf dem Feld beim Pflügen waren wie die anderen 85 Prozent der Bevölkerung, hatten sie viel mehr freie Zeit, die sie am liebsten mit der Jagd, der Falknerei und dem Verfassen von Liebesliedern darüber, wie unbedingt sie miteinander ins Bett gehen wollten, verbrachten.

Die Angehörigen der höfischen Oberschicht waren sehr gebildet und hatten viel Zeit, um den Mann oder die Frau ihrer Träume mit ihren ganz eigenen aristotelischen Einsichten in die Liebe und das Wesen der Frau zu beeindrucken, während sie verzweifelt versuchten, ihrem Verlangen nicht nachzugeben, damit aber letztlich scheiterten. Die Religion stand schließlich bei einem Haufen gut aussehender Menschen mit viel freier Zeit letztlich doch auf verlorenem Posten.

Irgendwann schaffte es die beste Minneliteratur hinaus zu den Massen, die eine gut erzählte Geschichte über eine unmögliche Liebe ebenfalls zu schätzen wussten, ob sie nun von einem umherziehenden Minnesänger vorgetragen wurde oder in Form einer Handschrift oder einer mündlichen Erzählung daherkam. Und wenn die höfische Liebesliteratur reiste, reisten ihre Vorstellungen über Frauen mit.

Über eine Analyse der Literatur können wir einiges über die Kultur(en) einer Zeit erfahren, darüber, was den Menschen wichtig war und wie sie dachten. Aus ihren Werken können wir folgern, dass die mittelalterlichen Autoren von Aristoteles beeinflusst waren, etwa wenn sie Frauen für umgedrehte Männer hielten. Manche Autoren gaben auch gern ausdrücklich die Autoritäten an, die ihre Weltsicht beeinflussten. Diese Referenzen halfen ihnen, den Wahrheitsgehalt ihrer Texte zu untermauern.

Die Art, wie Literatur Ideen verbreitet, ist immer im Fluss. Die Europäer:innen des Mittelalters orientierten sich am klassischen und biblischen Kanon, den ihre Vorläufer geschaffen hatten, doch sie passten ihn an ihre eigene Welt an und erweiterten den traditionellen Rahmen entsprechend. Damit beeinflussten sie die Welt um sie herum. Es ist zum Beispiel schwer zu sagen, ob die höfische Liebesliteratur geschrieben wurde, um die Realität des Hoflebens abzubilden, in der verheiratete Frauen flirteten und sexuelle Gunstbezeigungen mit den Untergebenen ihrer Ehemänner üblich waren, oder ob Schreibende anfangs eine romantische Dynamik erfanden, die ihrerseits dann ihre Leser:innen inspirierte, sie nachzuahmen und außereheliche Affären zu beginnen. Nach einer Weile war jedenfalls nicht mehr wichtig, was zuerst da gewesen war. Die Menschen umwarben einander, auch wenn einige von ihnen verheiratet oder verlobt waren, und sie schrieben Gedichte darüber. Die Kunst ahmt das Leben nach, aber das Leben auch die Kunst.

Insgesamt erzählen die Texte aus dem Mittelalter, egal ob theologischer, medizinischer oder fiktiver Natur, wie die Menschen jener Zeit Frauen verstanden. Im Allgemeinen erfahren wir, dass Frauen als Männer galten, die irgendwie missraten waren. Egal, welche stereotyp männlichen Eigenschaften als gut verstanden wurden (Mut, Kraft, Intelligenz, Zurückhaltung), Frauen wiesen die entgegengesetzte Eigenschaft (Feigheit, Schwäche, Dummheit, sexuelle Lasterhaftigkeit) auf. Diese Charakteristiken wurden als ein wesentlicher Teil der weiblichen Natur gesehen, über Menschengenerationen weitergegeben von Eva, die als eine notwendigerweise minderwertige Gefährtin für Adam geschaffen worden war und die Welt in Sünde und Tod hineingetrieben hatte. Einige weibliche Attribute galten allerdings als gut, etwa Freundlichkeit, Fürsorge und, na ja, eine Menge Weiberkram. Ähnlich wie die Frauen ihre schlechten Eigenschaften von Eva geerbt hatten, waren ihre guten Charakterzüge Gaben, die Maria in herausragender Weise verkörperte – die universelle idealtypische Mutter. Diese Vorstellungen über Frauen wurden überall *ad nauseam* wiederholt, vom Bibelkommentar bis zum Universitätshörsaal und sogar bis in die eskapistische romantische Literatur hinein.

Mittelalterliche und antike Texte haben nahezu dieselbe Sicht auf die Frauen, obwohl ihre Begründungen sich unterscheiden. Platon war kein Christ, egal, welche Anstrengungen Christen unternahmen, um sich einzureden, dass Jesus ihn errettet habe. Ähnlich halten sich auch heute immer noch hartnäckig einige mittelalterliche Einstellungen in unserer Gesellschaft, auch wenn sie natürlich dem gegenwärtigen Verständnis der Welt angepasst sind. Wie wir sehen werden, sind diese vergangenen Überzeugungen der Anker für die gesellschaftlichen Einstellungen Frauen gegenüber, etwa Schönheitsideale, Konzepte zur weiblichen Sexualität und die Rollenerwartungen an Frauen als Familienmitglieder und Arbeitende. Letztlich bedeutet das aber auch: Wenn wir uns das Frauenbild im globalen Norden anschauen, können wir die Schuld schließlich den alten Griechen zuschreiben. Sie haben vieles zu verantworten.

2

Der männliche Blick auf die Frauen

Schönheit liegt, so heißt es, im Auge des Betrachters, und im Laufe der Zeit haben die Menschen immer wieder gemahnt, dass es unmöglich sei, sie zu definieren. Im 13. Jahrhundert warnte der englische Philosoph und Staatsmann Robert Grosseteste (um 1175–1253), der Versuch, Schönheit zu beschreiben, erweise sich nur als verwirrend und beflecke das ganze Konzept. Stattdessen riet er anderen, sie sollten »nicht herauszufinden versuchen, was Schönheit ist. … Sobald du dies versuchst, umwölkt dir der Nebel unzähliger körperlicher Bilder den Geist … Denke an dieses oder jenes schöne Ding. Dann lass ›dieses‹ und ›jenes‹ weg und denke darüber nach, was ›dieses‹ und ›jenes‹ schön macht. Versuche zu sehen, was Schönheit an sich ist … Wenn dir das gelingt, wirst du Gott selbst sehen, die Schönheit, die in allen schönen Dingen wohnt.«[1] Absolut niemand hörte auf ihn.

Stattdessen machten sich einige der größten Denker des Mittelalters daran, die Merkmale aufzuführen, die nach Übereinkunft aller dem Auge besonders angenehm waren. Nach guter alter Tradition suchten sie bei den klassischen Autoren nach Hinweisen darauf, was sie attraktiv finden sollten, und hofften, von dort abschreiben zu können. Leider gab es nur sehr wenige klassische Quellen, die weibliche Schönheit detailliert beschrieben, und so formulierten sie stattdessen ihre eigenen Ideale und zogen literarische Beschreibungen klassischer Gestalten heran, um an die Antike anzuknüpfen.

Das Ideal

So gern sich frühmittelalterliche Autoren auch auf die griechische und römische Philosophie stützten – nur wenige klassische Texte erklärten genauer, was Schönheit ausmachte. Das hinderte die Schriftsteller des Mittelalters aber nicht daran, uns zu versichern, dass es da tatsächlich Regeln gebe, nach denen man feststellen könne, wer attraktiv sei. Viele frühmittelalterliche Königinnen, so erklärten sie, seien einfach wunderschön gewesen. Die Chronisten (oder, bei Bathilde, ihr Hagiograf) rühmten beispielsweise Theudelinde (570–628), Königin der Langobarden, ihre Tochter Gundeperga (um 591–?) ebenfalls eine Langobardenkönigin, Bathilde von Askanien (um 626–680), eine Königin und spätere Heilige, sowie Judith von Bayern (797–843) als schön und anmutig, lieferten jedoch außer diesen vagen Komplimenten sehr wenige Einzelheiten.[2]

Es hätte Robert Grosseteste sicher gefreut, dass so wenig Beschreibendes zu lesen war, aber auch das ist noch aufschlussreich. Wir erfahren zwar nicht, warum diese Frauen als schön galten, doch ihre Schönheit war auf jeden Fall ein wichtiger Punkt. Ihr Aussehen diente als Rechtfertigung dafür, dass sie Machtpositionen innehatten. Bathilde hatte sogar als Sklavin gedient, stieg aber dann wegen ihrer unglaublichen Schönheit zur Königin auf.[3] Die weibliche Schönheit wirkte mit anderen

Worten als eine Art göttliches Recht. Diese Königinnen gehörten wegen ihres ungemein attraktiven Aussehens auf den Thron, da schöne Frauen zu Recht geehrt wurden.

Die Argumentation dieser Schriftsteller ist völlig logisch, wenn wir bedenken, dass sie die Aufgabe hatten, ihrer Leserschaft zu erklären, warum gerade diese Frauen so verehrungswürdig waren. Königliche Auftraggeber engagierten oft Chronisten, die in ihrer Geschichtsschreibung die Menschen aus ihrem Stammbaum hervorheben sollten. Autoren schrieben Hagiografien, um jemanden zum Status eines oder einer Heiligen zu verhelfen oder um die schon bestehende Verehrung eines oder einer Heiligen zu verbreiten. Die nicht genauer beschriebene, aber viel gepriesene Schönheit dieser Herrscherinnen wurde als eine Art Werbung verwendet, der Lobpreis war notwendig, um dem Publikum zu erklären, warum diesen Frauen besondere Hochachtung zukam. Frauen konnten einfach nicht als wichtig, heilig oder mächtig gelten, ohne auch als attraktiv gedacht zu werden.

Dieses Konzept diente nicht nur dazu, das Ansehen der reichen und mächtigen Frauen zu heben, denen es schmeichelte, sondern auch Spannungen zu verwischen, die sich aus der Frage ergaben, wem denn eigentlich Macht zustand. Bathilde mochte ein Sonderfall sein, doch die meisten Frauen, die ich genannt habe, wurden in mächtige Familien hineingeboren.[4] Der Thron wäre ihnen sicher gewesen, egal, ob sie schön waren oder nicht. Und doch wird ihre Schönheit als der Grund ihrer Macht angeführt. Bathilde dagegen zog die Macht buchstäblich durch die Kraft ihrer Schönheit an, die als ein Beleg für die Gunst Gottes gesehen wurde. Ihr Ehemann, König Chlodwig II. von Neustrien und Burgund (633–657), war so überwältigt von ihren Tugenden, dass er sie zur Königin machte, statt sie sich als Konkubine oder Geliebte zu halten. Die frühmittelalterlichen Schönheitsstandards für Frauen waren also ein Rätsel: Eine Frau, die schön war, konnte zur Macht aufsteigen, ganz wie in unzähligen Märchen. Wenn eine Frau aber nicht mächtig war, konnte sie dann als schön gelten? So vage ihre Details auch waren – frühmittelalterliche Schönheit konnte als allein mit wohlhabenden Frauen verbunden verstanden werden.

Da Schönheit offenbar ein Schlüssel zur Macht war, zeigten die mittelalterlichen Autoren ein immer stärkeres Interesse daran, die Kriterien von Attraktivität zu definieren. In Übereinstimmung mit der hoch- (nach 1000 n. Chr.) und spätmittelalterlichen (nach 1250 n. Chr.) Wertschätzung des klassischen Denkens suchten sie im alten Griechenland und Rom nach Hinweisen. Wie um zu beweisen, dass Schönheitsstandards unerreichbar sein sollten, waren die Schönheiten, auf die man sich meist verständigte, keine historischen Persönlichkeiten, sondern entstammten den Geschichten der griechischen und römischen Mythologie.

Wenn man wissen wollte, was Schönheit eigentlich ist, wandte man sich vor allem Troja zu. Geschichten vom Trojanischen Krieg nutzte man schon länger, um Ansprüche auf eine legitime Herrschaft zu untermauern, und so fiel es leicht, an denselben Geschichten auch festzumachen, wer als schön galt. Man konnte sogar dieselben Rechtfertigungen wie für die philosophische Wertschätzung der Antike heranziehen, wenn man über Schönheitsstandards sprach. Wenn älteres Wissen vollkommener war, weil es dem Göttlichen näher war, dann galt das auch für ältere Konzepte von Schönheit.

Mittelalterliche Autoren informierten sich oft in *De excidio Troiae Historia* (*Geschichte vom Untergang Trojas*), einer Schilderung des Trojanischen Krieges, die man einem gewissen Dares Phrygius zuschrieb. Dieser trojanische Priester im Tempel des Gottes Hephaistos hatte angeblich im achten Jahrhundert v. Chr. gelebt, etwa zeitgleich mit Homer, dem Autor der *Ilias* und der *Odyssee*. Dares' Geschichte wurde im fünften nachchristlichen Jahrhundert ins Lateinische übersetzt und war im Mittelalter bekannt und beliebt. Laut Homer war Dares ein Augenzeuge des Trojanischen Krieges gewesen, was seinem Bericht Autorität verlieh, da er theoretisch wirklich die schönen Gesichter der in den Konflikt verstrickten Frauen gesehen haben konnte. Wichtiger noch war, dass er sich die Zeit genommen hatte, ausführlich die körperlichen Eigenschaften dreier bestimmter Frauen zu beschreiben: Polyxena, Briseis und Helena von Troja, ebenjene »schöne Helena«, die als die atemberaubendste Frau jener Zeit galt.

Polyxena war dem Mythos zufolge die jüngste Tochter des trojanischen Königs Priamos und seiner Ehefrau, Königin Hekabe. Sie gilt vor allem als eine tragische Figur. Als Verlobte des Halbgottes Achill, die in manchen Darstellungen auch in seinen Tod verwickelt war, soll sie an seinem Grab geopfert worden sein.

Briseis ist wie viele Frauen in der klassischen Literatur weniger eine handelnde Persönlichkeit aus eigenem Recht als vielmehr ein Objekt, das Männer zum Handeln zwingt. Ihre Bekanntheit rührt daher, dass Achill, nachdem griechische Heere ihre Heimatstadt Lyrnessos geplündert hatten, ihre ganze Familie vor ihren Augen tötete und sie dann als seine Konkubine versklavte. Als er gezwungen wurde, sie dem höherstehenden König Agamemnon auszuhändigen, grollte (lies: schmollte) er und zog sich aus der Schlacht zurück, was zu großen Verlusten aufseiten der Griechen führte.

Nach dieser langen Vorrede muss ich leider zugeben, dass Polyxena wie auch Briseis der knappen Beschreibung in *De excidio Troiae Historia* zufolge lediglich weiße Haut, blondes

Haar und bezaubernde »verbundene Augenbrauen« hatten. Der wichtigste Unterschied zwischen beiden sei ihre Größe gewesen: Während Polyxena groß war, wurde Briseis als »von nicht hoher Statur« beschrieben.[5]

Man würde denken, dass Dares bei seiner Beschreibung jener Frau, deren Anblick tausend Schiffe in Bewegung setzte – der »schönen Helena« –, mitteilsamer gewesen wäre. Schließlich entstammte Helena, eine Gestalt der griechischen Mythologie, einer berühmten Verführung ihres Vaters Zeus, der sich ihrer Mutter Leda in Gestalt eines Schwans genähert hatte. Wichtig ist sie vor allem, weil ihre Eltern ihr unglaubliche Schönheit gaben. Sie war mit König Menelaos von Sparta verheiratet. Gleichzeitig, und ohne dass sie davon wusste, wurde ihre Hand einem anderen Mann angeboten – dem Königssohn Paris von Troja. Paris war von Zeus zum Schiedsrichter in einem Schönheitswettbewerb auserwählt worden: Er sollte der schönsten Göttin – ein Titel, um den sich Hera, Athene und Aphrodite stritten – einen goldenen Apfel überreichen. Obwohl man Paris wegen seiner angeblichen Fairness als Schiedsrichter gewählt hatte, ließ er sich in seiner Entscheidung beeinflussen. Alle drei Göttinnen kündigten ihm eine Belohnung an, wenn er sie als die schönste aussuchte. Hera, die Königin des Olymps, versprach ihm, er werde König von Europa und Kleinasien werden; Athene, die Göttin der Weisheit, versprach, ihn zum weisesten Menschen der Welt zu machen; und Aphrodite, die Göttin der Liebe, bot ihm die Hand der schönsten Frau der Welt. Er entschied sich für Aphrodite.

Aphrodite hatte ihr Angebot nicht richtig durchdacht, doch sie war eine Göttin, die zu ihrem Wort stand. Glücklicherweise war Helena nicht allzu beeindruckt von Menelaos, der sie die meiste Zeit allein ließ, und so willigte sie ein, als Aphrodite auftauchte und anbot, sie zum hübschen jungen Paris nach

Troja zu entführen. Wutentbrannt stellte Menelaos ein Heer auf, sammelte die anderen griechischen Herrscher um sich und fiel über Troja her.

Man könnte annehmen, dass ein theoretischer Augenzeuge wie Dares, der eine so atemberaubende Schönheit gesehen hatte, in der Lage wäre, sie ausführlich zu beschreiben, doch auch in diesem Fall enttäuscht er uns. Er beschreibt Helena als »wohlgestaltet, von einfachem Animus, zart, mit sehr guten Schenkeln, ein Mal zwischen den Augenbrauen habend und mit einem sehr kleinen winzigen Mund«.[6] Und das war es auch schon.

Um fair zu sein, muss man sagen, dass Dares, selbst wenn er tatsächlich über Wissen aus erster Hand verfügte, mit denselben klassischen Konventionen arbeitete wie die anderen Autoren seiner Zeit. Selbst Homers *Ilias* und *Odyssee* bieten keine ausführliche Beschreibung der Helena, nennen sie einfach schön oder lieblich oder erwähnen ihre weißen Arme und ihr Faible für weiße Schultertücher. In bruchstückhaft erhaltenen griechischen Gedichten wie *Werke und Tage* von Hesiod (vor 700 v. Chr.–?) heißt es, sie habe schönes Haar gehabt. Die Dichterin Sappho (um 630–570 v. Chr.) schlägt sich nicht besser als ihre männlichen Kollegen: Sie nennt Helena einfach nur blond.[7] Für antike Autor:innen hatte Detailgenauigkeit nichts mit poetischen Beschreibungen zu tun. Es ging einfach nur darum, das vage Konzept von Attraktivität zu verstehen, das gewöhnlich mit weißer Haut und blondem Haar verbunden war. Alles andere konnte man der Fantasie des Lesers überlassen.

Diese enttäuschend knappen Beschreibungen und die Beschwörungen von Zeitgenossen wie Grosseteste, es doch dabei zu belassen, konnten das Interesse der Menschen des Mittelalters kaum befriedigen. Die Suche nach älteren Texten mit ausführlicheren Porträts ging weiter, bis man auf Maximianus stieß, einen elegischen Dichter des sechsten Jahrhunderts. Während wir diese Zeit vielleicht schon als mittelalterlich betrachten, stellte Maximianus sich in die klassische Tradition, indem er seine Abstammung bis auf die Etrusker zurückführte und behauptete, er sei mit dem Senator und Konsul Boethius (um 477–524) befreundet gewesen.[8] Das reichte den Menschen des Mittelalters als Referenz, vor allem kombiniert mit der Tatsache, dass er eine der ersten ausführlichen Beschreibungen einer schönen Frau verfasste:

> Goldenes Lockenhaar und milchweiß herabsinkender Nacken
> schienen mir erst edlen Zügen recht zu stehen.
> Dunkle Brauen, eine freie Stirn und Augenlichter dunkel
> entflammten meinen Sinn, sooft ich sie sah.
> Feurige und mäßig schwellende Lippen liebte ich,
> die beim Genuss mir volle Küsse gäben.[9]

Diese namenlose idealisierte Schönheit ist bemerkenswert, weil ihr zwar der mythologische Stammbaum einer Polyxena und Briseis fehlt, ihre sorgfältig detaillierte Beschreibung aber die erste war, die bis zu diesem Zeitpunkt schriftlich festgehalten wurde. Wer in Zukunft Schönheit einordnen wollte, griff daher auf diesen Text als einen der besten Hinweisgeber zurück, einfach weil er mehr Informationen lieferte.

Maximianus war im Mittelalter überaus beliebt. Er galt sogar als ein so grundlegender Autor, dass seine Dichtung im elften und zwölften Jahrhundert auch im Lateinunterricht verwendet wurde. Wenn Kinder also lernen sollten, wie man eine Beschreibung formulierte, erfuhren sie ganz nebenbei, was eine schöne Frau ausmachte.[10] Sie lernten, dass die ideale Frau helle

Haut hatte, volle Lippen und dunkle Augenbrauen, die einen Kontrast zu ihrem goldenen Haar bildeten.

Es mag seltsam wirken, dass die Europäer des Mittelalters so wenige ausführliche klassische literarische Porträts von Frauen besaßen, doch tatsächlich fehlen uns selbst aus dem Hochmittelalter (1000–1250) genauere Beschreibungen weiblicher körperlicher Schönheit. Wenn die klassischen Autoren die Schönheit lieber dem Auge des Betrachters überließen, so gilt dies auch für die Autoren des frühen Mittelalters, die sich eher damit zufriedengaben, klassische Texte abzuschreiben, als sie auszuschmücken. Selbst in der Zeit der hochmittelalterlichen »Renaissance« des zwölften Jahrhunderts, als die Dichter und Denker Maximianus lasen, waren die Beschreibungen zeitgenössischer Frauen enttäuschend knapp. Stattdessen übernahm man selbst in der landessprachlichen Literatur dessen klassisches Ideal, das die Beschreibung der sagenhaften Schönheit Helenas vertiefte.

In vieler Hinsicht war es völlig logisch, sich auf Helena als ideale Frau festzulegen. Zunächst einmal rühmten viele klassische Werke ihre Schönheit, ließen sich aber nicht genauer über sie aus, was mittelalterlichen Autoren die Möglichkeit gab, ihre eigenen Talente bei der detaillierteren Beschreibung im klassischen Stil zu beweisen. Zweitens war es schwer, sich bei der Festlegung der herausragendsten Eigenschaften körperlicher Weiblichkeit ausgerechnet den Attributen der Frau zu widersprechen, die so wunderschön gewesen war, dass Männer ihretwegen einen Krieg begannen. Und drittens verlieh die Verbindung von Schönheitskonzepten mit einer Gestalt der Antike ihnen ebenjenes klassische Gütesiegel, das die Menschen des Mittelalters so schätzten, obwohl antike literarische Porträts, mit denen man hätte arbeiten können, fehlten. Seit dem zwölften Jahrhundert bekommen wir viel mehr Gedanken dazu geliefert, was eine klassische Schönheit ausmachte, mit besonderer Betonung auf *klassisch*.

Der französische Gelehrte und Autor Matthäus von Vendôme, der im zwölften Jahrhundert lebte, beschrieb Helena mehrmals. Matthäus ist in vieler Hinsicht eine ideale Quelle, wenn man nach einem »mittelalterlichen« Schönheitskonzept sucht. Er schrieb über mythologische Frauen und formte seine Texte nach den Vorbildern der klassischen Autoren Ovid (43 v. Chr.–17 n. Chr.), Horaz (65–8 v. Chr.) und Cicero (106–43 v. Chr.), allerdings in einem bewusst neuen Stil. Die erste seiner Beschreibungen der »schönen Helena« findet sich in seiner *Ars Versificatoria* (*Die Kunst des Versemachens*), die er um 1175 verfasste. Er hob damit ein ganz neues Genre aus der Taufe: einen scholastischen Ratgeber dazu, wie man auf Latein Dichtung und Prosa schreibt. Hier erklärte Matthäus, Gedichte sollten sinnerfüllt sein, und gab Ratschläge, wie man diesen Sinn herauslesen sollte. Leser mussten vier wichtige, aber ganz unterschiedliche Dinge im Auge behalten: den inneren Sinn; die Eleganz des Ausdrucks; Schemata, Tropen und Farben der Rhetorik sowie schließlich die Behandlung des Materials. Stichworte zur Beschreibung der Helena tauchen in seiner Behandlung der ersten drei Kategorien auf.

Da Matthäus sich mit Sprachbildern auseinandersetzte und sein Werk ausdrücklich auf ältere Autoritäten gründete, konnte es nicht überraschen, dass er das Ideal des Maximianus wiederholte; schließlich stellte ihm keine andere klassische Autorität ein ausgearbeitetes literarisches Porträt zur Verfügung. Und so hat Helena eben wieder goldenes Haar und dünne schwarze Augenbrauen auf einer weißen Stirn. Im Gegensatz zu ihren Vorgängerinnen mit Monobraue betont Matthäus allerdings den »weißen und klaren« Raum zwischen ihren Brauen – »die geteilten Bögen hindern die Haare am Wuchern«. Ihr Gesicht glänzt »mit der Großzügigkeit des Sternenhimmels«, ihre Augen »überstrahlen die Sterne«. Sie ist also strahlend und blass, doch auf den Wangen »ficht die Röte um das schneeweiße Antlitz«. Matthäus beschreibt ihre Nase wenig hilfreich als nicht zu groß und nicht zu klein. Ihrem Lächeln dagegen widmet er mehr Aufmerksamkeit als Maximianus – es ist »gemäßigt«, und ihre Zähne sind wie Elfenbein. Ihre auch hier schwellenden Lippen sind »vom Honig der Venus gefüllt«, und »die Pracht des Rosenmundes lechzt … nach Küssen«. Insgesamt gibt uns Matthäus also verschiedene Sprachbilder, mit denen wir arbeiten können: Sterne, Strahlen, Schnee, Rosen und Honig.[11]

Später in demselben Werk, als ob er ein für alle Mal klarmachen wolle, wie genau man so ein Sprachbild kreiert, macht sich Matthäus noch einmal daran, Helena zu beschreiben. Diesmal greift er auf zwei von Maximianus' Kennzeichen zurück, die er zuvor ausgelassen hat. Bei der Beschreibung von Helenas Stirn sagt er jetzt, dass sie weiß wie Milch sei – Maximianus spricht von Papier –, aber auch »frei« (*libera*) nach Maximianus. Fast alles andere bleibt unverändert. Matthäus betont auch die Bedeutung von Helenas Schönheit, den »hohe[n] Wert des Stoffes und die Vortrefflichkeit der Form« und die späteren Folgen ihrer Schönheit: Trojas Zerstörung und den »Fall der Fürsten«.[12] Hier geht es bei der zusätzlichen Beschreibung wohl eher darum, prahlend deutlich zu machen, dass er ein Fachmann für die Klassiker, nicht einfach nur für die schönen Frauen ist.

Matthäus' Beschreibung der Helena ist überzeugend, weil er absolut deutlich macht, dass er gerade seinem Publikum beibringt, wie man eine schöne Frau beschreibt. Er rät seinen Leser:innen, diese Charakteristika in ihren eigenen Werken zu verwenden. In der Hoffnung, sein Sprachbild zu verbreiten, erklärt er, eine solche Beschreibung besitze die »Farbe der Rhetorik«, nach der sie beim Schreiben streben sollten. Er sucht nicht nur die Hilfe eines viel gepriesenen Autors der altehrwürdigen Vergangenheit, sondern nutzt auch eine gefeierte mythologische Gestalt, halb Göttin, halb Mensch, um seine Aussage zu untermauern. Damit führt er auch sein klassisches Wissen weiter aus – und sitzt auf den Schultern von Riesen. Matthäus' Werk erwies sich als unglaublich einflussreich unter seinen gelehrten Dichterkollegen, die alle seine idealen Schönheitsmerkmale teilten. So inspirierte er ähnliche Abhandlungen überall in Europa.

Das vielleicht einflussreichste Werk, das auf Matthäus' »idealen« Merkmalen einer Beschreibung aufbaute, war das des gefeierten Dichters Galfrid von Vinsauf, der um 1200 wirkte. Galfrid ist wie Matthäus vor ihm ein Exempel dafür, wie sich mittelalterliche Vorstellungen verbreiteten. Im Grunde wissen wir sehr wenig über den Mann, außer, dass er irgendwann in Oxford arbeitete und schließlich nach Rom zog, wo er sein monumentales Werk, die *Poetria Nova*, als ein Geschenk für Papst Innozenz III. verfasste. In der Überlieferung wurden diese Details allerdings erweitert, um uns zu berichten, dass Galfrid in der Normandie geboren und in Oxford im Kloster St. Frideswide unterrichtet wurde, bevor er seine weitere Ausbildung an der Universität von Paris und verschiedenen italienischen Institutionen erhielt. Angeblich war er ein rauflustiger Intellektueller und wurde gezwungen, den Ärmelkanal zu überqueren, um Vergebung vom Erzbischof von Canterbury zu erlangen, weil er ein bisschen zu energisch mit seinen Freunden diskutiert hatte.[13]

Galfrid war auch das, was man im Mittelalter unter einem Bestsellerautor verstand. Die *Poetria Nova* war zwar für den Papst geschrieben worden, erlangte aber schnell große Beliebtheit, blieb in England und Frankreich bis ins 15. Jahrhundert hinein einflussreich und hat sich als einer der höchstgeschätzten Texte des Mittelalters in mehr als 200 Handschriften bis heute erhalten. Sie besaß eine so große Autorität, dass Chaucer sie bei verschiedenen Gelegenheiten – wörtlich – zitierte.[14] Das Ziel des Buches bestand ähnlich wie zuvor bei Matthäus darin, zeitgenössischen Dichtern die Prinzipien eines guten Gedichtaufbaus nahezubringen. Schon der Titel forderte alte Konzepte klassischer Dichtung und den lateinischen Dichter Horaz heraus, dessen *Ars Poetica* im Mittelalter unter dem Titel *Poetria* im Umlauf war.

Doch obwohl schon Galfrids Titel uns neue Ideen zur Poetik in Aussicht stellt, bekommen wir nichts besonders Originelles zur idealen Schönheit geliefert. »Wenn du die Schönheit der weiblichen Gestalt umfassend beschreiben willst«, so belehrt er seine Leser, »tust du das, indem du von ihrem goldfarbenen Haar sprichst, ihren dunklen Augenbrauen mit einer milchfarbenen Lücke dazwischen, ihren schwellenden Lippen, schneeweißen Zähnen und ihrem langen weißen Hals wie eine Marmorsäule.« Wie in Matthäus' Beschreibung der Helena erfahren wir, dass die ideale Frau lange dünne, ebenfalls milchfarbene Finger und kleine Füße hat.[15]

Galfrid bietet einige wenige Abweichungen von Matthäus' Analogien. Er vergleicht Frauen mit Lilien, der Morgenröte und mit Kristallen, ihren Atem mit Weihrauch (*thuris*) statt mit Honig. Außerdem hat er ein deutliches Interesse an Augenbrauen und rühmt sie in sechs Versen als dunkel, regelmäßig hochgezogen, gebogen sowie als glitzernde Hyazinthen. Einmal abgesehen von Augenbrauen und Analogien ist die Wirkung insgesamt dieselbe. Die ideale Frau hat weiße Haut, goldenes Haar, zwei schwarze Augenbrauen, einen Schmollmund, weiße Zähne und einen wohlriechenden Atem. Die Objekte, mit denen die idealen Schönheitsattribute in Beziehung gesetzt werden, verweisen darauf, dass die Schönheit selbst ein aus unmöglichen und unterschiedlichen Idealen zusammengesetztes Objekt und ein literarisches Sprachbild *par excellence* ist.

Die Schönheit, die Matthäus von Vendôme und Galfrid von Vinsauf beschrieben, war ein fossiliertes Ideal. Das ist logisch, weil sie als ein gleichbleibendes poetisches Modell gedacht war, das die allermeisten Frauen nicht erreichen konnten, selbst wenn sie sich diese Konstrukte zu Herzen nahmen – besonders, wenn sie arm waren. Natürlich konnte sich eine Frau niemals einen schimmernd weißen Teint erhalten, wenn sie ihr Leben lang draußen arbeitete. Weiße Zähne zu haben, war einfacher in einer Welt, in der man schwer an Süßigkeiten herankam, doch das Putzen, mit dem man ihr optimales Weiß erhalten konnte, war leichter zu erledigen, wenn man freie Zeit hatte, um sich Gedanken über Zahnhygiene zu machen. Einfache Leute konnten das Glück haben, mit einigen Attributen geboren zu sein, etwa mit blondem Haar, vollen Lippen oder schwarzen Augenbrauen, doch diese Merkmale allein reichten nie aus, um eine Frau wie eine wahre klassische Schönheit wirken zu lassen. Geld wird nie explizit erwähnt, doch grundsätzlich wurden diese Bilder von wohlhabenden Autoren erschaffen, die für ein ebenso wohlhabendes Publikum schrieben. Ihre eigenen Vorurteile flossen deshalb in ihre Texte ein, selbst wenn sie sich dessen wohl nicht bewusst waren.

Matthäus von Vendôme und Galfrid von Vinsauf etablierten und verbreiteten also einen Schönheitsstandard für Frauen. Beide gründeten ihre Schönheitsideale auf das des Maximianus und erweiterten seine Vorlage mit neuen Analogien, während die Grundzüge erhalten blieben. Die Übereinstimmung in ihren Werken signalisierte der Leserschaft, dass diese Vorstellungen von weiblicher Schönheit tatsächlich maßgeblich waren, ebenso wie auch die Verweise auf die »schöne Helena«, eine klassische und damit würdige literarische Gestalt. Es funktionierte. Warum also sollten sich diese Autoren Gedanken darüber machen, dass ihr großer literarischer Erfolg die armen Frauen der Welt außen vor ließ?

Im 13. Jahrhundert war dieser Schönheitsstandard so etabliert, dass er wortwörtlich verwendet wurde, um die Personifikation der Schönheit zu beschreiben. Der französische Dichter und Gelehrte Guillaume de Lorris (um 1200–1240) bevölkerte seine epische allegorische Traumvision *Le Roman de la Rose* (*Der Rosenroman*) mit Repräsentationen verschiedener Emotionen und Eigenschaften. Die Schönheit an sich ist eine solche Gestalt, mit weißer Haut, schimmernd wie das Mondlicht, das die Sterne verblassen lässt, mit Haut wie Lilien und rote Rosen und blondem Haar, das ihr bis zu den Fersen reicht.[16] Auch andere Frauen in diesem Versroman zeigen die erwartbaren Attribute, allerdings mit »grauen Augen wie ein Falke« oder kleinen Mündern.[17] Die einfallslosen Schönheitskonzepte, die sich hier zeigen, konnten die Begeisterung für den *Roman de la Rose* kaum dämpfen. Eine Geschichte in der Landessprache, die ebenso auch als eine einzige, lang ausgewalzte Metapher für Sex funktionierte, ließ sich ganz sicher nicht durch einige langweilige Schönheitsstandards aufhalten. Ihre gewaltige Beliebtheit und Reichweite in ganz Europa während des gesamten Mittelalters stellte sicher, dass sich auch ihr Konzept idealer Schönheit verbreitete, selbst bei einem weniger gebildeten Publikum, das ein Buch, das sich um Sex drehte, lesen wollte.

Die ideale blonde milchweiße Schönheit mit schwarzen Augenbrauen fand ihren Weg auch von den theoretischen Arbeiten in die lyrischen. Einige der frühesten Beispiele stammen aus Gedichten eines anonymen Mönchs des zwölften Jahrhunderts, der im berühmten Kloster Santa Maria de Ripoll in Katalonien wirkte. Ripoll besaß zu diesem Zeitpunkt schon seit mehr als einem Jahrhundert eine bekannte Bibliothek mit Skriptorium, als es diesem Mönch zu langweilig wurde, immer nur die Werke anderer Menschen abzuschreiben, woraufhin er seine eigene Liebesdichtung auf die leeren Folioseiten einer Handschrift schmuggelte.

Die Frauen, die seine Werke bevölkern, sehen etwa genauso aus wie die, die Matthäus und Galfrid sich vorstellen. Judith, die er in seinem Gedicht »Als ich meine Liebe zum ersten Mal erblickte« (*Ubi primum vidi amicam*) beschreibt, hat »leuchtende Augen, Zähne wie Schnee … eine weiße Stirn« und weiche Haut, die »glänzte wie der Mond ohne Falten«.[18] Später tauchen diese Sprachbilder in seiner Beschreibung der Gräfin von Flandern wieder auf. Sie ist »heller als die Sonne«, hat »glänzend weiße Zähne, funkelnde Augen … Beine weißer als Schnee … [und] kleine, kunstvoll geformte Füße«. Sie ist, kurz gesagt, so schön wie die Göttinnen »Venus oder Diana«.[19]

Bemerkenswert ist, dass dieser Mönch mit Matthäus' und Galfrids Analogien arbeitete, um lebende, echte Frauen zu charakterisieren. Weil es nur einen Weg für Autoren gab, über schöne Frauen zu schreiben, gab es auch nur einen Weg für Frauen, schöne Frauen zu *sein*. Die allgemein erwartbaren Bilder sind vorhanden (weiße Haut und Stirn, strahlende Augen, weiße Zähne), aber es gibt auch viele Merkmale (blondes Haar, schwarze Augenbrauen, volle Lippen), die Matthäus und Galfrid festgelegt haben und die er an diesen beiden Schönheiten nicht rühmt.

Dies könnte eine Art literarische Retusche anzeigen. Der Mönch wollte seinen Lesern vermitteln, dass diese Frauen schön waren, und so listete er all die Eigenschaften auf, die sie mit dem poetischen Schönheitsstandard, dem er folgte, gemein hatten. Weil sie jedoch echte Frauen waren, konnte er ihre echten Merkmale nicht verleugnen. Stattdessen lieferte er eben die stimmige Kurzfassung einer schönen Frau.

Als Chaucer im 14. Jahrhundert schrieb, war die ideale Schönheit ein so etabliertes Sprachbild, dass er sie parodieren konnte. In der »Erzählung des Müllers« aus den *Canterbury-Erzählungen* beschreibt er Alisoun, eine einfache Frau, was heißt, dass sie weder adlig ist noch der wohlhabenden Kaufmannsschicht der Gilden angehört. Sie betrügt ihren sehr viel älteren Ehemann, einen Zimmermann. Chaucers Beschreibung ähnelt der des weiblichen Ideals: »Süß war ihr Mund wie Met und Würzgebräu / Wie Äpfel aufbewahrt in Stroh und Heu.«[20] Satirisch wird das Ganze dadurch, dass er das billige Ale ein »Würzgebräu« nennt und die womöglich leicht angegammelte Süße einer Handvoll überwinterter Äpfel neben dem zu erwartenden traditionellen Honig oder Met. Mehr noch: Wir sollen einsehen, dass solche Komplimente lächerlich sind, denn Chaucer überschüttet eine Frau mit diesem Lob – das ursprünglich Halbgöttinnen galt –, die mit ihrem Liebhaber in einer Badewanne Sex hat, um ihrem Ehemann Hörner aufzusetzen.

Während das beschriebene Schönheitsideal von England bis Spanien und bis nach Rom verbreitet war, fehlten außerhalb der westlichen Christenheit einige dieser ikonischen Einzelheiten. In Konstantinopel schrieb der Dichter Johannes Tzetzes (um 1110–1180) die *Antehomerica,* in denen er die Ereignisse im Vorlauf des Trojanischen Krieges schildert. Hier ist seine Beschreibung der Prinzessin Briseis: »Sie war hochgewachsen und weiß, ihr Haar schwarz und lockig; sie hatte schöne Brüste und Wangen und Nase; und sie war sittsam, ihr Lächeln strahlend, ihre Augenbrauen groß.«[21] Ganz offenbar hatte die mittelalterliche Vorstellungskraft noch Raum für Dunkelhaarige mit buschigen Augenbrauen, die auch als Schönheiten gelten konnten. Vielleicht veränderte Tzetzes das Ideal leicht, um auch das meist dunkle Haar anatolischer Frauen aufzunehmen.

Es ist schon befreiend, auch nur diese kleine Abweichung vom Standard zu sehen. Dagegen entspricht Tzetzes den Erwartungen, als er die schöne Helena porträtiert, die er mit »Haut so weiß und strahlend, als wäre sie aus Schnee« beschreibt, mit »langem, lockigem, blondem Haar; … sehr viel schöner als all die anderen Frauen, genau wie der Mond heller leuchtet als die Sterne am Himmel«.[22] Kurz gesagt: Varianten im Rahmen des Schönheitsstandards waren zwar möglich, doch Blondinen standen im Ranking nach wie vor ganz oben. Dunkelhaarige mochten jene Schönheit besitzen, die Schlachten veränderte, Blondinen jedoch waren es, für die Männer in den Krieg zogen. Idealerweise bevorzugte das Oströmische Reich in beiden Fällen Frauen mit Locken.

In anderen Kulturen, etwa denen auf der Iberischen Halbinsel, war das Interesse an Blondinen nicht so ausgeprägt. Dort feierten die Dichter die ganze Farbpalette von blond bis schwarz, egal ob lockig oder lang, doch im Allgemeinen rühmten sie die Weichheit des Haares. Insgesamt allerdings erklären viele arabische Texte – darunter die *Historia de la doncella Teodor*, die aus dem 13. Jahrhundert stammende spanische Übersetzung eines arabischen Märchens, und sogar der Sex-Ratgeber *Speculum al foderi* (wörtlich, »Spiegel, um zu ficken«) aus dem 15. Jahrhundert – eine kategorische Vorliebe für schwarzes Haar.[23] Interessanterweise zählten offenbar diejenigen, die ausdrücklich Blondinen bevorzugten, zu den wohlhabenderen Kreisen der iberischen Gesellschaft.[24]

Anscheinend übernahmen die meisten europäischen Autoren des Mittelalters das einmal bestehende Ideal, eine schöne

Frau zu beschreiben, selbst wenn einige Außenseiter anderer Meinung waren. Die Ausnahmen scheinen eher die Regel zu bestätigen, als Beweise für einen möglichen weitverbreiteten Widerstand gegen das blonde weißhäutige Ideal zu liefern. Allerdings ist wichtig, dass es – besonders in Gemeinschaften jenseits der westlichen Christenheit – Raum für Variationen dieser Themen gab.

Körperform

Das Schönheitsideal der Literatur endete nicht mit dem Lobpreis bestimmter Gesichtszüge und Haarfarben. Der männliche Blick wanderte nur allzu gern den Körper einer Frau hinab. Und natürlich waren die Schönheitsideale für den Körper ebenso streng festgelegt wie die für das Gesicht. Wie der Mediävist Edmond Faral dargelegt hat, folgten diese Beschreibungen einer Reihenfolge von oben nach unten, fast wie auf einer Checkliste:

1. Das Haar
2. Die Stirn
3. Die Augenbrauen und der Raum zwischen ihnen
4. Die Augen
5. Die Wangen und ihre Farbe
6. Die Nase
7. Der Mund
8. Die Zähne
9. Das Kinn
10. Die Kehle
11. Der Hals und Nacken
12. Die Schultern

13. Die Arme
14. Die Hände
15. Die Brüste
16. Die Taille
17. Der Bauch
18. Die Beine
19. Die Füße[25]

Dies ist in gewisser Weise logisch, wenn man bedenkt, dass die Autoren des Mittelalters Leitfäden liebten und diese Liste einem allgemeinen Muster des Erkennens folgt, der Art, wie die Menschen einander ansehen. Anders als jene Herren, die gelegentlich daran erinnert werden müssen, wo genau sich das Gesicht einer Frau befindet, schauen die meisten Menschen auf ihr Gegenüber beginnend mit dem Gesicht, das ihren Augen ja auch am nächsten ist, und arbeiten sich bis zu den Füßen hinunter, wenn sie interessiert daran sind, mehr über das Aussehen einer Person zu erfahren.

Und so gehen auch wir jetzt in der Reihenfolge der mittelalterlichen Liste zum Körper über. Wir beginnen mit dem Hals, der oft nur vage charakterisiert wird. Matthäus von Vendôme verwendete die Schnee-Metapher, um die Schönheit eines Halses zu beschreiben.[26] Galfrid von Vinsauf nutzte eine Analogie aus der Architektur und sah den idealen weiblichen Hals so lang und weiß wie eine Säule.[27] Die meisten anderen Halsbeschreibungen stimmen mit ihm darin überein, dass Hälse lang und weiß sein sollen.[28] Im späteren Mittelalter erweiterten manche Dichter das Repertoire der Vergleiche und bemerkten, eine schöne Frau habe einen Hals »wie ein Schwan«.[29] Autoren von der Iberischen Halbinsel dagegen verglichen ihn manchmal mit dem eines Reihers oder sogar einer Antilope, doch ganz sicher blieb er immer lang und weiß.[30]

Die Schultern können wir schnell abhandeln, denn auch sie werden fast überall als weiß und glatt gerühmt. Gehen wir also weiter zu Armen und Händen. Und hier soll noch einer sagen, dass die mittelalterliche Literatur keine Vielfalt in Bezug auf die Körper von Frauen bot: Der französische Dichter Guillaume de Machaut (um 1300–1377) sprach sich für »lange und gerade Arme« aus, Chaucer dagegen lobte abwechselnd »kleine«, »schlanke« und »mollige« Arme.[31] Vielleicht rangierten Arme nicht besonders hoch in der mittelalterlichen Liste der Dinge, die man irgendwie erotisch fand. Am wichtigsten war wohl, dass die Arme einer Frau weiß und weich waren wie der Rest ihres Körpers.

Die Vielfalt war vielleicht bei den Armen größer, weil Hände und Finger öfter im Fokus standen. Hände waren einheitlich weiß und oft weich und lang. Die Betonung von Weißheit und Weichheit ist wieder ein Hinweis darauf, welche Frauen womöglich in der Lage waren, einem solchen literarischen Schönheitsideal zu entsprechen. Weiche weiße Hände waren die Domäne wohlhabender Frauen, die nicht bei jedem Wetter auf dem Feld arbeiteten, Wäsche und Geschirr wuschen und Vieh hüteten. Davon abgesehen waren vielen Autoren auch die Hände einfach nicht wichtig genug, um sich lange mit ihnen aufzuhalten. Galfrid zum Beispiel handelte sie ganz kurz ab und zeigte mehr Interesse daran, wie die Arme seiner Schönheit in Hände mit langen Fingern übergingen.[32] Bei Matthäus von Vendôme »entbehren« die Hände der schönen Helena einfach nur »jede überflüssige Haut«.[33] Alles in allem sollten Hände also Beachtung finden, doch solange sie weiß, weich und lang waren, gab es Spielraum wie und wie intensiv sie Eingang in die Beschreibung fanden. Nach der relativ knappen Abhandlung von Armen und Händen landeten mittelalterliche Autoren bei einem Körperteil, dem unsere eigene

Gesellschaft (und sicher die Heerscharen von Evolutionspsycholog:innen) gern besondere Bedeutung zumisst – den Brüsten. Wenn Sie als moderne Leser:innen auf Geschichten von wogenden Busen hoffen, die aus den Ausschnitten von Kleidern quellen, muss ich Sie enttäuschen. Die Männer des Mittelalters waren übereinstimmend der Meinung, dass die vollkommenen Brüste klein und weiß sein mussten. Matthäus von Vendôme rühmte Helenas Brüste mit den Worten: Sie »verschmähen die Schwellung und sitzen klein auf dem Leib«.[34] Galfrid von Vinsauf schrieb, die Brüste der idealen Schönheit seien wie Edelsteine und nur eine »kleine Handvoll«.[35] Machaut, der weitere Adjektive für die Schilderung der Brust einer jungen Frau verwendete, legte dennoch großen Wert darauf, dass sie zwar »weiß, fest und hoch angesetzt, gerundet« waren, aber auch »hinreichend klein«, was vielleicht darauf hinweist, dass in einer idealen Welt ihre Rundungen nicht übermäßig üppig waren.[36]

Das Interesse an kleinen Brüsten ist bemerkenswert, weil auch dieses Ideal für die Wohlhabenden leichter zu erreichen war, da sie sich gegen das Stillen entscheiden konnten. Die meisten Mütter stillten zweifellos ihre Kinder, doch reiche Frauen konnten Ammen beschäftigen, die das für sie übernahmen. Frauen des Adels und der Königshäuser banden ihre Brust nach der Geburt fest an den Leib, um sicherzustellen, dass sie rasch auf eine angenehme Größe zurückschrumpften, und überließen es Frauen der unteren Schichten in ihren Diensten, den Rest zu übernehmen. Die Amme als die bevorzugte Methode, um Brüste klein zu halten, ist im *Liber Trotula* belegt, einem medizinischen Ratgeber des zwölften Jahrhunderts, in einem Kapitel mit dem Titel »Über die Zustände von Frauen«, das einen ganzen Abschnitt der »Auswahl einer Amme« widmet. Komischerweise sollte jede gute Amme die bevorzugten

Schönheitsattribute des Adels besitzen: »Röte mit Weiß gemischt … eine, die nicht verunstaltet ist und auch keine Brüste hat, die schlaff oder zu groß sind … und die ein bisschen fett ist«.[37] So hatten wohlhabende Frauen die Chance, sich die gewünschte Körbchengröße zu bewahren, während sie sich gleichzeitig den für das Aussehen so wichtigen Schönheitsschlaf sicherten.

Unsere Kultur teilt vielleicht nicht die Vorliebe mittelalterlicher Autoren an kleinen Brüsten, beim Taillenumfang haben wir jedoch eine ähnliche Tendenz wie sie. Die Menschen des Mittelalters bevorzugten offenbar eine schmalere Taille, obwohl sie sich darüber nicht allzu ausführlich äußern. Matthäus von Vendôme versicherte seinen Lesern: Helenas »Figur verengt sich abwärts bis zur Taille«.[38] Später fasste Machaut Schönheit so zusammen: »wohlproportioniert … üppig, lang, gerade, gefällig, spannkräftig, liebenswürdig und schlank«.[39]

Wenn der Wunsch, Frauen sollten gleichzeitig »üppig« und »schlank« sein, wie ein Widerspruch wirkt, wird dieser aufgelöst, wenn die theoretische Perspektive des Autors und der Blick des Lesers nach unten wandern. Von der Taille fallen sie, so Matthäus, auf »das Bäuchlein«.[40] Moderne Leser:innen könnten denken, dass damit ein flacher Bauch gemeint ist, der zur schmalen Taille passt. Doch Matthäus und seine Kollegen sprechen hier von ihrer Freude an einem kugeligen, vorspringenden Bauch, der »üppig hervortritt«, was auf Machaut zurückverweist, der sich seine Schönheit »üppig« wünscht. An anderer Stelle wird dieselbe Vorliebe für einen Bauch als Weichheit oder ein Schwellen beschrieben. Wenn Dichter sich nicht ausdrücklich zum Bauch äußerten, sprachen sie oft von den langen Oberkörpern der Schönheiten, die ihre Gedanken bevölkerten. Jedenfalls bevorzugten mittelalterliche Autoren ganz sicher keine Frauen, die das Mittagessen ausließen.

Auch hier zeigte das Interesse an vorragenden und größeren Bäuchen wieder eine Vorliebe für das Aussehen der Reichen an. Die meisten Frauen leisteten auf dem Land harte Arbeit und stillten ihre Kinder. Damit hatten sie mehr als genug Möglichkeiten, alle Kalorien, die sie zu sich nahmen, auch wieder zu verbrennen. Ein kultiviertes Leben am Hofe aber oder auch nur im Haushalt eines Kaufmanns war weitaus geruhsamer. Sicher arbeiteten die meisten Frauen auch in diesen Umgebungen, doch hatte ihre Arbeit mehr mit inoffizieller Diplomatie zu tun, mit Buchhaltung oder einfach mit Textilarbeiten – all das konnte man ganz bequem im Sitzen erledigen. Zudem hatten reiche Frauen mit größerer Wahrscheinlichkeit die Art Nahrung auf dem Teller, die half, einen Bauch zu pflegen. An Süßigkeiten, weißes Brot und fettes Fleisch kam man mit einer vollen Geldbörse leichter heran. Insgesamt hatten sie also einen Startvorteil.

Wenn die Autoren dann zu den Beinen übergingen, behandelten sie sie oft in zwei getrennten Abschnitten. Sie waren sich fast unisono einig, dass ein Bein einen »fleischigen«, »wohlgeformten« Oberschenkel haben sollte.[41] Interessanterweise ist diese Vorliebe manchmal als ein versteckter Hinweis auf die Genitalien zu verstehen. Matthäus etwa sprach vom »genussfreudigen Haus der Venus, … verborgen« durch die »angrenzende Region«, das heißt die Oberschenkel.[42] Diese Beschreibung wäre auch in einem modernen erotischen Roman nicht fehl am Platze und erinnert uns daran, dass solche Beschreibungen von Schönheit zwar theoretisch eine Art akademische Fingerübung sein sollten, tatsächlich aber sexuell aufgeladen waren. Damals wie heute wollten die Autoren, wenn sie Schönheit beschrieben, dass ihr Publikum ihre Beschreibungen *glaubte* und ihre Expertise in Hinblick auf solche körperlichen Reize anerkannte. Galfrid schien die entflammte Leidenschaft seiner Leser vorauszuahnen und lehnte es deshalb dezidiert ab, die Oberschenkel oder das, was zwischen ihnen ist, zu beschreiben, denn »nichts über die Teile darunter zu sagen … spricht die Sprache des Herzens besser«.[43] Beide Autoren waren sich absolut bewusst, dass die Bilder, die sie heraufbeschworen, *sexy* waren. Der einzige Unterschied bestand darin, dass Matthäus hier Genauigkeit im Detail walten lassen wollte, während Galfrid es seinen Lesern überließ, die Lücken zu füllen, selbst wenn er es riskierte, für einen Mangel an Wissen aus erster Hand zu dem Thema kritisiert zu werden.

Der zweite Teil der Beine oder ihre Gesamtheit waren weniger sexuell aufgeladen. Die Autoren rühmten einmütig ihre Länge, ihre Fülle und manchmal auch ihre Geradheit. Galfrids Schüchternheit fiel von ihm ab, wenn er die feine Länge der Schienbeine seiner Schönheit betonte.[44] Machaut sah sich genötigt, die Unterschenkel als ein Körperteil getrennt von den Oberschenkeln zu erwähnen, doch er nennt sie einfach »wohlgeformt« und überlässt den Rest der Vorstellungskraft seiner Leser.

Nach dem Kitzel, den die Oberschenkel auslösten, waren die Füße eine Antiklimax, da die Autoren allesamt systematisch pflichtschuldigst den idealen – kleinen – Fuß beschrieben. Manche nannten ihn zierlich oder rühmten lange gerade Zehen. Doch gerade wenn man zu dem Schluss kommt, dass den Beschreibungen von Füßen die glucksende poetische Aufregung fehlt, die mit Oberschenkeln und Beinen verbunden war, taucht Machaut auf, preist die Füße seiner idealen Schönheit als »gewölbt, mollig und wohlgeformt, geschickt mit vorzüglichen Schuhen bedeckt«[45] und widmet ihnen mehr Zeilen als den Oberschenkeln, Beinen und Hüften zusammen.

Alter

Die ideale Frau des Mittelalters hatte also gewisse Merkmale, die wir wie auf einer Checkliste abhaken können. Dazu kam ein weiterer Faktor, von dem gelegentlich die Rede ist: das Alter. Es ging ganz sicher um ein allgemeines »jung«, doch für die Menschen des Mittelalters spielten die Lebensjahre auf diesem Planeten nicht die entscheidende Rolle. Männer, die die ideale Schönheit heraufbeschwören wollten, waren der Ansicht, eine Frau müsse, um wahrhaft schön zu sein, nicht nur jung, sondern auch sexuell unerfahren sein. Sie musste mit anderen Worten der mittelalterlichen Konstruktion der Jungfrau entsprechen.

Im Mittelalter bezog sich der Begriff *Jungfer* im Allgemeinen auf eine Lebensphase, die in etwa unserem Konzept des weiblichen »Teenagers« entspricht. Jungfrauen oder Jungfern waren, wie Teenager, keine Kinder mehr, hatten aber noch nicht das volle Erwachsenenalter erreicht. Die Jungfrauenzeit oder Jungfernschaft war wie heute die Jugend eine Übergangsphase. Doch der Begriff implizierte auch eine sexuelle Reife, die bisher noch nicht ausgelebt worden war, und stand deshalb für eine »vollkommene« Gattung der Weiblichkeit.

Dieser Zustand der »Vollkommenheit« war wiederum mit einer ganz anderen Betrachtungsweise des menschlichen Alterns verbunden. Im Widerspruch zu einigen unserer eher hartnäckigen Mythen über das Mittelalter waren »Jungfern« nicht deshalb sehr jung, weil die Lebenserwartung so niedrig war. Die Menschen des Mittelalters durchlebten etwa die gleiche Lebensspanne wie wir heute, vorausgesetzt, sie schafften es, die frühe Kindheit und (im Falle der Frauen) die Geburten zu überleben. Die Vorstellung, dass »die durchschnittliche Person im Mittelalter 32 Jahre alt wurde«, beinhaltet ein falsches Verständnis von *Durchschnitt.* Etwa 50 Prozent der Menschen des Mittelalters starben als Säuglinge, eine traurige statistische Tatsache, die bis zur Entwicklung von Impfstoffen und modernen medizinischen Eingriffen weitgehend Bestand hatte. Wenn also die Hälfte der Bevölkerung starb, bevor sie ein Jahr alt wurde, musste die andere Hälfte, um eine durchschnittliche Lebenserwartung von über 30 Jahren zu erreichen, nach Adam Riese bis in ihre Sechziger leben. Und genauso war es auch! In Erwartung eines ziemlich langen Lebens heirateten die meisten Menschen in ihren Zwanzigern, genau wie heute.[46] Es wäre also falsch, eine Achtjährige als Jungfer zu bezeichnen, sie war schlicht und einfach ein Mädchen. Eine Jungfer war jung und jungfräulich, aber sie war auch in einem theoretisch heiratsfähigen Alter.

Dem Gelehrten Bartholomaeus Anglicus (1203–1272) zufolge wird die Jungfer »*puella* genannt, da sie rein und klar ist wie das Schwarz des Auges. … Denn von allem, was bei einem Mädchen geliebt wird, wird Keuschheit und Reinheit am meisten geliebt. … *Puella* ist ein Name des guten Rufs ohne Makel und auch der Ehrbarkeit [*honor*]. … Eine Jungfrau hat jenen Namen *virgo* der Reinheit und Unverderbtheit, … denn sie kennt nicht die volle Leidenschaft der Frauen.«[47] Jungfrauen waren also mit größerer Wahrscheinlichkeit schöne Frauen und umgekehrt, weil sie, wie Kim M. Phillips es ausdrückte, »all die attraktiven Eigenschaften der Weiblichkeit besaßen, aber frei von ihren Mängeln« waren.[48] Sie waren schön, freundlich, ruhig, keusch, rein, sanft, bescheiden und demütig. Außerdem, und das war entscheidend, waren sie *sexy*, aber nicht *sexuell aktiv.* Dies ist bemerkenswert, weil man sich schwer eine Form junger Weiblichkeit vorstellen kann, die unserem Konzept von weiblichen Teenagern so diametral entgegengesetzt ist. Mehr noch, es zeigt perfekt, wie das ganze Konzept der

Jungfernschaft (ebenso wie die gelehrte Bestandsaufnahme schöner Frauen) einzig und allein in den Köpfen von Männern entstand. Jungfrauen waren alles, was eine Frau sein konnte, ohne all die Unannehmlichkeiten, die eine echte Person mit Bedürfnissen, Meinungen und Klagen mitbrachte.

Dieses Konzept war nicht einfach eine Überzeugung in den Hirnen lüsterner Männer, die sich in ihren Texten unmögliche Frauen herbeizauberten, sondern entsprang vielmehr dem hochgeehrten Denken der Philosophen. Die Jungfernzeit galt als das »vollkommene Alter« für Frauen, weil diese nicht nur geistig gereift und feminin waren, sondern auch, und das war entscheidend, wie Männer, was die Zusammensetzung der Körpersäfte entsprechend der Humorallehre anging. Alle Kinder galten als heißer und trockener als ihre älteren Geschlechtsgenoss:innen. Das fortschreitende Alter und der Tod selbst wurden mit Feuchtigkeit verbunden. Mädchen waren also männlicher als ältere Frauen, weil sie noch nicht kalt und feucht geworden waren. Diese heiße und trockene Eigenschaft half Mädchen entsprechend der damaligen Vorstellungen, ihre überflüssigen Körpersäfte problemlos zu verbrennen. Das Zeichen, dass sie allmählich kalt und feucht wurden, war die Menarche, bei der die heiße und trockene Eigenschaft nachließ und der Körper überschüssiges Blut monatlich »ablassen« musste, statt es zu verbrennen. Jungfern waren vollkommen, weil sie einerseits Frau genug waren, um von Männern unterscheidbar zu sein, aber andererseits nicht so kalt und feucht, dass sie tödlich wurden.[49]

Auch in theologischen Werken galt diese Zeit als das beste Alter für Frauen. Wenn sich etwa die Toten am Ende aller Zeiten zum Jüngsten Gericht aus ihren Gräbern erheben, so tun sie dies in Körpern, die ihr vollkommenes Alter widerspiegeln. Dies erschloss man aus einer Auslegung des Epheserbriefs 4,13: »bis wir alle hingelangen zur Einheit des Glaubens und der Erkenntnis des Sohnes Gottes, zum vollendeten Menschen, zum vollen Maß der Fülle Christi«. Dieses vollkommene Alter sollte bei Männern dem Alter Jesu zum Zeitpunkt seines Todes entsprechen, also bei etwa 33 Jahren liegen.[50] Bei den Frauen jedoch war es die Jungfrauenzeit. Diesen Glauben betont auch das mittelenglische Gedicht *Pearl* (*Perle*), in dem ein Vater, der seine zwei Jahre alte Tochter verloren hat, im Traum wieder mit ihr vereint ist. Statt des kleinen Kindes, das der Mann zu Grabe getragen hat, trifft er auf eine schöne Jungfer mit allen vollkommenen Attributen, vom blonden Haar über graue Augen bis hin zu einem weißen und rosa Teint. Da sie wegen ihrer Unschuld im Himmel ist, kann sie den vollkommenen Körper genießen, den sie auf Erden nie erlangte.[51] Auch hier wird eine makellose und konstruierte Vorstellung davon, was eine Jungfrau sein könnte, präsentiert, ohne großen Bezug zum tatsächlichen Aussehen und Wesen der betrauerten Zweijährigen. Im Tod wurde das kleine Mädchen vollkommen, und es gab genau einen literarischen Weg, dies auszudrücken.

Gleichzeitig war die von einer Jungfer erwartete Unberührtheit mit religiösen Konzepten zur Sexualität ganz allgemein verbunden. Wie wir in Kapitel 3 ausführlicher sehen werden, waren ideale Frauen diejenigen, die die Fallstricke des Sexuellen mieden und sich eine heilige Keuschheit bewahrten. Geschlechtsverkehr war gleichbedeutend mit einer Unterwerfung unter die Verderbnis der sterblichen Welt. Unberührtheit dagegen war ein Beleg moralischer Reinheit und einer spirituellen Fähigkeit, sich auf das nächste Leben zu konzentrieren. Die Unberührtheit der toten »Perle« ist ein Grund dafür, dass sie jetzt im Himmel ist, und der Beleg dafür, dass sie dorthin gehört und ihren unbefleckten und schönen älteren Körper genießen kann. Zugegeben, niemand würde erwarten, dass eine Zweijährige sexuelle Erfahrungen hätte, aber wir sollen verstehen, dass einer der wenigen Vorteile, wenn man eine geliebte Tochter so jung verliert, darin besteht, dass sie im Leben nie verdorben wurde und nach dem Tod direkt ins Paradies aufsteigen kann.

Nun ist es leicht, sich auf das Ideal zu konzentrieren, doch die jungen Frauen lebten mit dem Gewicht all dieser Erwartungen auf ihren Schultern. Man ging nicht nur davon aus, dass sie die besten und positivsten Aspekte der Weiblichkeit verkörperten – gleichzeitig tickte auch noch die Uhr. In dem Moment, in dem sie das Versprechen ihrer Jungfrauenzeit einlösten und Ehefrauen und Mütter wurden oder, noch schlimmer, *sexuell aktiv*, aber unverheiratet waren, verloren sie den Status, der sie so begehrenswert machte. Selbst wenn eine Frau diesen besonderen Drahtseilakt schaffte, indem sie sich ihre Unberührtheit bewahrte, gab es keine Hoffnung für sie. Der Lauf der Zeit sorgte dafür, dass Kälte und Feuchtigkeit, die Essenz ihrer Weiblichkeit, sich einschlichen und sie Richtung Altersschwäche und schließlich Tod beförderten. Und doch wurde eschatologisch gesehen jede tugendhafte Frau bei der Apokalypse damit belohnt, dass sie in ihre ideale Phase zurückkehrte und sich dann darauf freuen konnte, auf ewig von perfekten Männern umgeben zu sein, die offenbar in ihren Dreißigern waren.

Die Jungfrau war der Inbegriff der Vollkommenheit, doch Frauen konnten auch nach dieser Phase schön sein. Die archetypische Schönheit Helena war mit Menelaos verheiratet und daher keine Jungfrau mehr. Guinevere wie auch Alisoun und May (die schönen jungen Ehefrauen in Chaucers »Erzählung des Müllers« und »Erzählung des Kaufmanns«) waren alle ganz offensichtlich verheiratet, was bedeutet, dass sie ausdrücklich *keine* Jungfrauen waren. Genauer gesagt war der Ehestand eben der Punkt, um den sich ihre Dramen drehten. Alle diese Frauen waren Ehefrauen und gleichzeitig überaus, unerhört, ja sogar gefährlich schön.

Bei ihnen beeinträchtigte ihr Status als Ehefrau in keiner Weise ihre Schönheit, und ihre Ehemänner waren oft deutlich älter. Helena hatte bekanntermaßen wenig Mitspracherecht, als sie nach dem Schönheitswettbewerb per Apfelentscheid an Paris übergeben wurde, doch in manchen Fassungen verliebte sie sich später in den Jüngling. Dass Paris ein Liebender und kein Kämpfer war, machte ihn zu einer Kontrastfigur des betrogenen Menelaos, der schlachterprobt war, aber weniger begabt darin, seiner Ehefrau den Kopf zu verdrehen. Guinevere wiederum war mit König Artus verheiratet, der oft älter dargestellt wird als sie, und er konnte es, was Aussehen und Jugend betrifft, ganz sicher nicht mit dem stattlichen Lancelot aufnehmen. Und auch Alisoun und May waren beide ausgesprochen schön und mit viel älteren Männern verheiratet.

Von diesen Frauen hieß es also, sie seien schön, doch ihr Status als Verheiratete markierte sie als *nicht* ideal. Tatsächlich waren sie eher *Femmes fatales*, Frauen, deren Schönheit gefährlich war und zu Zerstörung führte. Um das noch einmal festzuhalten: Helenas Liebe zu Paris verursachte einen Krieg; Guineveres Flirt mit Lancelot führte zum Niedergang Camelots; und Alisoun und May brachten zwar nicht direkt ein Reich zu Fall, doch sie demütigten ganz sicher ihre schwächelnden älteren Ehemänner. Insgesamt warf die Schönheit dieser Frauen ein Schlaglicht darauf, dass eine schöne Frau in der Ehe immer und grundsätzlich *gefährlich* war. Sie behielt ihre sexuelle Attraktivität, doch weil sie bereits mit einem Mann verbunden war, hatte jedes Werben eines anderen Mannes um sie oder jedes Umgarnen eines Mannes von ihrer Seite aus Konsequenzen. Jungfrauen brachten kein solches unmittelbares Hindernis mit sich. Ein Mann konnte den Vater zumindest um die Ehe bitten, selbst wenn dieser ihn abwies. Verheiratete Schönheiten konnten nie ideal sein, weil sie schon jemandem gehörten.

Kunst

Künstler gaben denselben Vorstellungen bildlichen Ausdruck, die auch die Dichter in ihren literarischen Porträts so aufwendig konstruierten. Die ideale Schönheit taucht regelmäßig in der mittelalterlichen Kunst auf, meist natürlich in Abbildungen einer bestimmten Frau: Eva.

Eva war auch wegen ihrer zentralen Rolle im Christentum ein gutes Sujet, wenn man eine schöne Frau darstellen wollte. Viele noch heute erhaltene mittelalterliche Kunstwerke sind aufwendige und formvollendete Schöpfungen, die für reiche Menschen gemacht wurden, und viele dieser Menschen waren Vertreter der Kirche. Es ist kaum überraschend, dass die Kirche an religiöser Kunst interessiert war, und deshalb sind die schönen Frauen, deren Bilder erhalten geblieben sind, gewöhnlich Frauen aus Bibelgeschichten oder ehrbare Märtyrerinnen der Spätantike oder des Mittelalters.

Um fair zu sein: Im Grunde war jede religiöse Frau in der Kirchenkunst *per definitionem* schön, da Schönheit und Tugend synonym gebraucht wurden. Christliche, jüdische und muslimische Denker waren übereinstimmend der Ansicht, dass alle Lebewesen das Potenzial für Schönheit besaßen und dass sie Schönheit erlangten, wenn sie in Harmonie mit der Natur lebten. Weil die Natur als göttlich wahrgenommen wurde, lebten die besonders Heiligen, die Gott am nächsten standen, auch in Harmonie mit der Natur. Und so waren sie notwendigerweise schön. Deshalb zeigten Bilder von Eva vor dem Sündenfall das Porträt der schönsten Frau, die man sich vorstellen konnte.

In Bezug auf ihre Beliebtheit in der Kunst überflügelte Eva andere schöne religiöse Frauen auch noch aus einem anderen Grund: Es war akzeptabel, sie nackt zu malen. Während die Europäer:innen des Mittelalters religiöse Zwänge oft ignorierten, wenn es ihnen gerade passte, war es bei Kunstwerken für religiöse Zwecke wahrscheinlich nicht angebracht, die Regeln zu beugen. Wenn man ein aufstrebender Künstler war und sich an einem Akt versuchen wollte, wandte man sich schnurstracks dem Garten Eden zu. Deshalb nahm Eva einen ähnlichen Platz in der Bildkunst ein wie die schöne Helena in der Literatur. Sie war der »heiße Feger« schlechthin, die Schönheit, an der sich alle anderen Schönheiten messen lassen mussten. Und zwar nackt.

Immer wieder zeigen die Kunstwerke eine Eva, die nach den literarischen Beschreibungen durchaus auch als Helena durchgehen kann. Ob sie nur aus der Seite ihres Ehemanns gezogen wird, während er schläft, ob sie tief ins Gespräch mit der Schlange versunken ist oder voller Scham aus dem Paradies flieht – sie ist eindeutig

Eva aus *Die Anbetung des mystischen Lammes* von Jan van Eyck, 1432, Genter Altar, Sint Baafskathedraal, Gent.

eine Schönheit. Eine blonde Eva mit hohen kleinen Brüsten schaut uns von Fußböden des fünften Jahrhunderts aus an. Mit ihrem runden Bauch beginnt das Buch Genesis in Bibeln des neunten Jahrhunderts. Ihre Haut schimmert weiß in Stundenbüchern und an den Decken von Kathedralen, wo auch immer Betrachter:innen daran erinnert werden mussten, dass alle noch immer wunderschön und nackt wären, wenn man Frauen nicht grundsätzlich misstrauen müsste.

Wichtiger noch für unser Thema ist, dass Frauen immer genau auf dieselbe Art und Weise schön und nackt waren. Während sich die Kunststile im Laufe des Mittelalters änderten, blieb die Art, wie sie dargestellt wurden, im Wesentlichen gleich. Sie sind immer blond und haben immer gebogene Augenbrauen, eine hohe Stirn, weiße Haut, rosige Wangen, rote Lippen, weiße Zähne, einen langen Hals, kleine Brüste, einen runden Bauch und dicke Oberschenkel. Im Laufe der Zeit traten die Merkmale nur noch deutlicher hervor, und im 15. Jahrhundert zeigen ihre Porträts Evas Haut nicht mehr als metaphorisch weiß, sondern als wirklich weiß. Sie strahlt wie der Schnee, mit dem alle mittelalterlichen Frauen so gern verglichen werden wollten. Keine Frau konnte je so schön sein, weder körperlich noch moralisch.

Dieselben Klischees wiederholen sich bei anderen schönen Frauen. Die Jungfrau Maria, die einzige Frau, der es gelang, dem Fluch von Evas Sünde zu entkommen, war einfach umwerfend: weiß, blond und von ikonischer Schönheit. Auch die populären jungfräulichen Märtyrerinnen, die so oft Heiligkeit erlangten, weil sie alle abwiesen, die um ihre Hand anhielten, waren auf Kirchenfresken wie in Bibeln zu sehen. Manche Heilige konnte mit guten Gründen nackt dargestellt werden wie die heilige Agatha, der wunderbarerweise die Brüste nachwuchsen, nachdem heidnische römische Folterer sie abgeschnitten hatten. Ihre Legende erlaubte es den Künstlern, eine schöne junge Frau zu malen, die mit nackter Brust an eine Säule gebunden und manchmal von Folterinstrumenten umgeben war. Ein durchaus beliebtes Sujet.

Auf manchen Gemälden, wie etwa dem Genter Altar, marschieren ganze Heere schöner Märtyrerinnen zur Anbetung des mystischen Lammes am Ende des Universums auf. Man kann sie praktisch nur an ihren ikonografischen Details

Das Martyrium der hl. Agatha von Catania von Jean le Tavernier, 1454, KB, Nationalbibliothek der Niederlande, Den Haag.

voneinander unterscheiden. Die heilige Barbara trägt ihren Turm, die heilige Agnes ihr Lamm. Ansonsten zieht dort eine Masse weißhäutiger Blondinen vorbei, mit Palmwedeln in den Händen, die ihren Märtyrertod symbolisieren, während Eva von einem Bildfeld weiter oben herabschaut. Ihre Schönheit ist nicht nur austauschbar, sondern von einem künstlerischen Standpunkt aus auch nicht verhandelbar. Diese Bilder waren Gegenstand religiöser Andacht und Verehrung; die Menschen beteten vor ihnen, vertieften sich in sie oder wurden daran erinnert, was sie mit dem Sündenfall verloren hatten. Einerseits mussten die Frauen also schön sein, damit sie heilig waren, andererseits galten diese Bilder auch als erotisch.

Wir wissen das durch entschieden feindlich gesinnte Zeu-

Die jungfräulichen Märtyrerinnen, aus *Die Anbetung des mystischen Lammes* von Jan van Eyck, 1432, Genter Altar, Sint Baafskathedraal, Gent.

gen: die Protestanten. In der Frühen Neuzeit, als viele Christen sich von der katholischen Kirche lossagten, galt eine ihrer unzähligen Beschwerden den religiösen Bildern in den Kirchen. 1520 klagte ein Protestant in Straßburg: »Hett auch offt böse gedancken in anschauwung der fräwlichen bildungen [weiblichen Gestalten] auff den altaren. Dann keine bulerin mag sich üppigklicher oder unschamhafftigklicher becleiden oder zieren, dann sie yetzund die mutter gottes, sant Barbaram, Katherinam und andere heiligen formieren.«[52]

Die Tatsache, dass sich dieser namenlose Mann von Statuen in Kirchen erregt fühlte, ist nicht nur ein Zeugnis der menschlichen erotischen Vorstellungskraft, sondern auch gleichzeitig lustig und lehrreich. Wie wir gesehen haben, wurde das mittelalterliche Schönheitskonzept sorgfältig konstruiert und *ad nauseam* durch die Jahrhunderte wiederholt. Dadurch ist es schwierig, festzustellen, ob der durchschnittliche mittelalterliche Mensch diesem Ideal überhaupt folgte. Hielten die meisten Menschen kleinbrüstige Frauen mit großen Oberschenkeln und Kugelbäuchen für schön, oder war dies nur eine literarische und künstlerische Projektion? Die Klage dieses unbekannten Protestanten zeigt, dass hier ein individueller Mann nicht nur dem künstlerischen Schönheitsideal zustimmte, sondern dass es ihn auch in der Kirche erregte.

Um fair zu sein: Diese Beschwerde stammt, wie gesagt, aus einer ablehnenden Quelle. Der Herr, um den es hier geht, versuchte, gegen die katholische Kirche und die Sünden, zu denen sie mit ihren Exzessen inspirierte, zu argumentieren. Die Protestanten strichen Kirchen gern weiß und warfen alle Statuen hinaus. Anzudeuten, dass man während der Messe von Heiligenbildern abgelenkt oder sogar erregt wurde, bot einen großartigen Grund, um den Farbeimer herauszuholen. Wenn er allerdings in einem anderen gesellschaftlichen Klima zugegeben hätte, dass er die Kirchenfresken erotisch finde, hätte er damit seiner Gemeinde gegenüber sozusagen eingeräumt, dass er einem seltsamen Fetisch anhänge. Und deshalb können wir diesen Herrn beim Wort nehmen und vermuten, dass die religiöse Kunst tatsächlich erregend war.

Erotische Bilder gab es jedoch nicht nur im Reich der religiösen Kunst. Die Kunst des späteren Mittelalters, die in einem größeren Maße erhalten geblieben ist, zeigt ähnliche Bilder in weltlichen Kontexten. Interessanterweise werden erotische Frauen manchmal in ältere Quellen hineinmontiert. Ausgaben des damals noch immer beliebten *Roman de la Rose* aus dem 15. Jahrhundert, 200 Jahre nach seiner Entstehung, sind oft mit Bildern lieblicher nackter Frauen gefüllt, die die klassischen Geschichten begleiten. Pygmalion wird neben der von ihm geschaffenen, lebendig werdenden nackten Frauenstatue gezeigt und der griechische Maler Zeuxis (fünftes Jahrhundert v. Chr.) mit Staffelei und einer Schar nackter Modelle. Abgesehen vom Roman stellen auch Stundenbücher in einer interessanten Verneigung vor der künstlerischen Freiheit manchmal das Sternkreiszeichen Wassermann als nackte Frau dar, die Wasser schöpft. Und selbst einige Ausgaben von Christine de Pizans *Stadt der Frauen* zeigen Bilder von klassisch schönen nackten Frauen. Die Musen zum Beispiel werden beim ersten Zusammentreffen mit Christine manchmal badend gezeigt, eine hervorragende Gelegenheit, mehrere Frauen von der Leiste aufwärts nackt zu sehen.

Anderswo wurden Frauen, die als heidnisch oder moralisch zweifelhaft verstanden werden sollten, jetzt plötzlich als schön dargestellt, obwohl sie ganz deutlich außerhalb der Gnade Gottes standen. In einem Exemplar von Augustinus' *Gottesstaat* aus dem 15. Jahrhundert ergriff man die Gelegenheit, die Dummheit und die Exzesse heidnischer Gesellschaften durch nackte Männer und Frauen zu symbolisieren, die um einen Zauberer herumtanzen, der Zauberformeln spricht. Ähnlich zeigt ein Gemälde eines unbekannten rheinischen Meisters aus dem 15. Jahrhundert eine schöne Hexe, die Liebeszauber einsetzt – nackt bis auf ein Paar wirklich unglaublich elegante Schnabelschuhe.

Liebeszauber, Gemälde des Meisters vom Niederrhein, um 1470–1480, Museum der bildenden Künste, Leipzig.

In all diesen Fällen eröffneten sich neue Möglichkeiten für Künstler, schöne (und vor allem nackte) Frauen darzustellen. Luxuriöse Ausgaben von Ritterepen drängen sich für eine Ausstattung mit schönen Bildern geradezu auf. Ein Kunde, der das Geld hatte, jemanden dafür zu bezahlen, dass er in ein privates Exemplar eines Buches schöne und erotische Bilder malte, wollte vielleicht gern Frauen sehen, die den im Buch beschriebenen ähnelten. Vor allem aber hatte private Kunst mehr Möglichkeiten, erotisch zu sein, ohne unerwünschte Aufmerksamkeit auf den Künstler zu lenken. Man konnte natürlich versuchen, mit dem Bild einer attraktiven Heiligen in einer Kirche durchzukommen, doch wenn man es nicht an einem Priester vorbeischmuggeln musste, hatte man viel mehr Spielraum in der Darstellung. Selbst wenn Aktbilder in religiösen Texten wie dem *Gottesstaat* auftauchen, sind sie entschuldbar, weil sie auf instruktive Weise genutzt werden. Der Künstler deutet an, dass die herumtollenden nackten Frauen töricht sind, und das macht sie akzeptabel.

Auch wenn uns die dichtere Überlieferung privater erotischer Kunst des Mittelalters tiefere Einblicke erlaubt, unterscheiden sich die Bilder an sich kaum von den vorherigen religiösen Kunstwerken. Sie zeigen die gleichen austauschbar schönen Frauen. Sei es nun eine Hexe, eine Muse, eine Heidin oder ein namenloses Modell – sie alle weisen die zu erwartenden Attribute auf, vom blonden Haar bis hin zu den zierlichen Füßen. Egal, wer die Frau ist oder sogar in welchem Kontext sie steht – sie ist eine blasse, blonde birnenförmige Gestalt mit einem schüchternen Lächeln. Nur die Namen wechseln. Die Schönheit selbst bleibt statisch.

Schönheitsinterventionen

Diese Schönheitsstandards waren zwar weitgehend unerreichbar, doch immerhin konnten Frauen ihr Aussehen in bestimmter Hinsicht optimieren. Zunächst einmal konnten sie wenigstens sauber sein. Das Interesse an Sauberkeit mag eine Überraschung sein, denn noch immer hält sich hartnäckig das Gerücht, die Menschen des Mittelalters hätten nicht gebadet.

Tatsächlich aber hielt man sich strikt an das Sprichwort: »Sauberkeit kommt gleich nach Gottesfurcht.« In den Augen der mittelalterlichen Menschen drückte sich spirituelle Reinheit nicht nur in körperlicher Schönheit aus, sondern auch in Hygiene. Wenn der Körper eines Menschen unrein war, war er *per definitionem* unattraktiv und aus dem Gleichgewicht. Wenn er irgendwelche Unvollkommenheiten aufwies, verbesserte man sie am besten durch Reinigung.[53]

Bei der Schönheitsroutine einer durchschnittlichen Frau des Mittelalters galt die Sauberkeit als eine der allerhöchsten Tugenden, doch den Frauen standen dafür unterschiedliche Mittel zur Verfügung. Frauen der unteren Schichten hatten in Anbetracht ihrer körperlich anstrengenden Alltagsarbeit wohl das dringlichste Interesse an Sauberkeit, aber die wenigsten Mittel. Wahrscheinlich wuschen sie sich täglich mit Wasser, das sie in einem Krug geholt, warm gemacht und in ein großes Becken gegossen hatten.

Diese tägliche Wäsche konnte durch Bäder in einem hölzernen Badezuber ergänzt werden. Das geschah sicher seltener, da es keine Wasserleitungen gab. Wasser ist schwer, und es zu holen, zu erhitzen und es dann vom Kessel in den Zuber zu befördern, war schwere körperliche Arbeit. Zudem verloren die nicht isolierten Holzzuber die Wärme sehr viel schneller als unsere modernen Badewannen, und deshalb wurde der

Zuber in die Nähe eines Herdes gerückt, um das Wasser warm zu halten. Um ein großes Bad zu nehmen, musste man nicht nur eimerweise Wasser schleppen, sondern brauchte auch Platz, der in den meisten Haushalten nur begrenzt zur Verfügung stand.

Glücklicherweise gab es einige Möglichkeiten, auch außerhalb der eigenen Behausung zu baden. In wärmeren Monaten konnte man einfach ein Gewässer am Ort nutzen. Mit einem Teich oder See war man gut bedient. Im Winter jedoch konnte das ein Problem sein, und hier kommen die Badehäuser ins Spiel. Badehäuser übernahmen die mühsame und schwierige Arbeit des Heranschaffens und Erwärmens von Wasser und verlangten dafür Geld. Die meisten kleineren Städte hatten wenigstens ein professionell geführtes Badehaus, während größere Städte verschiedene Etablissements dieser Art beherbergten, die in Konkurrenz zueinander standen. In Paris legte eine Gilde der Badehausbetreiber (von der wir später noch hören werden) Regeln fest, an die sich die Betreiber halten mussten. Ähnlich wie moderne Spas boten sie ihren Kund:innen ein günstigeres »Dampfbad [für] zwei Deniers; und wenn er badet, soll [er] vier Deniers bezahlen«.[54] Um unter der Konkurrenz herauszustechen, beschäftigten Pariser Badehäuser Ausrufer. Sie rührten die Werbetrommel bei Frauen, die sich von ihrer besten Seite zeigen wollten.[55]

Reiche Frauen hatten einen großen Vorteil gegenüber ihren nicht so begüterten Geschlechtsgenossinnen, weil andere für sie das Bad bereiteten. Sie konnten Bedienstete losschicken, um Wasser zu holen und aufzuheizen, und luxuriösere Haushalte hatten manchmal sogar Räume, die allein dem Baden vorbehalten waren. Wer noch mehr Geld hatte, reiste manchmal sogar in berühmte Badeorte. Besonders hoch geschätzt waren die Bäder von Pozzuoli außerhalb von Neapel – ein so bekanntes Reiseziel, dass ganze Gedichte über ihre Vorzüge geschrieben wurden.

Außerhalb christlicher Kontexte spiegelte sich diese Betonung der Sauberkeit in den Badepraktiken muslimischer Gemeinden auf Sizilien und der Iberischen Halbinsel sowie in den jüdischen Gemeinden wider, die es im ganzen mittelalterlichen Europa gab. Das Baden als ausdrücklich vorgeschriebener Bestandteil jüdischer Gebräuche war vor dem Sabbat erforderlich. Frauen konnten entweder in einem öffentlichen Badehaus baden, das auch Dampf und heißes Wasser bot, oder in einer *mikwe* mit kaltem Wasser eine rituelle Reinigung vornehmen. Die religiöse Notwendigkeit der *mikwe* und die nicht ganz so angenehme Praxis des Untertauchens in kaltem Wasser führten dazu, dass solche Badestätten gewöhnlich nur von jüdischen Frauen besucht wurden und in der Nähe von Synagogen zu finden waren.[56] Das Interesse muslimischer Frauen am *hammam*, dem Badehaus, ist dagegen durch die verblüffend hohe Anzahl erhaltener Bäder wie auch durch einige polemische Traktate belegt, in denen sich muslimische Männer fragten, was genau die Frauen da machten, wenn sie geschützt vor neugierigen Männeraugen badeten.[57]

Die große Bedeutung der Sauberkeit führte auch zu einem Fortschritt bei den Badeprodukten und vor allem zu einer großen Erfindung des Mittelalters: Seife. Wir wissen nicht, wie lange die Menschen schon Seife zu Hause herstellten, sicher ist aber, dass es im Mittelalter durchaus üblich war. Die früheste erhaltene Beschreibung von Seife in Europa stammt aus dem vierten Jahrhundert, als Theodorus Priscianus, ein Arzt in Konstantinopel, ein aus dem heutigen Frankreich stammendes Produkt beschrieb, das bei der Wäsche, besonders bei der Haarwäsche, eingesetzt wurde.[58] In den italienischsprachigen Ländern wurde Seife professionell und in so großen Mengen hergestellt, dass es seit spätestens dem siebenten Jahrhundert auch Zünfte der Seifensieder gab. Im achten Jahrhundert kochte man überall in den französischsprachigen Ländern und in Spanien Seife. Karolingische Dokumente aus dem neunten Jahrhundert erwähnen Seifensieder, und im zehnten Jahrhundert war die Seife auch im äußersten Winkel der Christenheit, im dörflichen England, bekannt und im Einsatz. Im zwölften Jahrhundert wurden die ersten feinen »harten« Seifen aus dem Nahen Osten nach Europa importiert. *Hart* bedeutet hier, dass sie mit Asche von höherer Qualität gemacht wurden, wodurch hellere Seifenstücke entstanden, im Gegensatz zu den dunkleren »weichen« Seifen aus Holzasche und Lauge, die im frühen Mittelalter üblich waren. Die Europäer übernahmen und verbesserten diese Rezepturen weiter, und bald waren Marseille und Kastilien wichtige Zentren der Seifenherstellung – bis heute. Auch die italienischen Stadtstaaten Genua, Venedig und Bari beteiligten sich an der Kunst der Seifensiederei. Alle hatten sehr guten Zugang zu Olivenöl und Barillakraut, einer Pflanze, aus der man eine qualitativ hochwertige Natronlauge herstellen kann. Allerdings waren gut gemachte Seifen ein Luxus, den viele normale Frauen, wenn sie nicht gerade im Mittelmeerraum lebten, kaum je kennenlernten. Alternativ stellten die Frauen ihre eigenen Reinigungsmittel zu Hause her. Sie hatten dabei eine ganze Palette von Möglichkeiten: Seifenrezepte gab es viele, und man fand sie in Handbüchern für Frauen mit Anleitungen zur Herstellung verschiedener Schönheitsprodukte und Arzneien. Den meisten ging es einfach nur um eine gute Seife, aber es gab auch Reinigungsprodukte für besondere Zwecke. Hildegard von Bingen etwa hatte ihr eigenes Rezept für einen Gesichtsreiniger aus Gerstenwasser, den sie für »harte und raue Haut …, die sich vom Wind leicht schuppt« empfahl. Sie versicherte besorgten Frauen, dass nach dessen Einsatz die »Haut … dort weich und gesund sein und eine schöne Farbe haben« werde.[59] Experimentierfreudigen Frauen wurde auch empfohlen, Badewasser mit Kräutern zu beduften oder sogar aus Ysop und Lorbeerblättern etwas zu brauen, das wir heute Deodorant nennen würden. Solche kleinen Luxusartikel wie mit Kräutern versetztes Wasser und hausgemachte Seife waren auch bei Menschen, die auf dem Lande lebten, nicht unbedingt knapp.

Die Mittel, um sich zu säubern, standen also allen zur Verfügung, doch Frauen aus wohlhabenden Haushalten hatten es auf jeden Fall leichter, im Alltag auch sauber zu *bleiben*. Bauersfrauen mussten schließlich auf den Höfen den ganzen Tag körperliche Arbeit verrichten. Sie waren mit dem Vieh in Kontakt. Sie machten Heu und gruben auf dem Feld. Sie wurden schmutzig. Sie konnten sich schrubben, sobald sie vom Feld heimkamen, doch einen beachtlichen Teil ihres Tages waren sie mit körperlich anstrengender schmutziger Arbeit beschäftigt. Frauen aus Kaufmanns- oder Adelsfamilien waren daher immer im Vorteil. Die Buchhaltung für ein Familienunternehmen erforderte vielleicht geistige Anstrengung, aber man kam dabei kaum mit so viel Schmutz in Kontakt wie eine Arbeiterin. Wenn körperlich arbeitende Frauen einem Reinheitsideal nacheiferten, versuchten sie damit, Frauen mit sitzender Tätigkeit nahezukommen.

Nach dem Bad trennten sich die Schönheitsroutinen noch deutlicher entlang der Schichten. Der medizinische und Schönheitsratgeber *Trotula* riet, Frauen sollten nach dem Bad »Moschus im Haar tragen oder Nelken oder beides, aber darauf achten, dass niemand es sieht«.[60] Das Beduften des Haars war ausdrücklich ein Vergnügen, das sich »adlige Damen« gönnen sollten.[61] Trotz dieser Warnung, ihnen theoretisch überlegene Angehörige des weiblichen Geschlechts nachzuahmen, sahen manche Frauen zumindest aus der Kaufmannselite kein Problem darin, sich mit ein bisschen Parfüm zu verwöhnen.

Auch außerhalb des Bades konnten sich die Frauen des Mittelalters reinigen, beispielsweise indem sie das Ohrenschmalz mit winzigen Spateln entfernten. Diese vielseitig einsetzbaren Gegenstände stellten unsere Baumwollstäbchen weit in den Schatten und tauchen in archäologischen Befunden überall in Europa auf, was belegt, dass die Frauen des Mittelalters bei ihrem Bemühen um Sauberkeit auch vor den kleinsten Hohlräumen nicht haltmachten. Fast jede Frau konnte sich diese Werkzeuge besorgen. Bauersfrauen verwendeten eher hölzerne Ohrspatel, ihre reicheren Geschlechtsgenossinnen nannten vielleicht Spatel aus Horn oder sogar Silber ihr Eigen.

Insgesamt hatten auch Frauen mit bescheidenen Mitteln die Möglichkeit, einigen zentralen Aspekten des Schönheitsideals zu entsprechen, und sie betrachteten dies ganz offensichtlich als ernsthafte Aufgabe. Sie konnten sich keine grauen Augen oder blondes Haar verschaffen und den Alterungsprozess nicht umkehren. Aber sie konnten darauf achten, sich Gesicht und Hände zu waschen, und selbst arbeitende Frauen konnten sich den Luxus eines wöchentlichen Bades gönnen, in dem sicheren Wissen, dass sie dafür Anerkennung ernteten.

Beschränkungen

Idealerweise sollte eine Frau schön sein, dieser Tatsache aber gleichgültig gegenüberstehen. Diese einstudierte Gleichgültigkeit der eigenen Erscheinung gegenüber war ein wichtiger Punkt in der Ratgeberliteratur für junge Frauen. Wie wir schon gehört haben, nahm es Geoffroy, der vierte Chevalier de La Tour Landry, in den Jahren 1371/1372 auf sich, einen Ratgeber für seine Töchter zu verfassen, dem er den etwas einfallslosen Titel *Livre du Chevalier de La Tour Landry pour l'enseignement de ses filles* (*Buch des Chevalier de La Tour Landry zur Unterrichtung seiner Töchter*) gab.[62] In diesem Buch warnte er seine Sprösslinge wiederholt vor den Übeln jeglicher Eitelkeit. Seiner Meinung nach waren Höflichkeit und gutes Benehmen wichtiger als körperliche Schönheit, und jede wahre Dame sollte sich weitaus intensiver mit diesen Dingen beschäftigen als mit ihrem Aussehen.

Diese Spannung findet man im gesamten Mittelalter: Frauen bekamen zu hören, dass sie schön sein sollten, aber, ganz wichtig, gleichzeitig absolut nichts tun sollten, um ihre Schönheit zu betonen. Frauen wurden in der Bibel, in Predigten und in Handbüchern wie dem des Chevalier davor gewarnt, mit irgendwelchen Mitteln und Maßnahmen nachzuhelfen, die es ihnen erlauben würden, den anspruchsvollen Schönheitsstandards literarischer und künstlerischer Werke zu entsprechen, die sie *von Natur aus* nicht erreichten. Vor allem mahnte man die Frauen, keine Kosmetika und Pinzetten einzusetzen, um sich die gebogenen Augenbrauen und rosigen Wangen zu verschaffen, die man fast seit ihrem ersten Tag auf Erden von ihnen verlangte.

Kosmetika galten aus verschiedenen biblischen Gründen in der mittelalterlichen Vorstellungswelt als verwerflich. Zunächst und vor allem waren sie *nicht natürlich*, und Natürlichkeit war der Maßstab alles wahrhaft Schönen. Sobald eine Frau auf Kosmetika zurückgriff, versuchte sie, das göttliche Werk zu verschönern. Dies wiederum führte zur zweiten Sorge einer Vermischung von Make-up mit schwarzer Magie. Beide Bedenken fanden sich kombiniert in der Bibelgeschichte von Isebel, die immer wieder herangezogen wurde, um Frauen zu warnen, die mit dem Gedanken spielten, ein neues Rouge-Rezept auszuprobieren. Wobei die beständigen Warnungen vor allem ein Zeichen dafür waren, wie stark der Wunsch vieler Frauen war, eben doch entsprechende Kosmetika zu benutzen.

Isebel, die Ehefrau von König Ahab von Israel, war eine ziemlich schreckliche Person. Sie war nicht nur Ausländerin (und deshalb, wie damalige Leser:innen und Zuhörer:innen denken sollten, automatisch schon schlecht), sondern hatte sich sogar zu einem Mord hinreißen lassen. Sie und Ahab hatten einen Nachbarn, Nabot, der einen schönen Weingarten neben dem Palast besaß. Nachdem er ihre Angebote, das Land zu kaufen, abgelehnt hatte, spann Isebel eine Intrige und beschuldigte ihn zu Unrecht der Blasphemie. Er wurde hingerichtet, die Ländereien gingen auf sie und ihren Ehemann über (1. Könige 21,1–14). Kurz darauf kamen ihr Richter auf die Spur, und als sie das hörte, »schminkte sie ihr Angesicht und schmückte ihr Haupt und schaute zum Fenster hinaus«. Später wurde sie aus ebendiesem Fenster geworfen, ihr Blut spritzte weithin, und ihren Leichnam fraßen die Hunde (2. Könige 9,30). Nun würden wohl die meisten von uns sagen, dass Isebel sich durch den *Mord* unmöglich gemacht hatte, doch die mittelalterlichen Bibelexegeten waren da anderer Meinung. In ihren Augen waren vor allem der Eyeliner und die Frisur das Problem. Und deshalb kehrt eine Isebel im Neuen Testament (Offenbarung 2,20–23) auch noch einmal zu uns zurück. In der Offenbarung, die Sie vielleicht auch unter der Bezeichnung Apokalypse kennen, regt sich Johannes von Patmos (um 6–100 n. Chr.) extrem über Isebel auf. Gott habe sich bei ihm beschwert, »dass du Isebel duldest, die Frau, die sagt, sie sei eine Prophetin, und lehrt und verführt meine Knechte, Hurerei zu treiben und Götzenopfer zu essen. Und ich habe ihr Zeit gegeben, Buße zu tun, und sie will sich nicht bekehren von ihrer Hurerei. Siehe, ich werfe sie aufs Bett und mit ihr jene, die die Ehe gebrochen haben, ich stürze sie in große Trübsal, wenn sie sich nicht bekehren von Isebels Werken, und ihre Kinder will ich mit dem Tode schlagen.« In den Augen vieler Bibelwissenschaftler beziehen sich die Hinweise auf »Hurerei« und »Ehebruch« hier direkt auf die ganze Schmink-Affäre, wenn man einmal davon ausgeht, dass Mord für den Durchschnittsmann deutlich weniger interessant war. Der tschechische Prediger Johannes Milicius aus Kroměříže (†1374) etwa verkündete, dass Isebel in der Endzeit von den Toten auferstehen werde, um »alle, die ihr Gesicht anmalen«, zu ihrem Jüngsten Gericht und schließlich in die Hölle zu führen.[63] Isebels Einsatz von Make-up war also mehr als nur unbedachte Eitelkeit, sondern ein eindeutig sexueller Akt, der mit groß angelegter und irgendwie magischer Verführung in Verbindung gebracht werden konnte und eine klar umrissene Rolle in der Apokalypse spielte. Er war, mit anderen Worten, nicht gut.

Jüdische wie christliche Gemeinden konnten außerdem die Genesis anführen, um ihre Bedenken gegenüber Frauen zu untermauern, die Schminke nutzten, um zu verführen und (damit) das Ende der Welt einzuläuten. Die Genesis-Kommentare mancher Gelehrter warnten vor den Töchtern Gottes, die sich mithilfe von Kosmetika getarnt und eine Gruppe Engel, »die Söhne Gottes«, verführt hatten. Diese Frauen versuchten ausdrücklich, Gottes Schöpfung zu verbessern und sich auf die Ebene des Göttlichen zu hieven. Glücklicherweise gelang es diesen »Flittchen« nicht, die Apokalypse herbeizuführen, wie christliche Mystiker es befürchtet hatten. Dafür schob man ihnen die Schuld an der Sintflut zu – angeblich zählte ihr sündiges Wesen zu den Dingen, die Gott von der Erde waschen wollte. In diesem Fall war es den Kosmetika zwar noch nicht gelungen, die Welt völlig zu zerstören, aber es war ziemlich knapp gewesen. Make-up und die gefährliche Verführungskraft, die Frauen damit erlangen konnten, sollten ganz eindeutig möglichst vermieden werden.[64]

Für den Fall, dass die Gefährlichkeit Isebels und die Sintflut als Warnung noch nicht ausreichten, machten sich mittelalterliche Autoren daran, die diabolischen Möglichkeiten des Eyeliners zu betonen. Und hier kommt wieder der besorgte Vater mehrerer Töchter, der Chevalier de La Tour Landry, ins Spiel. Diesmal erzählte er die Geschichte einer schönen Prinzessin, deren Aussehen ihr Ruhm, Bewunderer und Reichtümer einbrachte. Doch statt nur die reine Ausstrahlung des göttlichen Willens zu bleiben, verschönerte diese Prinzessin ihr Aussehen mit Make-up. Als sie älter wurde und ihre Schönheit welkte, versuchte sie sie zu erhalten, indem sie immer mehr Schminke einsetzte, doch ihr Gesicht begann zu verblühen. Der Chevalier versicherte seinen Töchtern: »Ich habe von vielen sagen hören, dass ihr Gesicht, als sie tot war, so wurde, dass man nicht erkennen konnte, was es war, oder was für eine Art von Entstellung; denn es sah überhaupt nicht aus wie das Gesicht einer Frau, noch erkannte man es als Gesicht einer Frau, so abscheulich war es und grässlich anzusehen. Und so glaube ich wirklich, dass die Farbschichten, die sie darauf aufgetragen hatte, die Ursache dieses Phänomens waren.«[65] Einige Theologen hielten es für angebracht, an die *wahren* Opfer der Kosmetika zu erinnern: die Männer. Im zwölften Jahrhundert erörterten wenigstens zwei Theologen, der Franzose Petrus Cantor (†1197) und der Engländer Thomas von Chobham (vermutlich sein Schüler, um 1160–1236), die schwierige Frage, was genau Männer tun sollten, wenn sie im guten Glauben eine Sexarbeiterin engagierten, nur um dann festzustellen, dass sie geschminkt war. Die beiden klugen Köpfe waren der Ansicht, dass in einem solchen Fall die Kunden, die eine solche Frau bezahlt hatten, getäuscht worden seien. Jede Frau, die Kosmetik einsetzte, um Kunden anzulocken, verkaufte im Grunde gefälschte Ware und sollte das Geld, das sie für ihre (Nicht-) Leistung erhalten hatte, zurückgeben müssen.[66]

In den muslimischen Ländern weckte die verführerische Macht der Kosmetik und insbesondere der Duftstoffe ähnliche Bedenken. Juristen schlugen sich mit der Frage herum, womit Frauen sich salben durften, und kamen zu dem Schluss, dass es zwar erlaubt sei, wenn Frauen Farben verwendeten, um ihr Gesicht zu verschönern, dass diese Substanzen aber nicht stark parfümiert sein sollten. Ein leichtes Parfüm, das nur die Menschen ganz in der Nähe der Frau wahrnehmen konnten (also ihr Ehemann), war akzeptabel. Nicht hinzunehmen aber war ein Parfüm, das eine Duftspur legte und damit verführte. Frauen, die solche Regeln ignorierten, sahen sich juristischen Konsequenzen ausgesetzt, denn »eine parfümierte Frau, die an einer Gruppe Männer vorbeigeht, damit sie ihren Duft wahrnehmen, ist eine Ehebrecherin«.[67]

Frauen, die der Verlockung der Kosmetik nachgaben, sahen sich also von vielen Seiten einer Verurteilung ausgesetzt. Sie mussten mit theologischen und juristischen Folgen rechnen, falls sie beschlossen, ihr Aussehen durch Hilfe von außen zu verbessern. Die Sorge galt nicht unbedingt den Frauen, sondern vielmehr den Männern, die sie dank ihrer Tricks und Kniffe täuschen und verführen konnten. Außerdem konnten geschminkte Frauen eine absolute Apokalypse verursachen oder wenigstens eine ziemlich große Überschwemmung. Jedenfalls war klar, dass man die Frauen auch in dieser Hinsicht kontrollieren musste, um die soziale Ordnung zu sichern.

Trotz all dieser Warnungen waren die Frauen des Mittelalters offenbar am Einsatz von Kosmetik durchaus interessiert. Anleitungen zu Make-up und dem Färben der Haare sind in großer Zahl erhalten geblieben. Die *Trotula* war eine wahre

Fundgrube für die schönheitsbewusste Frau, die dem Ideal nahezukommen versuchte. Sie könne ihr Haar blond färben, schlug die *Trotula* vor, und führte nicht weniger als sieben Möglichkeiten dafür an, je nachdem, welche Produkte man gerade zur Hand hatte.[68] Auch das Gesicht konnte auf sieben verschiedene Arten gebleicht werden, und es gab sogar ein Rezept gegen Sonnenbrand. Für die so erstrebenswerten rosigen Wangen konnte man ein Rouge aus Rotholz, Rosenwasser und Alaun auftragen.[69] Sie wollen den roten Honigmund aus den Träumen eines Mannes? Nun, dann mischen Sie Honig mit Gurke und Rosenwasser und kochen das Ganze, bis es stark reduziert ist.[70] Ob es den Männern nun gefiel oder nicht – irgendwie versuchten die Frauen, den Standards zu entsprechen, die die Männer gesetzt hatten.

Auch in Bezug auf die Kosmetik gab es natürlich Unterschiede zwischen den Schichten. Die Frauen, denen es vielleicht noch gelang, sich eine natürlich weiße Haut zu bewahren, arbeiteten im Haus. Auf dem Lande schufteten die Frauen bei jedem Wetter und ohne Lichtschutzfaktor draußen. Ein perfekt schneeweißer Teint lag für die meisten daher außerhalb aller Möglichkeiten – sie mussten Kühe melken, Hühner füttern und Ernten einbringen. Wenn man also Hautbleiche verdammte, drängte man damit nicht nur eine angebliche moralische Schwäche zurück, sondern auch arme Frauen, die ihren Platz in der Gesellschaft nicht kannten.

Schon die moralische Panik in Bezug auf färbende Kosmetika wirkt ja ein bisschen extrem, aber sie war nicht die größte Sorge der Männer, wenn es darum ging, dass Frauen ihr Aussehen veränderten. Diesen ersten Platz nahm die Enthaarung ein, gegen deren moralische Gefahren Dutzende Männer in glühendem Zorn anschrieben. Es ging ihnen nicht so sehr um die Beine und Unterarme, sondern vielmehr um das Gesicht.

Die gebogenen Augenbrauen und breiten, klaren Stirnpartien waren ein sehnsüchtiger Wunsch, und deshalb hatten Männer solche Angst, dass sie durch Tricks und Kniffe entstanden.

Der Chevalier de La Tour Landry hatte entsprechend für seine Töchter Geschichten über die Gefahren eines sauber gezupften Gesichts in petto. Er erzählte die Geschichte eines Ritters, dessen Ehefrau gestorben war. Er trauerte sehr um sie. Um mit ihr in Verbindung zu treten und sicher zu sein, dass ihre Seele Ruhe gefunden hatte, finanzierte der Ritter einen Eremiten, der für ihre Seele beten sollte. Der gewissenhafte Eremit kam dieser Aufgabe für die tote Ehefrau so intensiv nach, dass ein Engel ihm eine Vision von ihr im Jenseits gewährte – und überraschenderweise wurde sie von Dämonen gefoltert:

> Er sah, dass ein Dämon sie am Haar und an den Zöpfen mit einer seiner Klauen festhielt, wie ein Löwe seine Beute hält, … und dann stieß er Dolche und brennende Nadeln in ihre Augenbrauen und ihre Stirn bis zu ihrem Gehirn, und die arme Seele schrie jedes Mal laut auf, wenn er den brennenden Dolch hineinstieß … und nachdem sie dieses Martyrium erlitten hatte, das sehr lange andauerte, kam ein anderer überaus grässlicher Dämon, der lange hässliche und scharfe Zähne hatte, um sie am Gesicht zu packen und es zu mahlen und zu kauen, und danach kam er mit großen Feuerbränden, um sie zu verbrennen und sie so entsetzlich und schmerzhaft in ihr Gesicht zu stoßen, dass der Eremit vor Angst und Abscheu am ganzen Leib zitterte.[71]

Und warum wurde sie gefoltert? Sie hatte sich überall dort, wo ein Dämon jetzt mit einem Dolch auf sie einstach, ein Haar ausgezupft, eine Strafe, die der Engel als »wohlverdient« einordnete. Kein Wunder also, dass der besorgte Chevalier seine Töchter vor der Narrheit warnte, ihrer Schönheit nachzuhelfen, um gesellschaftlichen Erwartungen zu genügen.

Selbst Menschen, die sich um die religiösen Folgen für Frauen, die sich die Augenbrauen zupften, wenig Sorgen machten, spotteten über diese Praxis. Wie Chaucer hervorhob, waren die Brauen von Alisoun, der Schönheit in der »Erzählung des Müllers«, »schmal gezogen / schwarz wie die Schlehen, lang und leicht gebogen«.[72] Das verwies darauf, dass Alisoun von niederem Stand war, denn eine natürliche Schönheit hätte es nicht nötig gehabt, sich die Brauen zu zupfen, und eine Frau aus einer besseren Familie wäre so erzogen worden, dass sie über solchen Eitelkeiten stand. Es war so, als würde man heute zu viel Selbstbräuner tragen oder seine Augenbrauen zu stark nachziehen. Alisoun war vielleicht gut für ein kurzes Techtelmechtel oder eine unbeschwerte Kneipengeschichte, aber sie war nicht die klassische Schönheit, die sie sein wollte.

Auch Kleriker äußerten sich besorgt über die Entfernung von Körperhaaren. In einem Beichtführer des 15. Jahrhunderts instruierte Antoninus, Erzbischof von Florenz, seine Priester, eine Frau im Beichtstuhl zu fragen, ob sie »jemals ihren Hals, Augenbrauen oder Bart gezupft hat, denn dies ist eine Todsünde«.[73] Die katholische Kirche bestätigte also, dass die Haarentfernung, wie der Chevalier geschrieben hatte, eine sündige Praxis war, die in die Hölle führen konnte.

Religiöse Männer warnten vor dem Epilieren, Ärzte dagegen theorisierten, dass haarige Frauen womöglich ungesund seien. Das Haarwachstum galt als ein Nebenprodukt unreiner Säfte, die in der Leber entstanden. Männer verarbeiteten diese Säfte durch das exzessive Wachstum von Körperbehaarung, während Frauen sich eigentlich durch die Menstruation von ihnen reinigen sollten und daher weniger haarig waren als Männer. Jede Frau mit einer als übermäßig empfundenen Gesichtsbehaarung riskierte daher, dass man annahm, sie habe einen giftigen Schoß. Wie der Historiker John Block Friedman dargelegt hat, liefen Frauen, die pflichtschuldigst dem Ratschlag folgten, ihre Gesichtshaare nicht zu entfernen, Gefahr, »als schlechte Heiratskandidatinnen« gesehen zu werden, »weil sie wahrscheinlich unfruchtbar waren und ein Potenzial für dominantes Verhalten aufwiesen«.[74]

Und so war trotz der Einwendungen der Religion die Haarentfernung unter Frauen üblich, was manchmal auch eine reale Gefahr für ihre Gesundheit darstellte. Um die so beliebte hohe Stirn und die gebogenen Augenbrauen zu bekommen, bot die *Trotula* Frauen Rezepte für Enthaarungsmittel mit Bestandteilen wie Ätzkalk an. Es wurde sogar eingeräumt, dass solche Pasten, sofern man sie zu lange auf dem Gesicht trug, zu »übermäßiger Hitze« und Hautverbrennungen führen konnten. Für Frauen, die sich so verletzten, riet das Werk zu linderndem Rosen- oder Veilchenöl oder dem Saft des Hauswurzes.[75] Dass Enthaarungscremes schädlich sein konnten, bezeugt auch Arnald von Villanova (1240–1311), ein Arzt, der empfahl: »Falls das Gesicht der Dame sich aufgrund der Stärke des Enthaarungsmittels schälte, rau wurde oder Pusteln zeigte, sollte sie es mit einer Mischung aus Hahnenblut, Honig und Kampher waschen.«[76] Wenn der Einsatz von Kosmetika zu chemischen Verbrennungen führen konnte, wundert es nicht, dass der Chevalier de La Tour Landry warnte, sie könnten das Gesicht einer Frau im Laufe der Zeit entstellen.

Außer Schminke konnten die Frauen auch noch auf die Mode zurückgreifen, um ihr Aussehen und ihren Körper positiv zu formen. Mode ist für uns schwerer zu verstehen, da sie von Natur aus immer im Fluss ist. Die mittelalterlichen Schönheitsideale für Gesichter können wir eindeutig erkennen, doch es ist sehr viel schwerer, mit Gewissheit zu sagen, was ein ganzer Kontinent mehr als ein Jahrtausend lang modisch erstrebenswert fand. Die Mode verändert sich als ein Kennzeichen von Geschmack und Distinktion, damals wie heute. Und die Tatsache, dass die mittelalterlichen Ökonomien von Venedig, Gent, Florenz und London auf der Textilproduktion aufbauten, bedeutete, dass die Menschen auf die Nachfrage nach neuen Stilen eingestellt waren.

Dies vorausgeschickt, können wir einige mittelalterliche Modeströmungen anhand von Kunst, literarischen Beschreibungen und schließlich spätmittelalterlichen »Kostümbüchern« aufspüren, die vorgaben, die gerade aktuelle Mode an verschiedenen Orten abzubilden. Literarische Werke des Mittelalters beschrieben immer häufiger, was die Menschen und deshalb auch ihre literarischen Protagonist:innen trugen. Daher können wir einige allgemeine Aussagen machen. Vor dem zwölften Jahrhundert trug frau am liebsten, was besonders leicht zu nähen war, und verschönerte es dann mit aufwendigen Details. Im Laufe der Zeit wurden die Schnitte jedoch immer komplexer, und im zwölften Jahrhundert lag die Kleidung enger an der Brust an, zeigte die Körperformen deutlicher und hatte weite Schleppenärmel. Das 13. Jahrhundert sah engere Armlöcher, regelmäßige dekorative Schnitte in den Stoff, sogenannte Schlitze, und ärmellose Überwürfe über langärmligen Tuniken oder Kleidern. Im 14. Jahrhundert hatten die meisten Kleider kürzere Ärmel, aber längere Säume mit einer Art Schleppe hinten.[77]

Im Laufe der Zeit kam es zu unzähligen Veränderungen in der weiblichen Mode, doch einige Dinge blieben gleich. Frauen bevorzugten durchgehend Kleidung, die den idealen birnenförmigen Körper betonte. Selbst die T-förmigen Kleidungsstücke des elften Jahrhunderts wurden knapp unter der Büste gerafft, um die ideale schmale Taille und den übertriebenen Bauch zu betonen. Das 14. Jahrhundert sah ein Interesse an Schlitzen oder eingeschnittenen Details und Raffungen, das die Aufmerksamkeit auf die breiten Hüften zog. Frauen im späten 14. und frühen 15. Jahrhundert zeigten viel Schulter, um ihre milchige Weißheit zu betonen. Die andere Mode-Konstante war, dass Männer sich aufregten, weil sich Frauen für so etwas interessierten.

Dass Frauen sich Gedanken über ihre Kleidung machten, war eine ebenso existenzielle Bedrohung für sie wie ihr Interesse an Kosmetik. Nehmen wir Darstellungen der Hure Babylon, die wie Isebel als eine existenzielle Warnung vor Eitelkeit im Buch der Offenbarung auftaucht. Offenbarung 17,5 identifiziert sie hilfreich als »die Mutter der Huren und aller Abscheulichkeiten der Erde«[78]. Sie reitet am Ende der Welt das siebenköpfige Tier, trunken vom Blut der Heiligen und todschick gekleidet. Johannes von Patmos schrieb, sie trage Purpur und Scharlachrot (zwei Farben, die besonders schwer und kostspielig herzustellen waren) und sei mit Gold, Edelsteinen und Perlen geschmückt, ein Bild, dem mittelalterliche Künstler gern ihren persönlichen Stempel aufdrückten.

Wenn biblische Warnungen nicht ausreichten, konnten literarische Verurteilungen hilfreich sein. Bücher der Laster und Tugenden waren eine beliebte Literaturform, die katalogisierte, was ideale Christen besser mieden bzw. anstrebten. Sie mahnten ihre Leserschaft, dass viele feine Damen trotz eines Lebens in Tugend und Wohltätigkeit oft nach dem Tod überrascht waren, sich wegen ihrer modischen Vorlieben in der Hölle wiederzufinden. »Sicherlich sündigen sie überaus schwer, denn sie sind die Ursache für den Verlust vieler Seelen, und der Grund dafür, dass viele Männer tot sind und in große Sünde

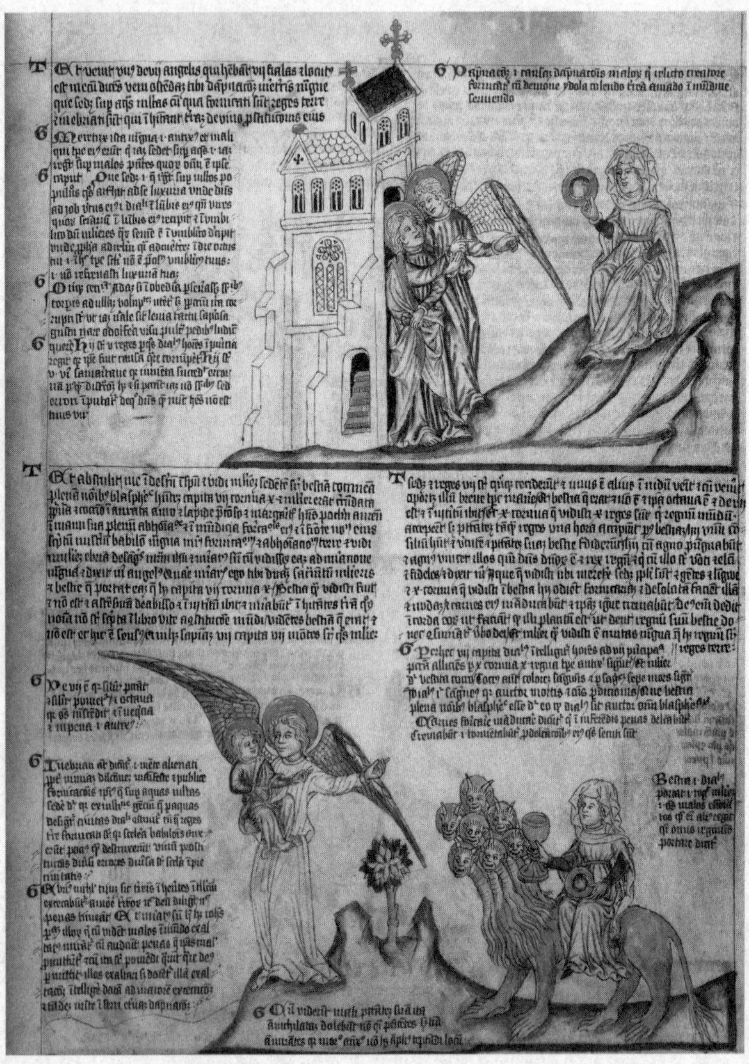

Die Hure Babylon, mit Spiegel und Kelch in den Händen auf dem siebenköpfigen Tier reitend, aus der »Wellcome-Apokalypse«, um 1420, Wellcome Collection, London.

stürzen … ›Denn sie hat kein Glied an ihrem Körper, das kein Grinsen des Teufels ist‹, wie Salomo sagt, und deshalb müssen sie sich am Tag des Jüngsten Gerichts für all die Seelen rechtfertigen, die ihretwegen verdammt sind.«[79]

Als der Schwarze Tod im 14. Jahrhundert in ganz Europa wütete, waren viele entsprechend schnell bereit, die Ursache der Pest in einem übermäßigen Interesse an modischer Kleidung bei Männern wie bei Frauen zu sehen, für das Gott die Welt strafte. Ein unbekannter Mönch schrieb in seinem *Westminster Chronicle*, dass die Seuche in die Welt geschickt worden sei, weil »die Frauen sich in diesen und anderen Dingen noch bereitwilliger im Strom der Mode treiben ließen und Kleider trugen, die so eng waren, dass sie hinten einen Fuchsschwanz in ihren Röcken befestigten, um ihren Hintern zu bedecken. Die so bekundete Sünde des Stolzes muss sicher Unglück in der Zukunft bringen.«[80]

Selbst freundlichere Texte wie Christine de Pizans *Stadt der Frauen* warnten ihre Leserschaft, dass wohlgesinnte Frauen sich auf gefährlichem Grund bewegten, wenn sie sich der Mode zuwandten. In einem Gespräch erzählt die Verkörperung der Rechtschaffenheit Christine, dass manche Frauen, wie auch manche Männer, von Natur aus prädisponiert seien, Freude an »aufwendiger Kleidung« zu haben. Es sei daher eigentlich nicht ihr Fehler, wenn sie Probleme hätten, der Mode zu widerstehen.

Für manche Frauen allerdings war es unabdingbar, dass sie sich gut kleideten. Von den Frauen bei Hofe erwartete man dies, und wer nicht in der Lage war, einen angemessenen Kleidungsstatus aufrechtzuerhalten, wurde als Hofdame nicht ernst genommen und lief Gefahr, den Hof verlassen zu müssen. Leider konnten die Kosten für solche Hofkleidung, besonders im Spätmittelalter, die Aspirantinnen auch in den Ruin treiben.[81] Anne Basset (1520–vor 1558), eine junge englische Lady, die für längere Zeit in die adlige Familie de Riou an die Somme geschickt wurde, bat ihre Mutter flehentlich um neue und aufwendigere Kleidung: »Madame, ich bitte Euch eindringlich, dass ich, wenn ich den Winter in Frankreich verbringen soll, einige neue Kleider bekomme, um ihn zu überstehen, da ich keine Kleidung für jeden Tag habe. Madame, … es sind hier so viele kleine, nichtige Dinge notwendig, die man in England nicht braucht.«[82]

Nun könnte so ein Brief auch einfach nur die theatralische Bitte einer Tochter im Teenager-Alter um hübschere Kleider gewesen sein – auf jeden Fall aber spiegelte er die Realität für Frauen bei Hofe wider. Frauen übernahmen in adligen Häusern nicht nur kleinere Aufgaben, sondern dienten auch als Schmuck. Sie sollten schön sein und sich schön kleiden – um gesehen zu werden und zu beweisen, dass die Familie, bei der sie sich aufhielten, tatsächlich sehr fein war. In diesen Situationen war es ja ganz gut und schön zu sagen, dass Frauen sich um ihre Kleidung keine Gedanken machen sollten – in Wirklichkeit hing ihre Position eben doch von einer modischen Garderobe und vom Stil einer vornehmen Dame ab.

Das Streben des Adels nach eleganter Mode war ein Weg, den eigenen Platz in der Gesellschaft zu unterstreichen, und insgesamt eine Übung in Prestigekonsum. Kleidung aus Goldbrokat oder rotem Samt zu tragen, die selbst die Reichsten in den Bankrott treiben konnte, war eine Möglichkeit, den eigenen Status zu betonen. Und lächerlich aufgetakelte Kleidung, die bei schwerer Arbeit ständig im Weg wäre, sollte allen zeigen, dass der Träger oder die Trägerin keine körperliche Arbeit leisten musste. Die hochhackigen Schuhe, für die die reichen Frauen in italienischen Stadtstaaten kämpften, hatten auf dem Bauernhof nichts zu suchen. Der Schlamm hätte die wunderhübschen Schühchen sofort ruiniert, und man brauchte vernünftiges Schuhwerk, wenn man den ganzen Tag auf den Beinen war. Deshalb trugen Bauersfrauen schwere hölzerne Überschuhe. Ob bewusst oder nicht, bildete die Kleidung die Gesellschaftshierarchie nach. Ein armes Mädchen konnte vielleicht schön zur Welt gekommen sein, aber sie war wohl kaum in der Lage, sich wie eine Schönheit zu kleiden.

Wohlhabende Frauen steckten dagegen in einer ständigen moralischen und sozialen Zwickmühle, wenn es um ihre Kleidung ging. Sie mussten zeigen, welchem Teil der Gesellschaft sie angehörten, durften aber nicht in die Sündhaftigkeit abgleiten. Wahrscheinlich machten sich manche gut gekleideten Frauen einfach keine Gedanken über die religiösen Rufe nach nüchterner Schlichtheit. Die Warnungen in Büchern über Tugenden und Laster und in der *Stadt der Frauen* zielten darauf, diese zügellosen Modefans zu überzeugen. Eher spirituell angehauchte Frauen dagegen verzichteten bewusst auf aufgehübschte Schnitte und bunte Farben und zeigten ihren Status durch die Qualität des Stoffes und der Nähte sowie durch Kleider mit weiten Ärmeln und langen Schleppen, die körperliche Arbeit ausschlossen. Extreme Fälle, besonders wohlhabende Frauen, die hofften, Heilige zu werden, lösten diese Quadratur des Kreises, indem sie heimlich grobe und juckende härene Hemden unter ihrer feinen Kleidung trugen. So kamen sie den gesellschaftlichen Erwartungen entgegen und bestraften sich gleichzeitig dafür.

Von bestimmten Frauen erwartete man also, dass sie sich gut kleideten, viele andere aber wurden davon abgehalten. Vor allem im Spätmittelalter wurden Kleiderordnungen erlassen, um sicherzustellen, dass sich die Frauen nicht über ihrem Stand kleideten. Diese Gesetze sollten übermäßige Ausgaben verhindern, da das Geld doch stattdessen zu besseren, wohltätigeren

Zwecken eingesetzt werden konnte. Tatsächlich aber wurden sie genutzt, um sicherzustellen, dass die Menschen der niederen Stände nicht irrtümlich zum Adel gezählt wurden oder »adlig lebten« (*vivre noblement*).[83] Üblicherweise bestimmten die Regularien, dass die unteren sozialen Stände keinen Samt und keine Seide tragen durften. Bestimmte Farben wie Grün und Purpur waren manchmal den oberen Schichten vorbehalten, feine Pelze wie Hermelin nur bei Hofe erlaubt. Manche Kleiderordnungen regulierten ganze Kleidungsstile. In Brügge im heutigen Belgien, wo reiche Bürger einen verhältnismäßig protzigen Lebensstil pflegten, verboten Luxusgesetze Nichtadligen das Tragen von »Wämsern, ausgefallenen doppelspitzigen Kopfbedeckungen und Leibröcken etc.«.[84]

Die Frauen hielten sich nicht unbedingt an solche Beschränkungen. In Bologna setzte Kardinal Giovanni Bessarione (um 1400–1472) im Jahr 1453 ein Gesetz durch, um die Frauenmode zu beschränken, woraufhin Nicolosa Sanuti (†1505), eine Matrone aus einer reichen Kaufmannsfamilie, eine Abhandlung verfasste, in der sie den »Bologneser Papstlegaten« aufforderte, »den Frauen ihren Schmuck zurückzugeben«.[85] Andere Frauen taten sich zusammen und bestanden darauf, dass elegante Mode für verheiratete Frauen vonnöten sei, um ihre Ehemänner zu erfreuen, die ihre Frauen gern geschmückt sehen wollten, wie auch für unverheiratete Frauen, um ihr Aussehen zu verbessern, sodass sie einen Mann in die Ehe locken könnten.[86]

Dass es Kleiderordnungen und Luxusgesetze gab, zeigt schon, dass die Herrschenden eifersüchtig über den Zugang zu feiner Kleidung wachten. Aber auch die Frauen, die sich gegen rechtliche Beschränkungen ihrer Modeentscheidungen wehrten, entstammten den höheren Gefilden der Gesellschaft. Die Kaufmannsfrauen, die gebildet genug waren, um Verteidigungsschriften zugunsten ihrer Modeentscheidungen zu verfassen, und die das Geld hatten, sich die hochhackigen Schuhe zu den Schleppenkleidern zu kaufen, die die Luxusgesetze verboten, waren zweifellos reich, auch wenn es ihnen an adliger Abstammung mangelte. Dass diese Frauen Geld hatten, zeigt sich auch in den Reaktionen, die sie auf ihre Beschwerden hin ernteten. Während die Gesetze an sich nicht aufgehoben wurden, erlaubten die Herrscher den Frauen, eine Art Freibrief zu erwerben, um weiterhin kostbare Kleidung tragen zu dürfen.[87] Selbst wenn Frauen einfacher Herkunft sich die Kleider leisten konnten, die als attraktiv galten, hatten sie vermutlich nicht genug Geld, um die Erlaubnis, sie zu tragen, zu bezahlen.

All diese Verurteilungen von Frauen, die es wagten, sich für ihr Aussehen zu interessieren, scheinen vielleicht ein bisschen übertrieben. Es ist schließlich nur Mode. Doch das Interesse einer Frau an Kosmetik, Parfüm, gezupften Augenbrauen und Kleidung zeigte nicht einfach ein unschickliches Interesse an der eigenen Person, sondern verwies auf tödliche Sünden. Die sieben Todsünden wurden als besonders lästige Verstöße wahrgenommen, weil sie anderen Unsittlichkeiten Vorschub leisten konnten. Daher galten sie als besonders »todbringend« für die Seele, man nahm an, dass sie in die Verdammung führten. Etwas Besonderes waren sie auch, weil sie durch das Temperament eines Menschen gefördert wurden. Wer sich ihnen hingab, hatte deshalb ganz offensichtlich etwas Unausgeglichenes in seinem oder ihrem Charakter.

Mit dem Interesse der Frauen an ihrem Aussehen war vor allem die Sünde der *superbia* verknüpft, was wir oft mit »Stolz« übersetzen, was aber auch »Eitelkeit« bedeuten kann. Eitelkeit war eine Sünde, weil eine Frau, die sich verstärkt ihrem irdischen und äußeren Erscheinungsbild widmete, ihre unsterbliche Seele und ihre religiösen Pflichten vernachlässigte. Mehr noch: Die Eitelkeit, die eine Frau dazu brachte, ihr natürliches Aussehen mithilfe von Pinzetten und Kosmetika zu manipulieren, war ein Affront gegen Gottes Plan. Eitle Frauen vermittelten Gott, dass sie etwas besser konnten als er, und das war völlig inakzeptabel. Stolz auf das eigene Aussehen war außerdem problematisch, weil eine Frau, die sich ihm hingab, unausweichlich in den Herzen anderer eine weitere Todsünde weckte: Wollust oder *luxuria*. Frauen, die Kosmetika einsetzten und sich modisch kleideten, die sich insgesamt um ihr Aussehen bemühten, schürten bestenfalls die Begierde der Männer und hegten schlimmstenfalls ein eigenes Interesse an zügellosem Sex. Chaucers Beschreibung seiner Schönheit deutete an, dass sie bereit war, mit praktisch jedem außer ihrem Ehemann ins Bett zu gehen. Offener Narzissmus führte zu offen sexuellen Handlungen und schürte wiederum Wollust in den Herzen jener, die sich daraufhin zu einer Verfehlung verführen ließen. Es war eine Sünde, die sich aus sich selbst heraus ausbreitete und immer mehr unschuldige Seelen in die Verdammnis führte.

Insgesamt war die mittelalterliche bessere Gesellschaft lange damit beschäftigt, sich ein Schönheitsideal für Frauen zurechtzulegen, das nur wohlhabende Frauen überhaupt erreichen konnten, und es dann mit aller Macht für sich zu reklamieren, wenn normale Frauen versuchten, ihm nahezukommen. Bei jeder Gelegenheit bekamen die Frauen zu hören, dass sie schön sein mussten, um begehrenswert, liebenswert und heilig zu sein. Dann aber wurde der Versuch, diesem strengen Standard zu entsprechen, besonders, wenn man arm war, als Sünde und manchmal als illegal bezeichnet. Die Kirche brachte Frauen in eine unmögliche Zwickmühle: Sollten sie, wenn sie nicht mit einem Aussehen geboren wurden, das dem gängigen Schönheitsideal entsprach, ihren Status verlieren und womöglich unverheiratet bleiben? Oder sollten sie nachhelfen, um jenem anspruchsvollen Standard näherzukommen, selbst wenn das bedeutete, dass sie womöglich eine Ewigkeit in der Hölle erwartete?

3

Wege der Liebe

Die Aussage, dass unsere eigene Gesellschaft dem Thema »Beziehungen und Sex« ambivalente Gefühle entgegenbringt, ist noch stark untertrieben. Unser angespanntes Verhältnis zu Konzepten von Sexualität und Liebe hat dazu geführt, dass Sexualität erst vor nicht allzu langer Zeit als Forschungsgebiet anerkannt wurde, ob es nun um historische, psychologische oder sogar biologische Fragen zu diesem Bereich geht. Leider können sich Teile der Gesellschaft diesem Thema noch immer kaum ohne ein verschämtes Kichern nähern. Dieser kollektive Widerwille, einen nüchternen Blick auf unsere Sexualität zu werfen, führt auch dazu, dass manche glauben, Sex sei in den 1960ern zum Zeitvertreib erfunden worden.

Wer immer noch dieser Vorstellung anhängt, wird sich freuen zu erfahren, dass sich dieses Kapitel auf mittelalterliche Vorstellungen zu Frauen, Sexualität und Liebe konzentrieren wird. Anders als wir mit unserer modernen Abneigung, über Sexuelles nachzudenken und darüber zu reden, waren mittelalterliche Denker weit weniger von solchen Skrupeln geplagt. Sexualität war ein Thema lebhafter Diskussionen unter Theologen, Philosophen, Ärzten und Dichtern. Sie regte eigene – überaus beliebte – literarische Genres an und war eine tragende Säule von Eheratgebern. Tatsächlich galt Sexualität sogar als der eigentliche Kern mittelalterlicher Konzepte von Weiblichkeit, weil allgemein angenommen wurde, dass Frauen mit einer unglaublichen, unersättlichen und überwältigenden sexuellen Gier ausgestattet seien.

Um dies zu verstehen, müssen wir dort anfangen, wo nach christlicher Vorstellung alles begann: im Garten Eden.

Theologie und Sexualität

Wie wir gesehen haben, hielten die Theologen des Mittelalters Sex an und für sich für sündig, weil er mit dem Dogma der Erbsünde verbunden war. Das soll nicht heißen, dass es im Garten Eden überhaupt keinen Sex gegeben hätte. Schließlich hatte Gott Adam und Eva befohlen: »Seid fruchtbar und mehret euch«, und dazu hatte er keinen anderen Weg als Sex vorgesehen. Schon bevor Adam und Eva wussten, dass sie nackt waren, konnten sie miteinander schlafen – so weit waren sich alle einig. Der große Unterschied lag darin, dass sie vor dem Sündenfall zwar Sex hatten, aber nicht *sexy* waren.

Augustinus widmete sich der Betrachtung des Sex im Garten Eden und wies nachdrücklich darauf hin: »Durch denselben Willensantrieb wären die fraglichen Glieder bewegt worden wie die übrigen, und ohne den Stachel brünstigen Begehrens, in voller Ruhe des Geistes und des Körpers.« Wenn sich Adam und Eva mit anderen Worten fortpflanzen wollten, steuerten sie ihre Genitalien einfach mit ihrem Willen, etwa so, wie wir beschließen, unsere Arme oder Beine zu bewegen. Sie hätten also vor dem Sündenfall unschuldigen Sex haben können, als plötzlich »die Sünde dazwischenkam und sie aus dem Paradiese vertrieb, noch ehe sie zum Werk der Erzeugung von Nachkommen sich ruhigen Geistes zusammentaten«.[1] Der Kirchenrechtler Gratian (um 1101–1159) pflichtete Augustinus bei, indem er in seinem *Decretum* feststellt: »Die erste Einsetzung der Ehe geschah im Paradies, auf solche Art, dass es dort ›ein unbeflecktes Bett und Ehe in Ehren‹ [Hebräer 13,4] gegeben hätte, was zur Empfängnis ohne Leidenschaft geführt hätte.«[2] Er will damit sagen, dass Adam und Eva vor dem Sündenfall so unschuldig und friedlich waren, dass sie nie wirklich zu solchem gesunden, nicht lustvollen Sex kamen.

Stattdessen aßen sie, wie wir alle wissen, vom Baum der Erkenntnis und erkannten ihre Nacktheit – und damit änderte sich alles. Natürlich war bei dieser ganzen Sache mit der Nacktheit wichtig, dass Adam und Eva deswegen Scham fühlten und sich mit Feigenblättern bedeckten. Augustinus war der Ansicht, bei dieser Scham sei es nicht einfach darum gegangen, dass sie keine Kleider anhatten, sondern darum, dass es sie *erregte*, nackt zu sein. In seinen Worten: »Sie richteten ihre Augen auf ihre Geschlechtsteile und begehrten sie mit jener erregenden Bewegung, die sie zuvor nicht gekannt hatten.«[3] Da sie ihre Genitalien nicht mehr vollkommen unter Kontrolle hatten, waren Adams und Evas Körper so ungehorsam, wie sie selbst es gegenüber Gottes Geboten gewesen waren. Augustinus schrieb dazu:

> Es schämt sich also die menschliche Natur ohne Frage der Wollust, und das mit Recht. Denn deren Widerspenstigkeit, die die Geschlechtsglieder ausschließlich den eigenen Regungen unterwarf, dagegen sie der Verfügung des Willens entzog, zeigt hinlänglich, was der erste Ungehorsam des Menschen ihm eingetragen hat, und das musste sich vor allem an dem

> Körperteil offenbaren, vermittels dessen die Natur sich fortpflanzt, die durch jene erste und schwere Sünde zu Schlechterem verkehrt wurde.[4]

Geschlechtsverkehr war eine in sich sündige Handlung und im Denken der Theologen vor allem mit Frauen verbunden. Da Eva sich hatte verführen lassen, vom Baum der Erkenntnis zu essen, war es ihr Fehler, dass die Menschen gemerkt hatten, wie erotisch ihre Geschlechtsteile waren. Evas Versuchung wurde oft in sexuellen Begriffen diskutiert. So erklärt Paulus in 2. Korinther 11,3, dass »die Schlange Eva mit ihrer List verführte«, ein Satz, den Augustinus später verwendete, um das Konzept der pervertierten Liebe zu illustrieren, die von Besitzgier und Wollust befleckt war.[5] Ambrosius (um 340–397), ein Theologe und Bischof von Mailand, stimmte zu und erklärte: »Hätte Eva diese Vorschrift der Schweigsamkeit beachtet, so wäre Adam nicht verführt worden, und sie selbst hätte auf die listige Frage der Schlange nicht geantwortet. Eva aber schaute hin auf die Frucht, und so trat der Tod durch die Augen ein in ihre Seele, als sie der Schlange antwortete.«[6]

Selbst in ihrem vollkommenen Zustand im Paradies waren Frauen einfach empfänglicher für Verführung und sexuelle Verdorbenheit. Und Eva als das Rollenvorbild aller Weiblichkeit gab ihr unziemliches Interesse an der Sexualität an alle Frauen weiter und machte sie so für die sündhafte Natur des Geschlechtsverkehrs verantwortlich.

Zudem galten Frauen als von Natur aus lüstern, weil diese Sünde so unlogisch war. Angeblich waren Frauen unfähig zu jenem rationalen und logischen Denken, das Männer leisten konnten, und gaben daher den Trieben ihrer Geschlechtsorgane eher nach. Männer hatten die Fähigkeit, sich zu beherrschen und sich der sündigen Natur solcher Regungen zu stellen.

Frauen aber waren schwache und niedere Geschöpfe, denen es an der Fähigkeit zu disziplinierter Selbstkasteiung mangelte. Vielmehr ließen sie sich von ihren Leidenschaften lenken und waren ebenso ungehorsam wie Eva – sie alle hätten sich den Versuchungen der Schlange hingegeben.

Weil Sex sündig war, glaubte man, dass der ideale Mensch – ob nun Mann oder Frau – überhaupt keinen Sex habe. Das Bestmögliche, das die Menschen tun konnten, war, sich Gott und der religiösen Kontemplation zu weihen und alle lüsternen Gedanken zu meiden. Deshalb mussten die Kleriker als Gottes Diener auf Erden zölibatär leben. Doch der Zölibat der Geistlichen hatte nicht immer zum Christentum gehört. Die Synode von Elvira am Beginn des vierten Jahrhunderts hatte die Regel aufgestellt, dass »Bischöfe, Presbyter, Diakone und andere mit einer Stellung im kirchlichen Dienst« sich »ganz des sexuellen Verkehrs mit ihren Ehefrauen und der Zeugung von Kindern enthalten« sollten oder Gefahr liefen, aus dem Klerus entfernt zu werden.[7] Diese Bestimmung war allerdings heiß umstritten, und die Ostkirche legte sie oft so aus, dass ein Geistlicher nach seiner Ordination nicht heiraten dürfe. Wenn jedoch ein Mann schon verheiratet war, bevor er die heiligen Weihen empfing, konnte er dennoch ein Mitglied des Klerus werden. Selbst im Westen waren viele Geistliche verheiratet. Im Jahr 1123 verkündete das Erste Laterankonzil jedoch: »Presbytern, Diakonen und Subdiakonen verbieten wir strikt die Hausgemeinschaft mit Konkubinen und Ehefrauen; ebenso das Zusammenleben mit anderen Frauen« und »Konkubinen zu haben und Ehen zu schließen«.[8] 16 Jahre später bestätigte das Zweite Laterankonzil die Regel, und danach wurden die Menschen aufgefordert, keine Messen mehr bei verheirateten Klerikern zu hören.

Der Widerstand gegen Ehe und Sex in der Geistlichkeit war mit dem theologischen Konzept der Keuschheit als dem höchsten dem Menschen möglichen Zustand verbunden. Keuschheit war lobenswert, weil sie bedeutete, dass man seinen ungehorsamen Leib im Griff und den Fluch der Erbsünde überwunden hatte. Und sie hatte zusätzliche Vorteile, etwa, dass man sich von der normalen Welt löste. Priester, Mönche und Nonnen mussten Keuschheitsgelübde ablegen, aber auch bei vielen Laienorden und häretischen Bewegungen waren sie eine beliebte Option. In den spektakulärsten Fällen beförderten sie eine Person zur Heiligkeit des Märtyrertums. Wie wir in Kapitel 2 gesehen haben, zogen die gefeierten jungfräulichen Märtyrerinnen – etwa die heilige Agatha, die heilige Lucia und die heilige Barbara – die Keuschheit und den Tod dem Leben mit Geld und Sex vor.

Gleichzeitig galten sie auch als einige der sexuell attraktivsten Frauen, gerade *weil* sie einerseits schön waren und andererseits der Fleischeslust widerstanden. Darstellungen dieser prunkvoll gekleideten Frauen sahen Männer wie der angeekelte Protestant in Kapitel 2 in der Kirche, was die Situation für sie noch verwirrender machte.

Die Theologen waren so darauf aus, die theoretische Reinheit des Zölibats zu wahren, dass sich eine ganze Kategorie gelehrter Debatten um das Konzept »nächtlicher Ergüsse« oder »nächtlicher Befleckungen«, also um feuchte Träume drehte. Wie das Wort *Befleckung* schon anzeigt, galt Sex als so sündig, dass selbst der unwillkürliche Samenerguss ohne Partner:in besorgniserregend war. Im 15. Jahrhundert meinte allerdings Jean Gerson (1363–1429), ein Prediger und Humanist, in seinem Traktat *De pollutione nocturna* (*Über die nächtliche Befleckung*), dass Priester, die nächtliche Samenergüsse erlebt hätten, nicht im Zustand der Sünde seien und in gutem Glauben die Messe zelebrieren dürften.[9] Dies stimmte mit der Meinung von Thomas von Aquin überein, der in der Mitte des 13. Jahrhunderts einen Abschnitt seiner *Summa Theologica* der Frage gewidmet hatte: »Ist nächtliche Befleckung eine Todsünde?« Er kam zu dem Schluss, dass die Vernunft und die Urteilskraft eines Mannes im Schlaf gehemmt seien und er daher kaum Möglichkeiten habe, eine Ejakulation zu unterbinden.[10]

Leider war Sex aber nun einmal notwendig, wie alle, die sich mit den Feinheiten sexueller Sünde beschäftigten, auch bereitwillig einräumten. Gerade weil Adam und Eva aus dem Garten Eden vertrieben worden waren, nachdem sie sexuelle Erregung verspürt hatten, konnten sie sich der ganzen »Seid fruchtbar und mehret euch«-Sache nicht verweigern. Die Menschen hatten die Aufgabe bekommen, die Erde weiterhin zu bevölkern und neue Christen hervorzubringen, die Gott anbeteten. Sex war sündig, doch wenn die menschliche Gattung weiterbestehen sollte, musste er *akzeptabel* werden. Und da kam das Sakrament der Ehe ins Spiel.

Die Europäer:innen des Mittelalters bezogen sich auf den ersten Korintherbrief 7,9, um Sex in der Ehe zu rechtfertigen: »Es ist besser zu heiraten als [in Begierde] zu brennen.« Das Wort *brennen* kann so gedeutet werden, dass es das Höllenfeuer meint. Anders gesagt: Wenn Sex sündig ist, du aber absolut nicht ohne ihn leben kannst, dann solltest du heiraten und deinen Sex dadurch heiligen. *Brennen* kann aber auch einen Bezug zu übermäßiger Begierde haben. Also: Wenn du als ein schwacher Sünder merkst, dass du immer wieder an Sex denkst, ist es besser, dass du heiratest, statt in Begierde zu brennen oder durch Verlangen abgelenkt zu werden. Die Ehe gibt dir ein erlaubtes sexuelles Ventil, und du kannst dich auf das Logische und Spirituelle konzentrieren und ein produktiveres und fokussierteres Leben führen.

Von einem theologischen Standpunkt aus war Sex in der Ehe zu billigen, weil die Ehe zuerst und vor allem ein Sakrament war. Mittelalterlichen Philosophen zufolge hatte Gott die Ehe eingesetzt. Doch auch dieser Sex unterlag noch immer Beschränkungen. Einfach nur zu heiraten, um die Gelüste nach jemandem zu befriedigen, war an und für sich schon Sünde. Schließlich hatte der Kirchenvater Hieronymus (um 342–420) schon im vierten Jahrhundert die Christen gewarnt: »Ein zu lüsterner Liebhaber ist ein Ehebrecher mit der eigenen Frau.«[11] Der Kirchenrechtler Wilhelm von Pagula (†1332) milderte diese Aussage mit den Worten, es könne akzeptabel sein, wenn ein Mann seine Ehefrau heiß begehre, vorausgesetzt, er habe sie nicht *vorrangig* aus sexueller Leidenschaft geheiratet.[12] Sich sexuell allzu sehr zu jemandem hingezogen zu fühlen, galt nie als eine gute Idee, und Gott wusste es, wenn man ein heiliges Gelübde ablegte, nur um den sexuellen Kitzel zu genießen.

Selbst wenn man sich als aufrechter Christ zu seinem Ehepartner kaum hingezogen fühlte, war Geschlechtsverkehr nur zu jenen Zeiten zu billigen, wenn man wirklich aktiv versuchte, Kinder zu bekommen. Ansonsten versuchte man sich nur um die Tatsache herumzudrücken, dass Sex eine Sünde war. Petrus Lombardus (um 1096–1160), Theologe und Bischof von Paris, betonte gerade diesen Punkt und erklärte: »Wenn diese guten Dinge fehlen, nämlich Treue und Nachkommen, scheint Geschlechtsverkehr nicht davor geschützt, ein Verbrechen zu sein.«[13] Und selbst wenn sie versuchten, schwanger zu werden, durften verheiratete Paare nur so wenig Spaß wie möglich haben. Sex, ein notwendiges Übel auf dem Weg zu Kindern, musste oberflächlich sein. Augustinus drückte es so aus: »Wer aber, der ein Freund der Weisheit und heiliger Wonnen ist … möchte nicht lieber, wenn es möglich wäre, ohne Wollust Kinder erzeugen« – genau wie Adam und Eva es vor dem Sündenfall getan hätten (wenn sie dazu gekommen wären).[14]

Es war falsch, zu viel Spaß beim Sex zu haben, weil es die Menschen womöglich von der heiligen Mission, Kinder in die Welt zu setzen und sich fortzupflanzen, ablenkte und sie zur Beute der Wollust machte. Wenn es beim ehelichen Sex nur darum ging, sexuellen Gefühlen ein zulässiges Ventil zu bieten, war es einfach nicht angemessen, die ganze Zeit erregt und in Gedanken beim Sex zu sein und die reine Fortpflanzung darüber zu vergessen. Deshalb mussten Paare alles vermeiden, was die sexuelle Lust steigern konnte.

Für Thomas von Aquin gehörten dazu auch »lüsterne« Küsse und Liebkosungen über das hinaus, was für eine Fortpflanzung unbedingt nötig war, denn »wenn diese Küsse und Liebkosungen dieses Vergnügens wegen geschehen, folgt daraus, dass sie Todsünden sind, und nur auf diese Art gelten sie als lüstern«.[15] Thomas war auch der Überzeugung, dass man Sex in einem Spektrum von »rational« bis »irrational« kategorisieren könne und dass die Irrationalität zur Sündhaftigkeit beitrage.

Ein weiteres Problem mit Menschen, die zu viel Spaß am Sex hatten, bestand darin, dass sie womöglich das Verlangen entwickelten, dass ihr angemessener, auf Zeugung ausgelegter ehelicher Geschlechtsverkehr tatsächlich befriedigend sein sollte. Hieronymus warnte: Ein Übermaß an lustvollem Sex »entkräftet den Geist eines Mannes und beansprucht alles Denken nur für die Leidenschaft, die er nährt«.[16] Das war genau das Gegenteil dessen, was Theologen erreichen wollten. Deshalb war es so überaus wichtig, dass verheiratete Paare versuchten, ihr Verlangen beim Geschlechtsverkehr zu zügeln, damit sie nicht danach noch erregt blieben.

Sexualpraktiken

Theologen warnten die Menschen, sie könnten auf den verschiedensten Wegen in die Wollust hineinschlittern. Ein Weg war Geschlechtsverkehr in einer anderen als der sogenannten Missionarsstellung. Interessanterweise ließen sich mittelalterliche Denker über diese Sorge weitaus intensiver aus als die der klassischen Antike. Wenn Hieronymus wiederholt darauf bestand, dass »nichts schändlicher ist, als die eigene Ehefrau wie eine Ehebrecherin zu lieben«, deutet das für Historiker:innen darauf hin, dass er die Menschen vor den Gefahren aller nicht missionarischen Stellungen warnen wollte.[17]

Den Theologen des Mittelalters zufolge betonte die Missionarsstellung die angemessene Beziehung zwischen den Geschlechtern und das, was »natürlich« sei. Männer als das überlegene Geschlecht bestätigten so ihre Rolle als Anführer und Beherrscher und übernahmen beim Sex den »aktiven« Part. Frauen dagegen sollten »passiv« sein, und ihr Platz als unterlegenes Geschlecht spiegelte sich dementsprechend in der Position unter ihrem Ehemann wider. Diese Überzeugung wurde in allen Schriften, die sich mit Sexualität beschäftigten, häufig wiederholt, mit wichtigen Befürwortern, darunter Thomas von Aquin.[18]

Die mittelalterlichen Theologen gingen auch gern ins Detail, um zu erklären, welchen Stellungen die Menschen nicht frönen sollten. Sie waren gegen den *coitus a tergo* – also Geschlechtsverkehr von hinten, in der Hündchenstellung. Burchard (um 950–1025), Bischof von Worms und ein begeisterter Verfasser von Bußliteratur, erklärte, dass Ehepaare, die sich in den exzessiven Sinnenfreuden dieser Stellung vergnügten, zehn Tage lang bei Brot und Wasser büßen sollten.[19] Die »Widernatürlichkeit«, die Theologen an dieser Stellung Sorgen machte, war ein Übermaß an Vergnügen, das Thomas von Aquin als »tierisch« kategorisierte.[20]

Es gab also einen überwältigenden theologischen Konsens zur richtigen Position beim Geschlechtsverkehr, aber es existierten auch andere Stimmen. Der Theologe Alexander von Hales (um 1185–1245) und der Moralist Wilhelm von Pagula aus dem 14. Jahrhundert argumentierten beide, dass andere Stellungen, etwa im Stehen oder Sitzen, aus körperlichen oder gesundheitlichen Gründen annehmbar sein konnten. So konnte etwa Fettleibigkeit ein Ehepaar vom Sex in der, wie manche es jetzt nannten, »gängigen Form« abhalten. Doch auch ihr Verständnis hatte Grenzen. Alexander betonte, dass Sex in der Hündchenstellung, »wie es das Vieh macht«, auf gar keinen Fall annehmbar sei und als tödliche oder verdammungswürdige Sünde gelten müsse.[21] Und wenn Paare andere Stellungen einnahmen, ohne dass es dafür eine absolute körperliche Notwendigkeit gab, begingen sie immer noch die Sünde der »übermäßigen Wollust« (*extraordinariae voluptates*), wie das anonyme Traktat *Fragmentum Cantabrigiense* aus dem zwölften Jahrhundert erklärte.[22]

Und die Theologen des Mittelalters versuchten nicht nur zu kontrollieren, wie viel Spaß Ehepaare beim Geschlechtsverkehr hatten, sie fanden es auch anstößig, wenn sie in besonders andächtigen religiösen Zeiten, etwa in der Fastenzeit und im Advent, miteinander ins Bett gingen. Manche mahnten, Sex sei mittwochs und freitags ausgeschlossen, weil das die traditionellen Bußtage waren. Und auch am Samstag sollte man abstinent bleiben, damit man nicht womöglich so erregt war, dass man sich nicht auf die Kirche am Sonntag konzentrieren konnte. Und natürlich waren praktisch alle der Ansicht, dass man über den Sonntag als Tag der heiligen Besinnung gar nicht erst reden müsse.[23] Weil man nur miteinander verkehren durfte, wenn die

Frau schwanger werden konnte, war Sex nicht akzeptabel, solange eine Frau menstruierte oder schwanger war. Idealerweise sollten die Paare auch auf Sex verzichten, solange die Frau stillte.[24]

Und als wäre das alles noch nicht genug, gab es zudem eine Menge Regeln, die visuelle Anreize beim Geschlechtsverkehr einschränkten. Der Geschlechtsverkehr sollte vorzugsweise angezogen vonstattengehen und aus ähnlichen Erwägungen heraus bei Nacht im Dunkeln stattfinden. Grundsätzlich sollten Ehepaare alles erdenklich Mögliche tun, um sicherzustellen, dass sie so wenig wie möglich voneinander zu sehen bekamen, und möglichen Zuschauern den Anblick ersparen – eine nicht ungewöhnliche Sorge in einer Gesellschaft, in der den meisten Menschen der Luxus eines privaten Schlafzimmers versagt blieb.

All diese Beschränkungen sollten exzessive Lust im Keim ersticken. In den eigenen Ehepartner, die eigene Ehepartnerin verliebt oder allzu interessiert am Sex zu sein, war eine Sünde, die man allzu leicht beging, besonders wenn verheiratete Paare womöglich auf den Gedanken kamen, dass sie jetzt, im Hafen der Ehe, auf jeden Fall sicher seien. Übermäßige Begierde und sinnliches Vergnügen waren eine rutschige schiefe Ebene auf dem Weg zum Sex um seiner selbst willen.

Außerdem hegten die Theologen die Sorge, dass Eheleute, die den Sex zu Fortpflanzungszwecken ein bisschen zu sehr genossen, womöglich in eine weitere, sehr viel gefährlichere Sünde abrutschen könnten: in die sogenannte »Unzucht«. Damit meinten die Menschen des Mittelalters jede Form von Sex, die nicht zur Zeugung von Kindern führen konnte. Ein ganzes Bündel sexueller Aktivitäten, im Grunde die meisten überhaupt, waren Todsünden. Ob es nun um gegenseitige Masturbation, Oralsex, Schenkelverkehr oder Petting geht – all das war »Unzucht«. Analsex entspricht dieser Definition natürlich ebenso wie jeglicher gleichgeschlechtliche sexuelle Kontakt.

Doch viele dieser klugen Köpfe konnten es nicht einfach bei »Unzucht kann nicht zu einer Schwangerschaft führen, also ist sie schlecht« belassen. Vielmehr ließen sich die Theologen in blumiger Prosa darüber aus, warum sie schlecht war. Gratian erklärte, dass Akte der Unzucht »außergewöhnliche sinnliche Freuden« hervorbrachten, und setzte sie mit »hurenhaften Umarmungen« gleich.[25] Für Thomas von Aquin war Unzucht einfach *unlogisch*. Jeder wusste doch, dass es beim Sex um die Fortpflanzung gehen sollte. Wer sexuell auf eine Art aktiv war, die nicht zur Zeugung von Kindern führen konnte, beging wissentlich die Sünde der Wollust. Ehepaaren stand der Weg zu akzeptablem Sex doch offen, warum also sollten sie ihre Seelen der Verdammnis preisgeben? Im 13. Jahrhundert verkündete Johannes Teutonicus (†1245), das Problem mit der Unzucht sei, dass sie »unnatürlich« sei.[26] Natürlich war, was göttlich war, also so wenig Sex wie möglich, Schwangerschaft, und danach das Ganze von vorn.

Sexuelles Interesse

Wegen dieser strikten theologischen Struktur, die definierte, welcher Sex akzeptabel war, übten wohl die meisten Menschen, die Sex hatten, ihn nicht auf vollkommen akzeptable Weise aus. Allerdings benachteiligten die Regeln und Vorschriften vor allem die Frauen. Es lag auf der Hand, dass Frauen diese so wichtigen theologischen Vorschriften eher brachen. Frauen – der leicht verführbaren und sündigen Eva nachgebildet – waren einfach sexuellere und sinnlichere Wesen. Wie der Theologe und Erzbischof Isidor von Sevilla (†636) sagte, war die

Lüsternheit von Frauen Teil ihres Wesens, und sogar ihre Bezeichnung war davon abgeleitet. Er schrieb, »dass nach griechischer Etymologie die Frau nach der feurigen Kraft benannt ist, weil sie so heftig begehrt. Begieriger als die Männer seien nämlich die Frauen …«[27]

Die Beweise waren mannigfaltig, viele von ihnen aber direkt mit dem verbunden, was als das »unnatürliche« und irrationale Interesse der Frauen am Sex galt. Oft ging es darum, dass Frauen auch während ihrer Periode Lust auf Sex hatten, obwohl sie dann doch nicht schwanger werden konnten. Dem Arzt, Philosophen und Theologen Albertus Magnus (um 1200–1280) zufolge »begehrt eine Frau den Sex nie so sehr wie als Schwangere«, ein Zustand, der absolut unlogisch ist, wenn man davon ausgeht, dass der einzige Grund für Sex darin besteht, schwanger zu werden.[28]

Selbst Frauen, die Sex zur »korrekten« Zeit hatten, zeigten eine verdächtige Lüsternheit. Eine Frau konnte noch immer Interesse am Beischlaf haben, nachdem ihr Ehemann schon pflichtschuldig in ihr ejakuliert hatte – also zu einem Zeitpunkt, an dem sie von der Logik her wissen sollte, dass der Zweck der sexuellen Aktivität erfüllt war, und das Interesse verlieren sollte. Hieronymus warnte vor dem unersättlichen Interesse der Frauen am Sex und behauptete: »Der Liebe der Frauen im Allgemeinen wird vorgeworfen, immer unersättlich zu sein; löscht man sie, entbrennt sie zu lodernder Flamme; gibt man ihr im Übermaß, ist sie wieder bedürftig.«[29] Die Lust der Frauen war eine Art *perpetuum mobile*. Je mehr Sex sie hatten, desto mehr Sex wollten sie.

Die Menschen des Mittelalters sahen verschiedene Gründe dafür: Zunächst wurde manchmal eine medizinische Begründung angeführt, eine Sicht, die sich aus der Naturphilosophie ableitete. Im mittelalterlichen Denken war die »Sinnenfreude«, die wir Orgasmus nennen würden, eng mit dem Herausschleudern von zur Zeugung geeignetem Material verbunden, und das sollte der »logische« Endpunkt jeglichen sexuellen Interesses sein. Es gab zwei konkurrierende mittelalterliche Vorstellungen dazu, wie dieses Herausschleudern geschah. Dem aristotelischen Ein-Samen-Modell zufolge diente die Gebärmutter der Frau vor allem als Inkubator des aktiven Samens des Mannes, der ganz allein ein Baby entstehen ließ, solange er nur auf fruchtbaren Boden fiel. Die eher vorherrschende Zwei-Samen-Theorie dagegen ging davon aus, dass Männer wie Frauen Samen abgaben, die dann vermischt die Nachkommen hervorbrachten.[30]

Constantinus Africanus war ein Verfechter der Zwei-Samen-Theorie. In seinem Traktat *De coitu* (*Über den Koitus*) schrieb er, dass Frauen ein größeres Interesse am Sex hätten, weil »Frauen ein zweifaches Vergnügen erfahren: sowohl beim Herausschleudern des eigenen Spermas und beim Empfangen des männlichen Spermas, durch das Begehren ihrer glühenden Vulva«.[31] Avicenna führte aus, dass Frauen aus ihrer Ejakulation wie aus der des Mannes »durch den Fluss des Samens, der in ihnen ist«, Lust erfahren, was wohl heißen soll, dass man sich das Sperma als so etwas wie kleine innere Vibratoren vorstellen sollte.[32] Deshalb hatten sie beim Beischlaf mehr Spaß als die Männer, mit denen sie schliefen. Warum sollten sie also nicht sexbesessen sein?

Die zweite wissenschaftliche Begründung beruhte auf der Vier-Säfte-Theorie. Die anonyme Abhandlung *Quaestiones Salernitanae* (*In Salerno behandelte Fragen*) aus dem 13. Jahrhundert versuchte, die Frage zu beantworten: »Warum hat die Frau, obwohl sie doch von kälterer und feuchterer Natur ist als der Mann, ein brennenderes Verlangen?«[33] Eine Antwort lautete, dass Frauen aufgrund ihrer kalten feuchten Natur länger brauchten, um aufzuheizen, dann aber heißer brannten als Männer. Dieser Analogie entsprechend wurden Frauen mit einem feuchten Wald gleichgesetzt, der mit Mühe angesteckt wird, dann aber schwerer zu löschen ist als ein trockenes Feuer, oder mit einem dichten Metall wie Eisen, das langsamer heiß wird als Gold, aber die Wärme auch länger hält.[34]

Mehr noch: Frauen sehnten sich aufgrund ihrer kalten Natur nach Hitze, die beim Sex entstand, einfach, weil es ihnen daran mangelte. Aus dieser Perspektive wurden Frauen mit kaltblütigen Tieren wie Schlangen gleichgesetzt, die angeblich die Wärme menschlicher Körper suchten.[35] Im weiteren Verlauf des 13. Jahrhunderts baute man diese Erklärung deutlich misogyner aus. In der medizinischen Abhandlung *Secreta mulierum* (*Geheimnisse der Frauen*) hieß es, eine Frau habe »ein größeres Begehren nach dem Koitus als der Mann, denn etwas Verdorbenes fühlt sich vom Guten angezogen«.[36] Die verachtenswerte Natur der Frauen führte dazu, dass sie sich von Natur aus von Männern angezogen fühlten und sich nach Kontakt mit ihnen und ihrem mutmaßlich nicht »verdorbenen« Sperma sehnten.

Ein dritter Grund für die angeblich übersexualisierte Natur der Frauen lag darin, dass sie, nun ja, dumm und passiv waren. Eine gesunde Skepsis dem Sex gegenüber und ein Verlangen, nur logischen und akzeptablen Sex zu haben – das war die Domäne des makellosen Mannes. Frauen waren schlichte und kindliche Geschöpfe, unfähig, etwas fehlerfrei zu machen. Dass sie nicht in der Lage waren, richtig und falsch voneinander zu unterscheiden, und sich zur sexuellen Sünde hinreißen ließen, lag seit Evas Zeiten klar zutage. Wegen dieser Dummheit konnten Frauen laut Albertus Magnus nicht rational mit dem Vergnügen umgehen, das sie erlebten. Frauen erfuhren eine größere *Quantität* Vergnügen beim Sex, so sagte er, doch die Lust der Männer war von höherer *Qualität*, weil sie sie auf rationale und verfeinerte Art und Weise spüren konnten.[37] Weil Frauen mehr Vergnügen auf niedrigerem Niveau erfuhren, waren sie ständig auf mehr aus und nie befriedigt. Selbst diejenigen, die der aristotelischen Ein-Samen-Theorie anhingen, konnten diese Vorstellung teilen, denn sie erklärte das unmäßige Interesse der Frauen und ihren Spaß am Sex, machte aber auch ganz klar, dass sie nichts zum Fortpflanzungsakt beitrugen.

Insgesamt also waren Frauen von ihrer innersten Natur aus einfach zu lüstern, um rational zu funktionieren. Der Dominikaner Vinzenz von Beauvais (um 1184–1264) war überzeugt, dass Frauen grundsätzlich dumme kalte Sexmonster seien, und suchte beim römischen Satiriker Juvenal aus dem ersten und zweiten Jahrhundert nach einer Bestätigung für seine Vorstellungen. Nach Juvenal war die Frau ein »immer zum Koitus bereites« Geschöpf, danach »erschöpft, aber nie gesättigt«.[38] Dass sexuelle Kontakte die Frauen erschöpft und mit dem Verlangen nach mehr zurückließen, war, so versicherten diese Männer einander, absolut ihr eigenes Problem.

Während die Männer eifrig diskutierten, warum Frauen so besessen vom Sex seien, und doch so schlecht darin, ihn zu genießen, war ihre selbstgefällige Meinung nicht notwendigerweise die einzige. Die Frauen, von denen wir etwas erfahren können, teilten ganz sicher nicht die Vorstellung, dass ihre Geschlechtsgenossinnen dumme, lüsterne, giftige Geschöpfe seien. Auch hier sticht Hildegard von Bingen wieder heraus mit ihrer ganz eigenen Sicht auf die weibliche Sexualität. Sie räumt ein, dass die »Frau kälter und feuchter ist, doch es sind diese Eigenschaften, die sie fruchtbar machen: Sie bietet mehr Raum und ihre Leidenschaften sind milder, und dies erlaubt ihr, Kinder zu empfangen, auszutragen und zu gebären … Da ihr Verlangen weniger stürmisch ist, kann eine Frau sich besser zurückhalten – wegen ihrer Feuchtigkeit dort, ›wo die Lust brennt‹, und wegen ihrer Angst oder Scham.«[39]

Dieser Kontrapunkt zeigt uns, dass die angebliche Natur der Frau zwar dieselbe bleibt, aber dennoch nicht alle Menschen Frauen mit einem dummen, lüsternen Waldbrand verglichen. Zudem formt Hildegard hier die Zuschreibungen der Vier-Säfte-Lehre wohltuend um, die die Männer einsetzten, um Kritik an der sündigen Natur von Frauen zu üben. Was manchen vielleicht nach einer weniger fokussierten Leidenschaft aussah, konnten andere für eine nährende halten.

Hildegard ging noch weiter und erklärte, die weibliche Sexualität sei alles andere als etwas »Verdorbenes«, sondern wirke der schädlichen sexuellen Leistung der Männer entgegen. Ihr zufolge »verwandelt sich die Kraft des Mannes in seinem Glied in giftigen Schaum, und das Blut der Frau wird zu einem entgegenwirkenden Erguss«.[40] Hildegard kann vielleicht als die erste Person gelten, die das Konzept toxischer Männlichkeit schriftlich festhielt. All die Kraft und Virilität, mit der Männer so gern angaben, um ihre theoretische Überlegenheit zu beweisen, konnte ebenso leicht als schädlich aufgefasst werden, als etwas, das durch die sexuelle Intervention von Frauen neutralisiert werden musste.

Hildegards Stimme gibt uns einen Eindruck davon, wie man in demselben Rahmen anders mit Sexualität umgehen konnte, doch die Idee, dass Frauen keine bösen Sexharpyien seien, war leider nicht allzu weit verbreitet. In der intellektuellen Elite herrschte die Vorstellung vor, Frauen seien wegen der Natur ihrer Säfte übermäßig am Sex interessiert, und das wurde im gesamten gesellschaftlichen Spektrum akzeptiert.

Sexuelles Begehren

In einem französischen *fabliau* (einer Verserzählung für höfisches Publikum, meist anonym verfasst) aus dem zwölften Jahrhundert geht es um einen jungen, frisch verheirateten Fischer und seine Ehefrau. Der Fischer ist überzeugt, dass es seiner Frau nur um den Sex mit ihm geht. Sie begreift das als schwere Beleidigung, beharrt darauf, dass sie ihn liebe, weil er ihr großzügige Geschenke mache. Der Ehemann findet beim Fischen den Leichnam eines Priesters, der vor einem eifersüchtigen Ehemann davongelaufen und ertrunken war. Er sieht die Gelegenheit, seine Frau auszutricksen, schneidet der Leiche den Penis ab und kehrt nach Hause zurück. Dort zeigt er ihn seiner Ehefrau und sagt, er sei von einer Gruppe verheirateter Frauen angegriffen worden, die ihn kastriert hätten. Seine Ehefrau verkündet: »Gott verkürze deine Erdentage! / Ich hasse dich. Dein Körper taugt nun zu nichts mehr …« Daraufhin zeigt der Ehemann seinen intakten Penis und behauptet, Gott habe eingegriffen, um ihm sein Glied zu erhalten. Seine Frau freut sich und ruft: »Mein lieber Mann, mein wahrster Freund / heute hast du mich ohne Ende erschreckt / Noch nie im Leben hab ich solche Angst gehabt!«[41] Damit ist ihr sündiges Wesen enthüllt: Sie ist nur am Sex interessiert, nicht an der Fähigkeit ihres Ehemanns, für sie zu sorgen.

Fabliaux wie dieses waren vielleicht von intellektuellen Gender-Konzepten beeinflusst, zumal sie sich ja an Lesende aus der Elite mit entsprechender Bildung richteten. Dieselben Themen tauchten allerdings im ganzen Mittelalter immer wieder auf. Chaucers »Frau aus Bath« nahm den Faden dort auf, wo die Frau des Fischers ihn fallen gelassen hatte, allerdings mit dem Vorteil, dass ein paar Jahrhunderte vergangen waren, in denen man sich weiter mit der Natur der Frau befasst hatte. Die

Figur entscheidet, dass es Zeit ist, dem Anschein ein Ende zu machen, als ob sie und andere Frauen aus irgendeinem anderen Grund heiraten würden als dem, leichten Zugang zum Geschlechtsverkehr zu bekommen. In ihrem Bestreben, diese historische Fehleinschätzung richtigzustellen, unterhält sie die anderen Pilger:innen mit Geschichten über ihre verschiedenen Ehemänner und ruft:

> Ich segne Gott, dass er mir fünf gegeben hat!
> Von denen habe ich das Beste mir genommen,
> Aus ihrem Beutel unten [Hoden] wie aus ihrem Geldbeutel.
> Unterschiedliche Schulen machen vollkommene Schreiber,
> Und unterschiedliche Übung in vielen verschiedenen Diensten
> Macht den Arbeiter wirklich perfekt;
> Ich bin durch die Schule von fünf Ehemännern gegangen.
> Und auch der sechste soll willkommen sein.
> Ich will mich nicht ganz der Keuschheit weihen.[42]

Und doch erwähnt sie, außerdem am Reichtum eines Mannes interessiert zu sein, wie auch die Frau des Fischers es behauptete. Allerdings liegt während des ganzen ausgedehnten Prologs (der länger ist als der Haupttext ihrer Erzählung) ihr Fokus auf dem Vergnügen, das sie aus dem Sex zieht, und den verschiedenen Ehen, durch die sie sich diesen Sex sicherte.

Der Prolog ist so lang, weil die fiktionale Ehefrau sich ihrer fünf Ehen wegen gegenüber irgendwelchen Möchtegern-Theologen verteidigen will. Schließlich ist es theologisch verdammungswürdig, die Ehe zu benutzen, um sexuellen Spaß zu haben. Ein fränkisches Kirchenkonzil legte schon 829 fest: »(Laien) sollen wissen, dass die Ehe von Gott eingerichtet ist und dass sie nicht zur Befriedigung der Lust, sondern vielmehr der Nachkommenschaft wegen eingegangen werden soll. … Die fleischliche Verbindung … muss um der Nachkommenschaft und nicht des Vergnügens willen aufgenommen werden.«[43]

Nun war zwar der Sex, den man in der Ehe haben konnte, beschränkt, blieb aber ein obligatorischer Teil der Institution – ein Konzept, das als eheliche Pflicht bekannt war. Diese Vorstellung in einem christlichen Kontext basiert auf Paulus' erstem Brief an die Korinther 7,3 f.: »Der Mann gebe der Frau, was er ihr schuldig ist, desgleichen die Frau dem Mann. Die Frau verfügt nicht über ihren Leib, sondern der Mann. Ebenso verfügt der Mann nicht über seinen Leib, sondern die Frau.« Eheliche Schuld war in dieser Ermahnung der Code für die Erwartung, dass jede und jeder Verheiratete das Recht hatte, von seiner Partnerin, ihrem Partner Sex zu verlangen, vorausgesetzt, die Forderung war »vernünftig«. Thomas von Aquin drückt es so aus: »In der Ehe gibt es einen Vertrag, durch den man gebunden ist, dem anderen die eheliche Schuld zu entrichten: Deshalb ist genau wie bei anderen Verträgen die Verpflichtung unangemessen, wenn eine Person sich zu etwas verpflichtet, das sie nicht geben oder tun kann. So ist der Ehevertrag unangemessen, wenn er von jemandem geschlossen wird, der die eheliche Schuld nicht erbringen kann.«[44]

Ob eine Forderung »vernünftig« war, hing von verschiedenen Faktoren ab: von der Wahrscheinlichkeit, mit der die Frau nach dieser sexuellen Begegnung schwanger werden konnte, bis hin zur Angemessenheit von Tag und Zeit. Es war zum Beispiel nicht »vernünftig«, an einem Sonntagmorgen in der Fastenzeit Sex zu verlangen, während die Frau ihre Tage hatte. Abgesehen von allen vernünftigen theologischen und physiologischen Hinderungsgründen allerdings hatten Eheleute durchaus das Recht, den Sex zu verlangen, auf den sie durch die Eheschließung »Anspruch« hatten.

Wenn eine Ehefrau unfähig war, den Beischlaf zu vollziehen und die ehelichen Pflichten zur Zufriedenheit ihres Ehemanns zu erfüllen, konnte es durchaus passieren, dass sie gegen ihren Willen geschieden wurde. Wenn sie eine kleine oder verletzte Vagina hatte, intersexuell war und morphologische Abweichungen aufwies oder schmerzhaften, traumatisierenden Sex erlebt hatte, konnte das penetrierenden Geschlechtsverkehr schwer oder unmöglich machen. Ein Ehemann, der aus diesem Grund eine Scheidung wollte, konnte dafür sorgen, dass ein Gremium medizinisch erfahrener Matronen seine Frau untersuchte, und sie konnte plötzlich als Geschiedene dastehen. Dieses Schicksal war den Männern natürlich so ziemlich egal.

Nicht egal war ihnen allerdings, wenn sie wegen einer erektilen Dysfunktion, wie wir es heute nennen würden, nicht mit ihrer Frau schlafen konnten – und die Frau sie deshalb bloßstellen durfte. In England konnte ein Mann vor einen sachverständigen Zeugen gerufen werden, der die Leistungsfähigkeit seiner Geschlechtsorgane begutachtete. Im Spätmittelalter war das vielleicht ein Arzt wie im Fall von Jean Carré, einem unglücklichen Ehemann, dessen »Unvermögen« (*inhabilitas*) im Paris des 14. Jahrhunderts von den Magistern Guibert de Serseto und Guillaume Boucher bestätigt wurde.[45] Wenn keine medizinische Fachperson zur Hand war, griff man auf andere Expertise zurück. In England konnte ein Gremium aus Sexarbeiterinnen ernannt werden, um zu prüfen, ob ein verheirateter Mann der ehelichen Pflicht gewachsen war oder nicht. Ihre Ergebnisse trugen sie dann dem Gericht vor.

Eine solche Stresssituation war vielleicht nicht das Zuträglichste für einen Mann, der seine Fähigkeit, mit seiner Ehefrau zu schlafen, beweisen sollte, doch das wurde nicht weiter bedacht. Schließlich war der Druck, unter der Androhung der Scheidung Leistung erbringen zu müssen, bei jeder sexuellen Begegnung zwischen Eheleuten präsent. Der Tadel der Sexarbeiterinnen, die den Mann testeten und ihn danach kritisierten, »weil er sich herausnimmt, eine junge Frau zu heiraten, und sie betrügt, wenn er ihr nicht bessere Dienste und Vergnügen bieten könne«, war furchtbar demütigend. Ähnliche Vorwürfe hatte der Durchschnittsmann allerdings auch von einer enttäuschten Ehefrau zu erwarten, die ihren sexuellen Appetit befriedigt sehen wollte.[46] Schließlich waren Frauen nicht einfach nur sexbesessen, sondern auch streitsüchtig. Ein Mann, der seine Ehefrau nicht zufriedenstellte, konnte davon ausgehen, dass sie ihm damit in den Ohren lag.

Womöglich fürchtete er sogar, dass seine Ehefrau seinen Schmerz und seine Demütigung genoss und vielleicht selbst dahintersteckte. Constantinus Africanus schrieb in seinem Kapitel »Über jene, die sich nicht vereinigen können« von bösartigen Frauen, die üble Zauber wirkten, Bohnen über einem Feuer rösteten und sie dann im Bett ihrer Zielperson oder nahe dem Eingang ihres Schlafzimmers platzierten. Die gehärteten roten Bohnen riefen angeblich Impotenz hervor, die nur »mit göttlicher Hilfe und nicht durch Menschen geheilt werden kann«.[47]

Man vermutete, dass Frauen, die die Penisse von Männern mit einem Schadenszauber belegen wollten, sei es nun durch Bohnen oder andere Mittel, von diesen Männern verschmäht worden waren. Im 13. Jahrhundert schrieb Thomas von Chobham, eine Zauberin in Paris habe einen Mann verhext, der sich von ihr getrennt hatte, sodass er nicht in der Lage sei, mit der

Frau zu schlafen, die er jetzt geheiratet hatte. Sie hatte einen Zauber über einem Schloss mit Schlüssel darin gesprochen und Schloss und Schlüssel in zwei verschiedene Brunnen geworfen. Daraufhin wurde der Mann impotent. Schließlich wurde die Zauberin mit dem Vorwurf konfrontiert und gab zu, was sie getan hatte. Das Schloss und der Schlüssel wurden geborgen, und sobald das Schloss offen war, konnte der Mann mit seiner Ehefrau schlafen.[48] Die sexuellen Gelüste von Frauen konnten also den Ruf und den Körper eines Mannes selbst außerhalb bestehender Beziehungen bedrohen.

Sexuelle Untreue

Selbst ein Mann, dessen Penis »voll funktionsfähig« war, konnte dem sexuellen Verlangen seiner Ehefrau nicht unbedingt gerecht werden. Deshalb hatten die Männer Sorge, dass ihre Frauen außerhalb der Ehe nach sexueller Erfüllung suchten. Bei Boccaccio klagt ein Mann: »Madonna, wohl habe ich gehört, dass ein einziger Hahn auf zehn Hennen genug ist; man hat mir aber auch gesagt, dass zehn Männer kaum oder gar nicht imstande sind, ein Weib zu sättigen.«[49] Dass Frauen im Allgemeinen offen dafür waren, ihren Ehemann zu betrügen, und es sogar darauf anlegten, war allgemein bekannt. Die sexgierige Frau musste sich Liebhaber suchen, wo immer es möglich war, um ihren Appetit zu stillen. Dies hing im mittelalterlichen Denken oft mit dem Interesse der Frauen am eigenen Aussehen zusammen. Wie schon dargestellt, war die Vorliebe der Frauen für Kosmetik und Schmuck mit ihrer angeblichen Lüsternheit verbunden. Wenn sie sich herausputzten oder eine aufwendige Frisur trugen, versuchten sie vermutlich, sexuelle Aufmerksamkeit zu erregen, genauer gesagt außereheliche

Aufmerksamkeit. Ein gehörnter Ehemann im *Roman de la Rose* beklagte diese unumstößliche Wahrheit:

> Um meinetwillen treibt Ihr solche Vergnügungen?
> Um meinetwillen betreibt Ihr solchen Aufwand!
> Wen glaubt Ihr zu betrügen?
> Ich habe ja dann nie die Möglichkeit,
> diesen Schmuck zu sehen,
> den jene gierigen und lüsternen Kerle, …
> an Euch bewundern und betrachten …
>
> Deshalb tragen sie ihren Schmuck
> beim Tanz und in der Kirche,
> denn keine täte es,
> wenn sie nicht daran dächte, dass man sie sähe
> und dass sie dadurch denen eher
> gefiele, die sie betören könnte.[50]

Kein Wunder, dass besorgte Väter ihren Töchtern von Make-up abrieten. Wenn sie ihre Sprösslinge als würdige Heiratskandidatinnen anpreisen wollten, betonten sie lieber ihre Keuschheit und ihr Desinteresse am Sex außerhalb der Ehe. Gleichzeitig mussten sie vor allem sicherstellen, dass sie nicht der neuesten Mode folgten sowie der lüsternen Absicht, die damit einherging.

Wenn Männer sich Sorgen machten, dass die Frauen in ihrem Leben sich zu sehr für ihr Aussehen interessierten und damit ihr Interesse an unakzeptabler und/oder außerehelicher sexueller Aktivität signalisierten, hatten sie eine Möglichkeit, Abhilfe zu schaffen: Prediger rieten solchen Männern, ihre Ehefrauen, Schwestern und Töchter unattraktiv zu machen, damit sie nicht das Haus verließen und Affären pflegten. Der englische Prediger Odo von Cheriton (†1247) etwa schlug für den Fall, dass attraktive Ehefrauen und Töchter im Haus waren, vor: »Deshalb sollte jeder Familienvater das Haar dieser Frauen zu einem Knoten binden und versengen. Und sie sollten ihre Frauen in Felle kleiden statt in wertvolle Gewänder. Auf diese Weise sind sie gehalten, zu Hause zu bleiben.«[51] Eine kleine Misshandlung also dann und wann, und den weiblichen Verwandten würde ihr Aussehen einfach zu peinlich sein, um dem Sex nachzujagen, den sie sich ganz offenbar so sehnlichst wünschen.

Die Angst vor sexbesessenen Frauen war so groß, dass sie manchmal zu neuen Gesetzen führte. Bologna gab sich seit 1288 Gesetze gegen Ehebruch. Männer bezahlten in solchen Fällen als Strafe, je nach ihrem Stand in der Gesellschaft und ihrem Vermögen, entweder 30 oder 50 Pfund. »Eine Ehebrecherin« dagegen »wird verurteilt, 100 Pfund zu zahlen, und damit sie eine so große Summe aufbringen kann, soll sie von ihrer Mitgift abgezogen werden«.[52]

Die weibliche Untreue erregte offenbar viel größere Besorgnis als die männliche. Der finanzielle Hintergrund der Frau spielte keine Rolle, ihre Strafe war doppelt so hoch wie die eines reichen Mannes. Zudem wurde die Strafe direkt ihrer Mitgift entnommen, dem Geld, das sie in eine Ehe eingebracht hatte und das im Allgemeinen ihr selbst zur Verfügung stand. Da Frauen angeblich sexuell aktiver waren als Männer, war die höhere Strafe nötig, um sicherzustellen, dass sie auf dem Pfad der Tugend blieben. Und da eine untreue Frau womöglich ein Kind bekommen konnte, das nicht von ihrem Ehemann war, stellte ihre Untreue eine existenzielle Bedrohung für den wichtigsten Zweck der Ehe dar. Strafen wie diese hohe Zahlung galten als notwendig, um die Schwere der weiblichen Lasterhaftigkeit unmissverständlich klarzumachen, nicht nur, weil

Frauen lüstern waren, sondern auch, weil die Ehe nicht unbedingt als die sexuell erfüllendste Institution gedacht war, die man sich vorstellen konnte. Wohlhabende und adlige Frauen, die Gruppe, die solche Strafzahlungen leisten musste (Frauen der niederen Schichten wurden normalerweise nicht bestraft, da sie gar keine große Mitgift hatten), waren aus eben den Gründen, aus denen sie überhaupt geheiratet hatten, besonders verdächtig.

Für die Europäer des Mittelalters war die Ehe eine familiäre Institution und ein religiöses Sakrament, wie wir in Kapitel 4 sehen werden. Und weil eine Ehe vor allem darauf ausgelegt war, Kinder hervorzubringen, wurde sie zu einem Arrangement, das die beteiligten Familien aushandelten und vertraglich besiegelten.

Die extremsten Beispiele für die Verbindung zweier Familien waren königliche Ehen, mit denen man Bündnisse sichern und Erben bereitstellen wollte, um die dynastischen Linien fortzuführen. Die Rolle der Frauen zuvorderst und vor allem als Gebärende und der Ehe als Mittel zu diesem Zweck wurde besonders in königlichen und adligen Häusern hochgehalten, deren Reichtum und Macht gesichert und an die nächste Generation weitergegeben werden mussten. Im mittelalterlichen Europa hatten Ehen unter Mächtigen nichts mit Romantik oder Liebe zu tun. Es waren durch ein Sakrament besiegelte Geschäftsabschlüsse.

Ehen mussten sexuell vollzogen werden, um den religiös-geschäftlichen Pakt zu stärken und möglichst Erben hervorzubringen. Sex unter dem Druck einer solchen nüchternen Geschäftsmäßigkeit machte den Ehepartnern allerdings nicht unbedingt Spaß. Wenn Ihre Eltern ausgesucht hätten, mit wem Sie ins Bett gehen sollten, wären Sie womöglich auch nicht begeistert.

Das soll nicht heißen, dass die Menschen keine Wahl hatten. Tatsächlich hatten zukünftige Brautleute gewöhnlich das Recht, sich zu weigern; der Chevalier de La Tour Landry behauptete, dass Bräutigame Frauen ablehnten, weil sie ihren Blick schweifen ließen.[53] Und doch galt die Ehe besonders in der Oberschicht nicht vorrangig als eine romantische Institution. Vielmehr glaubten die Menschen des Mittelalters, Romantik lasse sich fast ausschließlich außerhalb der Ehen der Reichen und Mächtigen finden. Dort hatten die Familien nicht ihre Finger im Spiel, es kam auf die individuelle Wahl an. Und so bildeten außereheliche Affären das Rückgrat eines der beliebtesten und beständigsten Genres der mittelalterlichen Literatur: der höfischen Liebesdichtung.

Als Literaturform konzentrierte sie sich auf die romantischen Intrigen an adligen und Königshöfen. Als Genre hielt es einer Form der Romantik in der gehobenen Gesellschaft den Spiegel vor und half, diese Ideale als eine Konvention im ganzen mittelalterlichen Europa zu etablieren, zu festigen und zu verbreiten. Die Ideale gehörten vielleicht vor allem in die Heime der Mächtigen, doch die Literatur, die sich daraus speiste, war unglaublich beliebt in allen Gesellschaftsschichten. Denken Sie etwa an typische Frauenromane, die in Form der amerikanischen Bodice-Ripper-Romane heute oft in der feinen Gesellschaft der Vergangenheit spielen, aber von Menschen aller Schichten gelesen werden, und Sie haben eine ziemlich gute Vorstellung.

Die höfische Liebesdichtung versuchte, die romantischen und sexuellen Verhältnisse an einem Hof zu schildern. Dort verbrachten die Reichen relativ faul ihre Tage in aller Herrlichkeit, umgeben vom Heer der Bediensteten des Hauses. Jeder königliche oder adlige Hof war der Arbeits- und Lebensort zahlreicher junger Menschen. Junge Frauen waren als Hofdamen oder *domicellae* beschäftigt, junge Männer als Knappen und Ritter. Zu den Pflichten der Frauen gehörte es, die Schleppe der Dame des Hauses zu tragen, wenn sie zur Kapelle ging, und beim Sticken zu helfen. Zu den Pflichten der Männer zählte zum Beispiel, in den Krieg zu ziehen oder diplomatische Missionen zu übernehmen. Für beide Geschlechter waren ihre Stellungen am Hof eine Chance, sich Ansehen zu erwerben und sich hoffentlich eine gute Partie zu sichern. Lebensart an diesen Höfen drückte den Reichtum und die Macht aus, über die sie verfügten. Sie bedeutete auch, dass eine beträchtliche Zahl der Menschen, die dort ganz eng aufeinanderhockten, womöglich an anderen Menschen interessiert war als an ihren gegenwärtigen oder zukünftigen Ehepartner:innen.

Das Ergebnis war eine Form der Romantik, die sich fast ausschließlich auf Liebesgeschichten zwischen verheirateten Frauen und jenen unverheirateten Männern konzentrierte, neben denen sie lebten. Angehörige des Hofes schufen eine raffinierte Romantik mit sorgfältig umrissenen Regeln, durchdrungen von einer gesunden Dosis jener theologischen und philosophischen Gender-Konzepte, die jungen Höflingen durch umfangreichen und aufwendigen Privatunterricht vermittelt wurden. Sie durften nicht einfach herumstreifen und aufs Geratewohl Affären haben. Es gab Formalitäten, wie sie sich verhalten mussten und wen und wie sie lieben durften. Das beste Beispiel hat uns Andreas Capellanus überliefert, der Kaplan des zwölften Jahrhunderts, der vermutlich für die Gräfin Marie de Champagne (1145–1198), Tochter der Eleanor von Aquitanien (um 1124–1204), *De amore* (*Über die Liebe*) schrieb. Das Werk ist interessant, weil es entweder als Satire oder als ernst gemeinter Ratgeber gelesen werden kann. Welche Deutung der Autor im Sinn hatte, ist für uns, die wir am mittelalterlichen Sittenkodex interessiert sind, eigentlich egal. Es mag sein, dass Andreas über eine höfische Welt schrieb, in der die stilisierte Liebe so wichtig war, dass ein Ratgeber gebraucht wurde, oder auch, dass er sich über eine Kultur lustig machte, die so verbreitet war, dass seine Leser:innen den Witz verstanden, der in seinem Ratgeber steckte. In beiden Fällen können wir daraus einiges über eine vorherrschende romantische Kultur lernen.

Auf eine mögliche ironische Grundstimmung des Werks verweist allerdings schon der Name des Autors. Wenn Andreas ein Kaplan war, gehörte er zum Klerus, und deshalb war er ja eigentlich nicht unbedingt der Erste, an den man sich wandte, wenn man nach Tipps für die Liebe suchte. Andreas selbst hatte da keine Bedenken. Er versicherte seinem Freund Walter (Gualtherius), dem das Buch gewidmet war (und den es gegeben haben mag oder auch nicht), dass er, Mann Gottes hin oder her, »durch eindeutige Erfahrung gelernt« habe, was er die »Kunst der Liebe« nannte. Schließlich war »das Leben der Geistlichen wegen vieler ununterbrochener Mußestunden und des reichlichen Überflusses an Speisen vor allen anderen Männern von Natur aus der Versuchung ausgesetzt«, und so gelang es Andreas offenbar, zwischendurch das eine oder andere über die Liebe aufzuschnappen.[54]

Der Ratgeber bietet einen bunten Reigen von Regeln und Vignetten, die den Männern erklären sollen, wie man um Frauen wirbt. Zunächst erklärt Andreas seiner Leserschaft, Liebe sei ein »Leiden, welches aus dem Anblick und der unmäßigen gedanklichen Beschäftigung mit der Wohlgestalt des anderen Geschlechts hervorgeht, derentwegen man sich über alles wünscht, die Umarmungen des anderen zu erlangen …« Dann erklärt er die verschiedenen möglichen Typen von Liebe und wer sie genießen kann. Im Grunde geht es um heterosexuelle Beziehungen, in denen »die Liebe immer weniger oder mehr«

wird, zwischen Menschen mit Geld, denn »die Armut hat nichts, ihre Liebe zu nähren«. Die Landbevölkerung solle vielmehr einfach kopulieren »wie ein Pferd und ein Maultier«. So weit, so exklusiv.[55]

Andreas als formvollendeter Gentleman des Klerus setzte Liebenden auch zeitliche Grenzen, die die Liebe nach dem 60. Lebensjahr für Männer und dem 50. für Frauen unterbinden, »weil die natürliche Hitze von diesem Alter an in ihren Kräften nachzulassen und seine Feuchtigkeit in hohem Maß Zuwachs zu bekommen beginnt …«. Er legte fest, dass Jungen nicht vor ihrem 14. Lebensjahr lieben könnten und Mädchen nicht vor ihrem 12., da sie vorher noch nicht reif seien. Die romantische Liebe stehe besonders den körperlich Gesunden zu und schließe die Blinden aus, da sie ihre Geliebten nicht sehen konnten. Und auch Nonnen sollten nicht lieben, während die männlichen Geistlichen wie er selbst sich der Herausforderung stellen konnten. Sexarbeiterinnen seien nicht der Liebe wert, denn »eine Frau, die deines Wissens im Hinblick auf die Liebe nach Geld trachtet, betrachte ganz und gar als deine Feindin«.[56]

Doch Andreas zieht nicht nur Grenzen; er erklärt den Leser:innen auch, wie man wirbt. Er führt verschiedene fiktive Dialoge zwischen einem werbenden Mann und einer umworbenen Frau an und konzentriert sich darauf, wie Männer unterschiedlichen Standes Frauen verschiedener Schichten am besten schmeicheln. Dabei unterscheidet er Bürgerliche, Adelige und Hochadelige. In jedem Fall kontrollieren die Männer die Situation, und die Frauen, um die sie werben, reagieren vorhersehbar. Der Trick besteht darin, dass der Mann seine Schmeichelei ausgehend vom Machtungleichgewicht richtig abstimmen muss, um sicherzugehen, dass die Frau, die er im Auge hat, ihm ihre Liebe und ihre »Umarmungen« gibt. Einem

Mann, der unklug genug ist, beim Anblick eines Bauernmädchens Erregung zu spüren, rät Andreas (in dessen Augen Bauern fast schon keine Menschen mehr sind) verstörenderweise: »Säume nicht zu nehmen, was du erbatest, und sie gewaltsam zu umarmen.« Er billigt also eine Vergewaltigung.[57]

Andreas schrieb nicht nur einen Verführungsratgeber, sondern malte sich auch eine Reihe von »Liebeshöfen« unter dem Vorsitz von Eleanor von Aquitanien und ihren Töchtern aus. Wir wissen nicht, ob die Königin und ihre Familie jemals solche Höfe führten, wohl aber, dass Andreas' Werk im 14. Jahrhundert am sogenannten Liebeshof in Barcelona unter Juan I. von Aragon (1350–1396) und seiner Ehefrau Violante von Bar (um 1365–1431) als Ratgeber herangezogen wurde. Weil zahlreiche Exemplare von *Über die Liebe* bis ins 15. Jahrhundert erhalten blieben, vertrieben sich auch später viele mit Andreas' Ratgeber die Zeit und äußerten sich dazu, wer genau mit wem ins Bett gehen sollte.[58]

Die sogenannten Liebeshöfe führten in der Praxis wie in der Theorie zu verschiedenen romantischen Verwicklungen. *Über die Liebe* gab Tipps dazu, was ein Ritter, der um eine Frau warb, tun sollte, wenn sie sich nicht in ihn, sondern in seinen Vertrauten und Boten verliebte (sie und den Boten im höfischen Kontext meiden); ob eine Liebesaffäre weitergeführt werden kann, wenn festgestellt wird, dass die Liebenden verwandt sind (das geht nicht, selbst wenn die beteiligte Frau es vielleicht will); und ob eine Frau ihren Liebhaber zurücknehmen sollte, wenn er sie anlügt und sagt, er habe eine andere Frau nur treffen wollen, um die Hingabe der Angebeteten zu testen (sie soll verzweifeln, wenn er sagt, dass er sie verlässt, und ihn wieder willkommen heißen, wenn er die List offenbart).

Von besonderem Interesse für uns ist Fall 17, in dem ein Ritter eine Frau liebt, die ihrerseits in einen anderen Mann verliebt ist. Die Frau erklärt dem Ritter: »Wenn es einmal passieren sollte, dass sie die Liebe ihres Partners verlieren sollte, dann würde sie genanntem Ritter ihre Liebe ohne Zweifel schenken.« Kurz darauf heiraten die Frau und der Mann, den sie liebt. Der Ritter beharrt darauf, dass sie ihn jetzt lieben solle, denn schließlich erwarte man nicht von ihr, dass sie ihren Ehemann liebe. Sie weist seine Logik und ihn zurück. Angeblich mischt sich Eleanor von Aquitanien ein und sagt, »dass die Liebe unter Eheleuten ihre Kräfte nicht entfalten kann. Und daher heißen wir es gut, dass erwähnte Frau die versprochene Liebe gewährt.«[59]

Es gibt keinen klareren Hinweis auf das Wesen der Ehe in den höchsten Kreisen der mittelalterlichen europäischen Gesellschaft. Selbst wenn jemand das Glück hatte, aus Liebe zu heiraten, hob die Institution der Ehe an sich das emotionale Band auf, das die Partner zu ihrer religiösen und rechtlichen Verbindung gebracht hatte. Abgesehen davon konnte die Liebe einer Frau erzwungen werden. Ihre Wünsche spielten keine Rolle, da man ihr nicht zutraute, ihre Liebe der richtigen Person zu gewähren. Vielmehr konnte sie auf den richtigen Mann verwiesen werden und war formbar genug, um den geeigneten Liebhaber auch anzunehmen. Und wenn sie so dumm war, zu glauben, dass ihre Liebe nach der Eheschließung fortbestehen werde und könne, hatte sie glücklicherweise den Hof, der sie eines Besseren belehrte.

Tatsächlich dürfen in all den Beispielen im Ratgeber Frauen kaum einmal die Objekte ihrer Liebe auswählen. Eine seltene Ausnahme ist Fall elf, in dem eine Frau wählen darf, ob sie »den Guten oder den Besseren« erhören will, wenn ein »guter und kluger Mann« von ihr Liebe erbittet und danach einer »von größerem inneren Wert«.[60] In allen anderen Fällen wird die Liebe und die sexuelle Zuwendung der Frauen als etwas behandelt, das ohne ihr Zutun zugewiesen werden kann, und als etwas, das *außerhalb* ihrer Ehe zugewiesen werden muss.

In Andreas' fiktiven Dialogen und Fällen ist ein roter Faden zu erkennen: Frauen sind sexualisierte Spielfiguren, die selbst sehr wenig zu sagen haben. Er betont mehrmals, dass sie ihre Liebe ihren Bewerbern freigebig gewähren müssen, und er versichert seinem Freund, dass sie jene Liebe (und den damit verbundenen heiß begehrten Sex) auch großzügig schenken werden, wenn die Männer, die an sie herantreten, die richtige Formel verwenden. Frauen am Hof sind Algorithmen, die nach festen Regeln auf angebotene Vorleistungen reagieren. Sie sind so sexbesessen und intellektuell so schwach, dass sie jedem Mann verfallen, der ihnen auf richtige Art schmeichelt, um aus ihren faden Pflichten gegenüber ihren Ehemännern auszubrechen.

Nachdem er ein ganzes Buch über die Verführung und ihre Regeln geschrieben hat, besteht Andreas jedoch schließlich darauf, dass die Männer zu ihrem eigenen Besten wie auch zum Besten der schlichten, leicht verführbaren Frauen die höfische Liebe und außerehelichen Sex meiden sollten. Er ruft seinen männlichen Lesern ins Gedächtnis: »Die Liebe nämlich bewirkt nicht nur, dass die Menschen ihres himmlischen Erbes beraubt werden, sondern entzieht auch gänzlich die Auszeichnungen dieser Welt.« Männer mögen ihren Spaß haben, doch sie und die Frauen, die sie im Auge haben, laufen Gefahr, ihren guten Ruf zu verlieren, wenn herauskommt, dass sie miteinander ins Bett gegangen sind. Männer müssen daher die Kontrolle übernehmen und der Versuchung widerstehen, die Frauen zu verführen, die nicht in der Lage sind, ihre Leidenschaft zu mäßigen.[61] Männer sind letztlich die Hüter der weiblichen Keuschheit. Entweder zügeln sie sich selbst, weigern sich, Lob und

Geschenke einzusetzen, und wehren sexuelle Avancen ab, oder sie verbinden sich mit Frauen in romantischer Liebe, und beide, sie und ihre Angebetete, stürzen unausweichlich ab.

Insgesamt rät Andreas seinem männlichen Leser: »Ausschweifend ist jede Frau auf der Welt ebenfalls. Denn keine Frau, wie hochberühmt sie auch kraft ihres Standes und Rangs sein mag, weist einen Mann von ihrem Lager zurück, wenn sie von ihm, mag er der gemeinste und niedrigste sein, weiß, dass er beim Werk der Venus potent ist.«[62] Und doch wird er schließlich unglücklich enden: Er wird ihr nie genug sein, denn das liegt im Wesen der Frau, und sie wird ihn für jemand anderen verlassen, denn sie ist unbeständig. Dieselben Vorstellungen finden sich in allen wichtigen späteren Werken zur mittelalterlichen Liebesdichtung wieder, etwa den Artussagen und *Tristan und Isolde*. In *Guigemar*, einem bretonischen *lai* oder romantischen erzählenden Gedicht aus der Feder der Marie de France (um 1160–1215), geht es um die Liebe des namengebenden Helden zu einer verheirateten Frau, die von ihrem Ehemann aus Eifersucht eingesperrt wird. Der Ehebruch beider führt zu einer noch härteren Gefangenschaft für die Dame wie auch zu einem Krieg mit schrecklichen Verlusten auf beiden Seiten. Nachdem sie ihrem Ehemann entkommen ist, wird sie von einem weiteren verliebten Herrn aufgegriffen. Guigemar gelingt es, die Frau zu befreien – um den Preis eines Krieges mit schrecklichen Verlusten auf beiden Seiten. Selbst in Chaucers *Troilus und Criseyde*, wo die Frau nicht verheiratet ist, zeigt sie sich dennoch wankelmütig. Criseyde enttäuscht Troilus' Vertrauen, als sie beschließt, nach dem Vollzug ihrer Beziehung nicht mit ihm wegzulaufen. Vielmehr lässt sie sich von dem griechischen Krieger Diomedes umwerben.

In einigen Werken der Minneliteratur sind Frauen beständiger als die Männer, etwa in Marie de France' *Eliduc,* einem *lai*, in dem der Titelheld eine treue Ehefrau zu Hause hat und sich eine neue Geliebte auf der anderen Seite des Ärmelkanals sucht. Doch solche Beispiele treuer Frauen sind so selten, dass sie eher als Ausnahmen gelten können denn als ein solides Argument für die Beständigkeit weiblicher Liebe.

Es ist ebenso unzureichend, wenn man behauptet, dass die Frauen im höfischen Umfeld untreu sind. Das Genre mag verfasst worden sein, um die Lebensumstände einer gehobenen Schicht widerzuspiegeln, aber das Wissen darum beschränkte sich nicht auf diese Kreise. Die Geschichten verbreiteten sich in der ganzen Gesellschaft, mit einigen Veränderungen, als verschiedene Schreiber sie immer wieder kopierten. Dann wurden sie einem begierigen Publikum als Lieder oder Gedichte vorgetragen. Und so taucht dieselbe Haltung gegenüber Frauen schließlich auch in der populären Literatur auf. Das Denken in Chaucers anspruchsvollem Versepos *Troilus und Criseyde* etwa wiederholt sich in seinen derben *Canterbury-Erzählungen*. Untreue Ehefrauen sind die tragenden Säulen der »Erzählung des Müllers«, der »Erzählung des Kaufmanns« und der »Erzählung des Schiffsherrn«; auch in der »Erzählung des Kochs« (einem nicht fertiggestellten Fragment über eine Ehefrau, die sich ihren Lebensunterhalt als Sexarbeiterin verdient) finden sich entsprechende Anspielungen. Selbst unter den einfachen Bürgern hieß es, Frauen heirateten nicht aus Liebe, sondern um Sicherheit und vielleicht auch Sex zu bekommen.

Die erhaltene Literatur sowie die wissenschaftlichen und theologischen Klagen der Zeit vermitteln uns durchgängig, dass Frauen dumme, stärker von ihren sexuellen Begierden als von Intelligenz oder geistiger Leidenschaft bestimmte Geschöpfe sind. Kluge Männer wachten also über ihre Töchter wie auch über ihre Ehefrauen. Die Reinheit einer Frau zu wahren, war Aufgabe eines jeden besonnenen, logisch denkenden und treuen Mannes. Frauen konnte man das einfach nicht zutrauen, sie liefen Gefahr, ihre Heiratsaussichten, ihre Ehen und ihre unsterblichen Seelen aufs Spiel zu setzen.

Doch die Männer beschützten die Frauen nicht einfach um der Frauen willen, sondern auch, um ihren eigenen Ruf zu wahren. Ein Mann behielt seine Tochter im Auge, damit er sie zum Höchstpreis in eine Ehe geben konnte, die weder ihre sexuellen Bedürfnisse noch ihre Interessen befriedigte. Und er bewachte seine Ehefrau, um sicherzustellen, dass seine Ehre und sein Ansehen gewahrt blieben und die Kinder seine eigenen waren. Letztendlich ging es beim Sexualverhalten von Frauen um die Männer in ihrem Leben.

Sexuelle Lust

Die Sorgen in Bezug auf die weibliche Sexualität und Fortpflanzung begannen und endeten allerdings nicht außerhalb der Ehe. Es herrschte stets eine große Spannung rund um die weibliche Sexualität. Die Zwei-Samen-Theorie (siehe S. 147) hatte ein Problem aufgebracht: Wenn die Samen der Frau *und* des Mannes für eine Empfängnis nötig waren, musste die Frau einen Orgasmus haben, um ihren Samen freizusetzen, genau wie es bei Männern der Fall war. Aus theologischer Sicht war das keine große Sache. Ein Paar hatte einfach den notwendigen penetrierenden Sex, beide bekamen einen Orgasmus, und voilà – ein Baby. In einer göttlich geordneten Welt, in der es Sex nur gab, um den Wünschen Gottes zu entsprechen, würden die für die Fortpflanzung notwendigen Orgasmen schon passieren.

Damals wie heute jedoch garantierte Vaginalverkehr in keinster Weise, dass die Frau einen Orgasmus hatte, egal, wie sehr Thomas von Aquin auch darauf beharrte. Wie Avicenna schrieb, musste die »weibliche Lust« als ein Faktor bei der Fortpflanzung betrachtet werden, denn »wenn die Frau kein Sperma abgibt, findet keine Empfängnis statt«.[63] Aus moderner Sicht ist die Klitorisstimulation eine einfache Lösung dieses Problems. Im mittelalterlichen Kontext allerdings war dies viel schwieriger, weil die Klitoris erst noch als ein eigener Teil der Vulva wahrgenommen werden musste. Dass man sie übersah, hing wohl auch mit dem Konzept des weiblichen Körpers als einer Umstülpung des männlichen zusammen (siehe Kapitel 2).

Nun muss man sagen, dass sich die menschlichen Geschlechtsorgane tatsächlich bemerkenswert ähnlich sind. Eierstöcke finden ihre Entsprechung mehr oder weniger in den Testikeln. Doch in ihrem Wunsch, die Fortpflanzungsorgane im anderen vollkommen gespiegelt zu sehen, identifizierten antike und mittelalterliche Ärzte die Gebärmutter fälschlich als das obere Ende des nach innen gestülpten Penis und die Vagina als das Äquivalent des hohlen Samenleiters. Dabei entspricht eigentlich die Klitoris dem Penis. Beide haben eine Eichel; beide sind aus einem schwammartigen Gewebe und werden hart, wenn sich im erregten Zustand Blut in ihnen staut; und beide haben einen Hautüberzug, der verhindert, dass sie wund werden. Die größten Unterschiede bestehen darin, dass die Klitoris keine Harnröhre hat und der Penis im Allgemeinen weiter vorsteht.

Wie der Sex-Coach Justin Hancock sagt, »haben nicht alle Menschen vergleichbare Körperteile (und es liegt uns fern, die Ideologie, es gäbe nur männlich oder weiblich, durch eine andere, ebenso einschränkende zu ersetzen), aber es gibt mehr Ähnlichkeiten, als die Leute glauben, und die Unterschiede haben nicht immer etwas mit dem Geschlecht oder binären Vorstellungen von Sex zu tun«.[64] Der Wunsch, ein genaues Spiegelbild eines Körpers in einem anderen zu finden, führte bis in die Moderne zu einer gewissen Verwirrung rund um die empfindlichsten Geschlechtsorgane. Doch in Anbetracht der allgemeinen Ähnlichkeiten, die zu beobachten sind, ist die mittelalterliche Konfusion rund um die Funktion der Klitoris ein Stück weit verständlich. Die Ahnungslosigkeit der Ärzte war nicht unbedingt überraschend. Zunächst einmal waren sie an klassischen Denkern wie Galen geschult worden. Sie konnten Galens Wissen erweitern, doch es war unmöglich, seine Autorität infrage zu stellen. Zudem galt in einem christlichen Kontext der Körper als ein göttlicher Entwurf, in dem jeder Teil eine ihm zugewiesene Rolle zu spielen hatte. Wenn die sexuelle Lust explizit mit der Sünde und dem Sündenfall verbunden wurde, war schon die Vorstellung, dass ein Körperteil allein zum Zwecke der sexuellen Erregung existieren könnte, undenkbar. Gott würde sich nie herablassen, etwas zu schaffen, das nur dazu da war, Sex noch aufregender zu machen. In dieser Zeit basierten anatomische Beschreibungen nicht auf Betrachtungen, wie Körper tatsächlich funktionieren.

Und doch konnten Beobachter feststellen, dass es Frauen offenbar gefiel, an der Klitoris stimuliert zu werden. Pietro d'Abano (um 1257–1315), ein Medizinprofessor an der berühmten Universität Padua, bemerkte in seinem *Conciliator*, dass es Frauen sexuell erregt, »wenn man die obere Öffnung nahe ihrer Scham reibt; so bringen die Unbesonnenen oder Neugierigen [*curiosi*] sie zum Orgasmus. Denn der Genuss, der von diesem Körperteil ausgehen kann, ist vergleichbar mit dem von der Spitze des Penis.«[65] Sobald medizinisch Gebildete die eigene Beobachtungsgabe einsetzten, waren sie also durchaus in der Lage, das orgasmische Potenzial der Klitoris zu identifizieren.

Pietros genauer Bericht über die Nützlichkeit der Klitoris für manche Frauen empfiehlt diese Praxis allerdings offenbar nicht unbedingt, wenn er diejenigen, die auf Klitorisstimulation zurückgreifen, als »die Aufdringlichen« oder vielleicht »die Neugierigen« bezeichnet. In einer idealen Welt kamen Frauen allein durch Penetrierung zum Orgasmus. Neugier auf alles jenseits der Fortpflanzungsaktivität war unziemlich und wurde sogar mit der Neugier verbunden, die Eva zum Sündenfall getrieben hatte. Medizinische Autoritäten erkannten, dass Klitorisstimulation Frauen erregte, und erwähnten die Technik, um das Verlangen zu wecken, gingen dann aber schnell zum eigentlichen Geschlechtsverkehr über.

Avicenna sprach sich für diese Methode aus und erklärte seiner Leserschaft: »Männer … sollten Brüste und Scham [der Frau] streicheln und ihre Partnerin in die Arme nehmen, ohne den Akt wirklich zu vollziehen.« Erst nachdem die Frau auf diese Weise erregt war, sollte der Mann an penetrierenden Sex denken. Avicenna hatte vielleicht verstanden, dass Frauen das Stimulieren der Klitoris genießen, aber gleichzeitig erklärte er, die Probleme der Frauen beim Sex seien mit kleinen Penissen verbunden, die so »oft ein Hemmnis für den Höhepunkt und den Erguss in der Frau« seien.[66] Die besten medizinischen Fachleute waren mehrere Jahrhunderte lang vielleicht in der Lage, herauszufinden, was Frauen lustvoll finden, aber sie versuchten sofort, zur Diskussion über akzeptablen Zeugungssex zurückzukehren.

Die meisten mittelalterlichen Texte über die Klitoris wurden von Männern für eine vorrangig männliche Leserschaft verfasst. In diesem Kontext konzentriert sich die Behandlung des Orgasmus und der Frage, wie Frauen ihn erleben, voll und ganz auf das Ziel, auf das die Männer zusteuern: Nachkommen. Es geht ihnen nicht um Sex zum Vergnügen, sondern darum, wie man eine bestimmte körperliche Reaktion hervorruft. Daher können wir verstehen, warum die Klitoris in medizinischen Handbüchern übersehen wurde, denn was Frauen beim Sex fühlten, war nur wichtig, wenn es darum ging, eine medizinische Hürde zu nehmen: Orgasmen gab es, um Kinder zu zeugen, und erst, wenn die Kinder nicht kamen, musste man sich darüber Sorgen machen. Weshalb sollte man vorher einen Gedanken daran verschwenden, wie eine Frau überhaupt zum Orgasmus kommen könnte?

Die Theorie, dass der Orgasmus für die Empfängnis vonnöten sei, hatte verstörende und entwürdigende Aspekte. So hieß es, Frauen, die sich ihren Lebensunterhalt als Sexarbeiterin verdienten (über die wir in Kapitel 4 noch ausführlicher sprechen werden), könnten nicht schwanger werden.[67] Diese Vorstellung hatte einen doppelt zerstörerischen Einfluss auf die betroffenen Frauen. Erstens ermutigte sie Männer, nicht an die Möglichkeit, ein Kind zu zeugen, zu denken, wenn sie penetrierenden Sex mit Frauen hatten, die sie bezahlten. Zweitens klassifizierte sie Sexarbeiterinnen als Individuen außerhalb ihres eigentlichen Geschlechts. Unfähig zur Lust und allein durch ein Interesse am Geld motiviert, konnten solche Frauen gefahrlos ignoriert werden, da sie selbst die gierige Lüsternheit der normalen Frau aufgegeben hatten.

Mittelalterliche Denker räumten ein, dass es Sexarbeiterinnen in manchen seltenen Fällen gelang, Liebe bei einem Mann zu finden. In diesen Fällen entzündete, so hieß es, romantische Liebe ihr sexuelles Interesse neu und damit ihre Fähigkeit, sich fortzupflanzen. Und doch ging es im Grunde nicht um die betreffenden Frauen. Sie wurden als passive sexuelle Wesen gesehen, die entweder auf Geld von ihren Kunden warten oder auf romantischen Trost bei irgendeinem Mann, der sich dazu herablässt, mit ihnen zusammen zu sein, und sie wieder zu »echten« Frauen macht, ein Status, der durch ihre Fähigkeit, Kinder zu bekommen, bestimmt ist.

Auch Vergewaltigungsopfer setzte die Vorstellung, dass für die Empfängnis ein Orgasmus Voraussetzung sei, unter Druck. Vergewaltigung wurde weitgehend als ein Besitzstreit unter Männern verstanden, wobei die geschädigte Partei der Mann war, zu dessen Haushalt die betreffende Frau rechtmäßig gehörte. Das konnte also ein Vater (oder ein anderer männlicher Verwandter) oder ein Ehemann sein. Diesem Verständnis nach musste der Vergewaltiger die Frau einfach dem Mann zurückgeben, unter dessen Autorität sie stand, und zur Sühne einen »Preis für ihre Reinheit zahlen«, also eine Strafe an den besagten Mann.[68] Nach diesem Konzept ist schon die Definition von Vergewaltigung dehnbar. Thomas von Aquin unterscheidet zum Beispiel nicht zwischen einer unverheirateten Frau, die aus dem Haus ihrer Eltern geraubt und vergewaltigt wird, und einer Frau, die aus dem Haus ihrer Eltern entführt wird und anschließend beschließt, das zu haben, was wir einvernehmlichen Sex nennen würden und was Thomas den »Akt der Unzucht« nennt. Und selbst wenn eine Frau aus dem Haus ihrer Eltern geholt wird und beschließt, ihren Entführer ohne Zustimmung ihrer Eltern zu heiraten, ist auch das Vergewaltigung.[69] Der Schlüssel liegt in der Zustimmung des Mannes, der die Frau, um die es geht, unter seiner Kontrolle haben sollte.

Die Menschen des Mittelalters waren durchgängig der Ansicht, Vergewaltigung sei ein schweres Verbrechen und die angegriffenen Frauen würden den Sex nicht genießen. Und doch wurden vergewaltigte Frauen, die, soweit man das sehen konnte, zutiefst erschüttert waren, manchmal schwanger. Der Philosoph Wilhelm von Conches (um 1090–1155/70) lieferte eine Erklärung dafür: »Obwohl vergewaltigte Frauen den Akt am Anfang ablehnen, gefällt er ihnen am Ende wegen der Schwäche ihres Fleisches doch.«[70] Mit anderen Worten: Wenn eine Frau nach einer Vergewaltigung schwanger wurde, hatte sie sie wohl letztlich doch genossen.

Ein solch hämischer Umgang mit den Qualen dieser Frauen hatte seine Wurzeln sicher auch darin, dass das Christentum die Menschen als sündige, von niederen Instinkten getriebene Geschöpfe sah. Zudem waren Frauen angeblich für solche Schwächen anfälliger als Männer. Einer Frau »Lust« beim Geschlechtsakt zuzuschreiben, konnte leicht benutzt werden, um sie nach einem traumatischen Ereignis zu beschämen – ebenso konnte die Idee liebende Männer aber auch dazu ermutigen, die Bedürfnisse ihrer Partnerin beim Sex zu bedenken.

All diese Spekulationen über den weiblichen Orgasmus ließen die wahren sexuellen Vorlieben von Frauen im Dunkeln. Es war schön und gut, wenn Mediziner wie Avicenna Methoden darlegten, die einen Orgasmus wahrscheinlicher machten. Von einer theologischen Warte aus waren jedoch solche Interessen bestenfalls fragwürdig. An welchem Punkt küssten sich Paare als Vorbereitung auf akzeptablen ehelichen Beischlaf, und an welchem Punkt rutschten sie in »Lüsternheit« ab?

Sexuelle Gesundheit

Die fehlgeleitete Leidenschaft der Frauen konnte nach mittelalterlicher Auffassung später einmal zu gesundheitlichen Problemen führen – für die Frauen wie für die Männer, die mit ihnen schliefen. Die Menschen des Mittelalters wunderten sich, dass Frauen auch während ihrer Menstruation offenbar an Sex interessiert waren. In ihren Augen war dies der Beleg für die lüsterne Natur der Frauen, denn keine andere Tierart hatte Geschlechtsverkehr, wenn eine Empfängnis nicht möglich war. Sex während der Menstruation galt, wie schon gesagt, als Unzucht und damit als Sünde; zumindest war er für Thomas von Aquin, der die Dinge gern kategorisierte, »unlogisch«. Und abgesehen von der Sünde mussten Männer, die sich dazu hatten verlocken lassen, mit menstruierenden Frauen zu schlafen, bedenken, dass sie sich einer der gefürchtetsten mittelalterlichen Krankheiten aussetzten – der Lepra.

Lepra ist eine bakterielle Infektion, hervorgerufen durch *Mycobacterium leprae* oder *Mycobacterium lepromatosis*. Sie ist behandelbar, kann jedoch ohne medizinische Intervention zu schweren Schäden an Haut, Augen, Atemapparat und Nerven führen. Erste Berichte stammen aus Alexandria im dritten Jahrhundert v. Chr., und vielleicht sind Ihnen auch die Gastspiele der Krankheit in der Bibel aufgefallen. Lepra war im mittelalterlichen Europa endemisch und in einer Welt ohne Antibiotika eine echte Geißel. Die Ausschläge, die sie hervorruft, machten Kranke empfänglicher für sekundäre bakterielle und virale Infektionen, die manchmal zum Verlust von Gliedmaßen führten. Die Menschen des Mittelalters lebten in der ständigen Angst, sich diese schmerzhafte Krankheit zuzuziehen, die als sehr ansteckend galt. Leprakranke wurden oft aus der Gemeinschaft ausgeschlossen und gezwungen, in sogenannten Leprosenhäusern zu leben, die wohlhabende Menschen als Zeichen ihrer Frömmigkeit stifteten.

Leprakranke zogen Mitleid und Abscheu gleichzeitig auf sich. Viele gesunde Menschen rührten ihre offensichtlichen Schmerzen und Qualen. Die Kranken überlebten mithilfe einer Kombination aus wohltätigen Schenkungen und Bettelei. Oft aber wurde Lepra auch mit Sündhaftigkeit in Verbindung gebracht. Der dominikanische Generalobere Humbert de Romans (um 1194–1277) bietet uns einen kurzen Blick auf die schlechte Meinung, die man von Menschen mit Lepra hatte: »Sie lästern Gott wie Menschen in der Hölle … sie kämpfen untereinander … [und] da sie jede Mäßigung der Feuer ihres Verlangens ablegen, geben sie sich der Wollust und dem obszönen Verhalten hin.«[71]

Dass Leprakranke als besonders lüstern angesehen wurden, ging offenbar auf die Vorstellung zurück, dass man sich Lepra durch den sexuellen Kontakt mit einer leprakranken Frau zuzog – oder mit einer Frau, die gerade ihre Tage hatte. In beiden Fällen konnten Männer Lepra bekommen, und im ersteren konnte ein dem Untergang geweihtes Kind zur Welt kommen, da »von dem Samen ein verdorbener Fötus geboren wird«.[72]

Die Autoren dieser Texte verwendeten den Begriff *Lepra* vielleicht auch, wenn sie über sexuell übertragbare Infektionen wie Herpes oder Gonorrhöe sprachen. Lepra war so fest mit sexueller Lasterhaftigkeit verbunden und nahm einen so überdimensionalen Platz in den mittelalterlichen Ängsten ein, dass es aus ihrer Sicht sinnvoll war, diese Infektionen zusammenzufassen.

Das Risiko, sich beim Sex mit einer menstruierenden Frau mit Lepra anzustecken, hatte auch etwas mit den allgemeinen Vorstellungen in Bezug auf die Menstruation zu tun. In der galenischen Theorie lieferte Menstruationsblut die Nahrung für den Embryo. Der persische Galenist 'Ali ibn al-'Abbas al-Madschusi († um 982) war der Ansicht, Menstruationsblut forme »die Leber und die anderen fleischigen Teile mit Ausnahme des Herzens«, das seinerseits aus arteriellem Blut entstehe.[73] Wenn Frauen nicht schwanger waren, sammelte sich Menstruationsblut als schädlicher Körpersaft in ihnen. Und da Frauen kalt und feucht waren, mussten sie dieses Blut nach außen abgeben.

Die Menstruation war demzufolge ein natürlicher Aderlass, bei dem sich der weibliche Körper des überflüssigen Blutes entledigte, das ihn ansonsten schaden würde. Man glaubte, dass die verdorbene Natur dieses Blutes durch sexuellen Kontakt zu Lepra führe. Angeblich verursachte es auch ein ganzes Bündel anderer Übel: Es ließ Ernten verdorren, trübte Spiegel ein, und unter ganz extremen Umständen tötete es Menschen entweder durch den Kontakt mit dem Blut oder einfach durch den Blick der menstruierenden Frau.

So verderblich Menstruationsblut also war – noch beunruhigender waren Frauen, die nicht mehr menstruierten. Bei Frauen in der Menopause nahm man nicht an, dass sie das angebliche Ungleichgewicht der Körpersäfte überwunden hatten, das die Menstruation überhaupt nötig machte, sondern dass sich das schädliche Blut jetzt in ihnen aufstaute, weil sie zu kalt und feucht waren, um den Überschuss zu verbrennen. Deshalb waren sie durch das Gift so verdorben, dass sie Kinder in der Wiege mit einem Blick töten konnten. Wenn jemand verdorben genug war, dass er Sex mit einer Frau nach der Menopause hatte, die nicht mehr schwanger werden konnte, riskierte er Krankheit und plötzlichen Tod und natürlich seine Seele, weil er Unzucht trieb.

Wilhelm von Conches, eine der meistgelesenen medizinischen Autoritäten des Mittelalters, versuchte auch, eine der großen Fragen zu Sex und Lepra zu beantworten: »Warum wird eine Frau, die bei einem Leprosen liegt, nicht angesteckt, und doch erkrankt der Mann, der als nächster bei ihr liegt, an Lepra?« Wilhelm schrieb das dem Faktum zu, dass »die wärmste Frau kälter ist als der kälteste Mann. Eine solche Beschaffenheit ist hart und widersteht der Verderbnis … Dennoch bleibt der faulige Stoff aus dem Geschlechtsverkehr mit dem Leprakranken in ihr. Wenn also ein [zweiter] Mann mit seinem Glied in sie eindringt … zieht es … die Verderbnis an und übergibt sie an die benachbarten Körperteile.«[74]

Hier wird das Wesen der Frau auf verschiedenen Ebenen behandelt. Ihre kalte und feuchte Natur führt dazu, dass sich in ihren Genitalien Toxine bilden, die die Lepra beim Sex verbreiten können. Frauen können sogar mit einem Blick töten, wenn sie ihre Toxine nicht mehr auf andere Weise loswerden. Ebendiese kalte und feuchte Natur bedeutet aber auch, dass sie selbst gegen eine Ansteckung immun sind. Schließlich können sie fauliges Menstruationsblut bilden, ohne dass es sie mit Lepra ansteckt, deshalb leuchtet es ein, dass sie auch immun gegen Lepra sind, wenn sie ihnen sexuell übertragen wird.

Glücklicherweise gab es für Männer, die wegen der sexuellen Eskapaden von Frauen mit Lepra in Kontakt gekommen waren, zumindest theoretisch einige medizinische Maßnahmen, um die Ansteckung zu verhindern. Johannes von Gaddesden (um 1280–1361) empfahl bei einem Kontakt mit Menstruationsblut oder Lepra: »Wenn du dein Organ vor allem Schaden bewahren willst und vermutest, dass deine Partnerin verdorben ist, reinige dich, sobald du es herausgezogen hast, mit kaltem Wasser, in das du Essig gemischt hast, oder mit Urin.«[75] Die meisten mittelalterlichen Denker waren übereinstimmend der Ansicht, dass es am sichersten sei, auf Sex zu verzichten, wenn man keine Lepra bekommen wollte, doch Männer fanden es vielleicht unmöglich, den Sirenengesängen lüsterner Frauen zu widerstehen, die ihnen keine Ruhe ließen.

Während Männern Möglichkeiten an die Hand gegeben wurden, sich gegen Lepra zu wappnen, habe ich keinen medizinischen Ratschlag zur Vorbeugung für Frauen entdeckt. Rezepte gegen Genitalverletzungen und Pusteln nehmen ihren Platz ein. In der *Trotula* finden sich zwei Herstellungsanweisungen für Arzneien namens Hiera logadion und Theriak, die sich rühmen, »die Monatsblutung auszulösen« und »lepröse Wunden« zu lindern.[76] Solche Rezepte deuten Verbindungen zwischen den Gefahren von zurückgehaltenem Menstruationsblut und Lepra an, wobei allerdings beide auch behaupten, eine ganze Palette von Leiden zu heilen, darunter den Stau schwarzer Galle, Migräne, und im Fall von Hiera logadion sogar dämonische Besessenheit.

Die Nüchternheit, mit der die *Trotula* die Behandlung von Leprasymptomen beschreibt, scheint zu zeigen, dass diejenigen, die diese Abschnitte zusammenstellten, den Eindruck hatten, dass Frauen im Gegensatz zur angeblichen Immunität die Krankheit unweigerlich bekommen würden. Da der Alterungsprozess sie ganz natürlich mit sich bringen konnte, mussten Frauen einfach wissen, wie man die Symptome behandelte. Glücklicherweise konnte dieselbe Salbe, mit der man Migräne bei Frauen behandelte, auch gegen Lepra eingesetzt werden. Die Frauen erkannten die medizinischen Warnungen, die sie als Überträgerinnen der Lepra denunzierten, offenbar bis zu einem gewissen Grad an. Sie reagierten, indem sie ihr Bestes taten und sich kümmerten, wenn sie infiziert waren.

Sexueller Kontakt mit Frauen galt also als medizinisch riskant. Trotzdem konnten Frauen, die keinen Sex hatten, ebenfalls unter daraus entstehenden Krankheiten leiden. Seit dem Hochmittelalter warnten Ärzte vor der Geißel der *suffocatio* oder *prefocatio matricis*, einer »Erstickung« der Gebärmutter. Laut der *Trotula* konnte sie sich unter anderem als Appetitlosigkeit, Ohnmacht, niedriger Puls, schmerzhafte Kontraktionen, Verlust von Augenlicht oder Stimme und Zähneknirschen äußern.[77] Die *suffocatio*, ein beunruhigendes Leiden mit verschiedenen unangenehmen Symptomen, befiel Frauen ganz allgemein, aber besonders Witwen, die früher regelmäßig mit ihrem Ehepartner geschlafen hatten, sowie Jungfrauen, die alt genug waren, um zu heiraten, es aber noch nicht getan hatten.

Constantinus Africanus hielt fest, Witwen und Jungfrauen litten unter dieser Krankheit, weil ihre Gebärmutter erstickt würde durch eine »Überfülle an [weiblichem] Sperma oder dessen Zersetzung, … [die] auftritt, wenn Frauen die Vereinigung mit einem Mann genommen wird«. Dieses überzählige Sperma verfaulte zu einem Gift, das sich in einen Rauch verwandelte, bis zum Zwerchfell aufstieg und die Gebärmutter erstickte.[78] Die beste Behandlung bestand darin, ein akzeptables sexuelles Ventil zu finden oder, wie Johannes von Gaddesden empfahl, zu heiraten.

Die *suffocatio* zeigte, dass Frauen, die sexuell nicht aktiv waren, offenbar die Immunität gegenüber ihrem eigenen Sperma fehlte. Die giftigen Eigenschaften von Frauen im reproduktiven Alter wandten sich gegen sie selbst, wenn ihnen ein sexuelles Ventil fehlte. Wie man es auch drehte und wendete, letztendlich waren Frauen im Kern giftige Wesen.

Manche Frauen waren nicht verheiratet, weil sie noch jung waren, religiöse Gelübde abgelegt hatten oder als Witwen nicht noch einmal heiraten wollten. Sie alle litten potenziell unter erstickten Gebärmüttern, doch auch dafür gab es medizinische Lösungen. Die *Trotula* empfahl Frauen, ihre Scheide von innen und außen mit warmen, süß duftenden Ölen und Salben einzucremen, die die Monatsblutung anregen sollten. Falls das nicht funktionierte, konnten sie Schröpfgläser in der Schamgegend anbringen. Alternativ konnten sie mittels eines Pessars den pulverisierten Penis eines Fuchses oder Rehbocks einführen.[79] Johannes von Gaddesden wies Hebammen dazu an, ihre Finger mit dem Öl von Lilien, Lorbeer oder Aralie zu benetzen, sie dann in die Scheide der Leidenden einzuführen und kräftig zu schütteln.[80] Diese medizinische Intervention hört sich verdächtig nach dem an, was Sie und ich vielleicht Fingern nennen würden. Und wir sind nicht allein mit dieser

Vermutung – die medizinische Koryphäe Albertus Magnus spricht diese Bedenken auch in seinem *Sentenzenkommentar* an: »Die Hand, die besudelt, führt zu Schlaffheit und Unzucht, doch die Hand, die heilt, tut das nicht … Die Hand besudelt oder verdirbt diese Frauen nicht, sondern heilt sie vielmehr.«[81] Soll heißen: Weil Frauen nun einmal so gebaut sind, ist es manchmal notwendig, sie zu masturbieren, und dabei muss man eine Linie zwischen medizinischer Intervention und Unzucht ziehen. Es war sinnvoll, wenn Frauen eine solche neutrale Intervention erfuhren, damit sie sich nicht *echter* Unzucht miteinander oder der »einsamen Sünde« der Masturbation zuwandten.

Solo-Sex

Die unverhohlen sexuelle weibliche Natur und die angeblichen Gesundheitsrisiken, die eine Abstinenz mit sich brachte, ließen die Befürchtung aufkommen, dass Frauen sich selbst stimulierten, wann immer sie Lust dazu hatten. Albertus Magnus war der Ansicht, dass vor allem heranwachsende Mädchen unter solchen Betätigungen »litten«, über Männer und ihre Geschlechtsorgane fantasierten »und sich oft selbst stark mit ihren Fingern oder mit anderen Gerätschaften reiben, bis, nachdem sich die Gefäße durch die Hitze des Reibens und des Koitus entspannt haben, die Spermaflüssigkeit austritt … und dann ist ihr Unterleib wieder gemäßigt und sie werden keuscher«.[82] Ärzte betrachteten Masturbation also zumindest unter jungen Frauen als eine Reaktion auf ein medizinisches Problem und als eine körperliche Notwendigkeit. Die jungen Frauen verhielten sich etwa so, wie es auch ein mittelalterlicher Mediziner verordnen würde, um die Unannehmlichkeiten durch überschüssiges Sperma zu lindern. Albertus' Reaktion ist weitgehend klinisch, er liefert eine medizinische Fassung von *»girls will be girls«* zur Frage der Selbstbefriedigung. Wenn Frauen sexuelle Wesen waren, die aus medizinischen Gründen die Freisetzung von weiblichem Sperma brauchten, war es verständlich, wenn auch nicht lobenswert, wenn sie sich gegebenenfalls so verhielten.

Theologen waren allerdings nicht so einfach bereit, lasterhafte sexuelle Aktivität zu entschuldigen. Viele hielten es für notwendig, die beiden sexuellen Handlungen, die wir heute Masturbation und lesbischen Sex nennen, zu zügeln. Das mittelalterliche Denken verband, besonders wenn es um die weibliche Sexualität ging, gewöhnlich gleichgeschlechtlichen Sex und Selbstbefriedigung miteinander. Bischof Theodor von Tarsus (602–690) schrieb im *Poenitentiale Theodori*:

> 12. Wenn eine Frau Sünde mit einer Frau begeht, soll sie drei Jahre lang Buße tun.
> 13. Wenn sie allein diese Sünde begeht, soll sie dieselbe Zeit Buße tun.
> 14. Die Buße einer Witwe und eines Mädchens ist die gleiche. Eine Ehefrau verdient eine höhere Strafe, wenn sie Unzucht begeht.[83]

Theodor unterschied nicht zwischen Frauen, die Sex miteinander hatten, und Frauen, die sich selbst befriedigten. Doch seiner Ansicht nach waren solche Sünden ernster, wenn eine Frau, die das gesellschaftlich anerkannte sexuelle Ventil durch einen Ehemann hatte, sich entschied, ihn zugunsten der unerlaubten Aktivität zu vernachlässigen.

Ähnlich gab Burchard von Worms in seinem *Decretum* den Priestern den Tipp, die Frauen, die zur Beichte zu ihnen kamen, zu fragen, ob sie einen Umschnalldildo verwendeten, um mit einer anderen Frau zu schlafen, oder ob ihre Partnerin einen benutzte. Die Strafe? »Buße für fünf Jahre an den üblichen Feiertagen.« Frauen, die masturbierten, mussten »ein Jahr an den üblichen Feiertagen« Buße tun.[84] Burchard sah eine eindeutige Verbindung zwischen zwei Frauen, die Sex hatten, und Frauen, die sich selbst befriedigten, doch Sex mit einer anderen Frau war mit einer höheren Buße belegt, was anzeigt, dass er sündiger war.

Die Bündelung von lesbischem Sex und Masturbation scheint der Vorstellung entsprungen zu sein, dass beide Aktivitäten von Frauen ausgingen, die einen übermäßigen Sexualtrieb und kein Ventil für ihr Verlangen hatten. Doch Sex zwischen Frauen oder Solo-Sex »zählten« einfach nicht so wie Sex mit einem Mann. Darüber hinaus war für viele theologische Streitschriften lesbischer Sex eine Frage des Missbrauchs von Gegenständen zur Erlangung sexueller Lust. Hinkmar von Reims (806–882) zeigte sich beunruhigt darüber, dass Frauen andere Dinge als Penisersatz in ihre Scheide einführten.[85] Hier galt solcher Sex, selbst wenn eine Frau eine Partnerin hatte, als masturbatorisch und eine Sünde gegen »den eigenen Körper«.

Innerhalb eines Systems, in dem ein heterosexuelles Paar in Missionarsstellung die Standarddefinition von Sex darstellte, war Solo- oder lesbischer Sex tatsächlich schwer zu verstehen. Selbst Albertus Magnus, der mehr über das »Reiben« als über das Einführen von Gegenständen schrieb, als er das Thema »masturbierende Frauen« behandelte, bestand darauf, dass die betreffenden Mädchen sich beim Akt »die Geschlechtsteile der Männer vorstellen«. Implizit ging es darum, dass Frauen, sobald sich ihnen die Chance bot, immer lieber Sex mit einem Mann hatten, dass sie sich aber in einer Krise auch anders behalfen. Ob mit einer anderen Frau oder mit sich selbst, war Geschmackssache.

Sexuelle Magie

Die lustvolle Natur der Frau war also eine Gefahr für die Ehe, für die Gesundheit der Männer und für die eigene Gesundheit, wenn sie aufgestaut wurde. Manche machten sich aber auch Gedanken darüber, dass ihre Sexbesessenheit die Frauen auch zum Okkulten bringen konnte. Burchard wies die Priester an, zu fragen, ob Frauen, um die Leidenschaft ihres Mannes zu steigern, »einen lebendigen Fisch nehmen und ihn sich in die Scheide stecken, wo sie ihn eine Weile lassen, bis er tot ist. Dann kochen oder braten sie ihn und geben ihn ihrem Ehemann zu essen.« In diesem Falle sollte die Frau »zwei Jahre Buße tun an den festgelegten Fastentagen«.[86]

Ehrlich gesagt klingt es ziemlich unwahrscheinlich, dass die Frauen des Mittelalters sich lebende Fische in die Scheide einführten und sie danach ihren Ehemännern vorsetzten – egal, wie schlecht ihr Sexleben auch gewesen sein mag. Doch die tatsächliche Praxis war nicht so wichtig angesichts der Tatsache, dass Burchard ein solches Verhalten plausibel fand und dass es ihn so beunruhigte, dass er Geistliche anwies, ihre weiblichen Gemeindemitglieder dazu zu befragen. Die Vorstellung, Frauen könnten lüstern genug sein, um einen Fisch in ihren Geschlechtsteilen ersticken zu lassen, wenn das nur mehr und besseren Sex brachte, war das eine. Das andere war, dass sie bereit waren, mit okkulter Magie ihr Seelenheil aufs Spiel zu setzen.

Versuche, durch den Einsatz von Magie an den natürlichen Gegebenheiten des Universums herumzupfuschen, machten den Theologen Sorgen. Im Allgemeinen waren sie der Ansicht, dass jemand, der die angeblich göttliche/natürliche Ordnung der Welt manipulierte, dazu auf dämonische Mittel zurückgreifen musste. In ihren Augen war Magisches allzu oft ein natürliches Phänomen (wie etwa Zitteraale und Magneten), doch sie mussten auch bedenken, wie ein Zauberspruch wirkte, und schrieben lange scholastische Abhandlungen dazu, ob er womöglich durch die Fürbitte der Engel erlangt werden konnte. Dramatische Veränderungen durch göttliches Eingreifen waren an sich Wunder und konnten nicht durch Zaubersprüche herbeigeführt werden. Wenn sich jedoch die Realität ihrem Wesen nach so änderte, dass sie Sex förderte, war zu vermuten, dass die Frauen mit dämonischen Mächten am Werk waren. Die Sexualität dieser Frauen brachte ihre Seelen und theoretisch auch die der Menschen in ihrem Umfeld in Gefahr. Schließlich ließen sich die Höllenmächte, ganz wie die Frauen, kaum zufriedenstellen.

Burchard hatte Sorge, dass dämonische Praktiken in den Rest der Gemeinde einsickern konnten. Von Natur aus waren Frauen für Klatsch und allzu lockere Gespräche immer zu haben, und in Anbetracht ihres gewaltigen Interesses am Sex und des üblen Einflusses, den Zaubersprüche in diesem Bereich hatten, teilten Frauen solche Informationen sicher. Irgendwoher mussten die Frauen schließlich von jenen Bohnen erfahren, die Erektionen verhinderten, oder von unorthodoxen Rezepten mit Fisch, um die Liebe zu steigern.

Und auch jenseits ihrer Angst vor solcher Magie spürten die Theologen, dass die weibliche Sexualität eine dämonische Qualität besaß. Oft beschuldigten sie Frauen, Männer mit ihrer Sexualität verzaubert oder verhext zu haben. Der Franziskaner Gerard Cagnoli (um 1267–1342) rühmte sich verschiedener Wunder, die zu seiner Heiligsprechung führten.

Eines war seine Fähigkeit, Männern, die »von einer verfluchten Frau besessen« waren, die Lust auszutreiben. Eine Mutter berichtete ihm einmal, ihr 21-jähriger Sohn sei »von einer Frau, die ihrem Ehemann untreu gewesen war, verhext und weggeführt worden«. Sie bat ihn einzugreifen und schwor, dass sie barfuß nach Pisa pilgern werde, wenn Gott ihren Sohn von dem befreie, was sie die »Fallstricke des Teufels« nannte.[87] Langer Rede kurzer Sinn, Gerard schaffte es, und der Sohn konnte sein Begehren gegenüber der bezaubernden Frau überwinden.

Ähnlich wurde im Norden Europas die hl. Birgitta von Schweden (um 1303–1373) gebeten einzugreifen, als ein Priester dem Zauber einer Hexe verfiel und »mit fleischlicher Versuchung wie ein Feuer brannte, sodass er nichts anderes denken konnte als verdorbene fleischliche Gedanken«. Er bat Birgitta flehentlich, dafür zu sorgen, dass er der Hexe widerstehen konnte. Birgitta betete für den Priester, und die Geschichte endete glücklich damit, dass die verführerische Hexe »ein Messer nahm und ihren Schoß damit aufschnitt und allen, die zuhörten, zurief: ›Komm, mein Teufel, und folge mir.‹ Und so setzte sie ihrem Leben mit einem solchen entsetzlichen Schrei ein elendes Ende.«[88]

In diesen beiden Fällen kam die Macht, das Denken der Männer zu schwächen und in einem Fall auch seine Lebensbahn in Richtung Sünde zu lenken, vom Teufel, doch die weibliche Sexualität war die Mittlerin. In beiden Fällen wird kein Gedanke an die Frauen verschwendet, die in der Theorie ja vielleicht auch von dämonischen Kräften vergiftet worden waren. Vielmehr sind Intervention und Sorge den »Opfern« vorbehalten – den Männern, die von ihnen sexuell verhext worden waren. Niemand kümmerte sich darum, ob die Frauen in diesen Geschichten später ihr Leben wieder in den Griff bekamen. Im schwedischen Fall wurde sogar der grausame Tod der Frau gefeiert. Die Botschaft war eindeutig: Die weibliche Sexualität war eine dämonische Kraft, gegen die die Männer Gottes Schutz erbeten mussten. Die Männer waren für ihre Obsessionen oder Dämonen nicht verantwortlich. Die Frauen schon. Sie förderten ihre eigene Verdammung und übertrugen sie auf erwachsene Männer, die offenbar noch immer den Schutz ihrer Mutter brauchten.

Im späten 15. Jahrhundert spitzten sich die Bedenken in Bezug auf die okkulten Interessen und die dämonische Sexualität der Frauen zu. Der *Malleus Malificarum* oder *Hexenhammer* kreiste um solche Ängste. Geschrieben von wenigstens einem besorgten Inquisitor, Heinrich Kramer (um 1430–1505), sollte der *Malleus* als ein Beleg dafür dienen, dass es Zauberei wirklich gab, und gleichzeitig als ein Ratgeber, wie sie zu stoppen war.[89] Wenn die Leser des *Malleus* sich fragten, warum ein solches Werk nötig war, lieferte es selbst eine praktische Antwort – wegen der weiblichen Sexualität.

Der *Malleus* enthält ein Kapitel mit dem Titel »Über Hexen, die mit den Dämonen kopulieren. Warum sich diese Form der Ruchlosigkeit bei dem so schwachen Geschlecht [der Frauen] öfter findet als bei den Männern«.[90] Das Werk präsentiert verschiedene Gründe dafür und listet dazu die typischen mittelalterlichen Konzepte in Bezug auf die Frauen auf: Sie seien »leichtgläubig« und »leichter zu beeinflussen«. Sie hätten »eine schlüpfrige Zunge«, weshalb »sie das, was sie durch schlechte Kunst wissen, ihren Genossinnen kaum verheimlichen können und sich heimlich, da sie schwach sind, leicht durch Schadenszauber zu rächen suchen«. Das führt zu dem Schluss: »Alles [geschieht] durch fleischliche Begierde, die bei ihnen unersättlich ist.«[91] Frauen hatten alle möglichen Fehler, doch der Kardinalfehler war ihre Wollust, da sie dadurch anfällig für die Verführungen des Teufels und Vermittlerinnen schwarzer Magie waren.

Laut dem *Malleus* gewannen Hexen ihre Kräfte durch einen dämonischen Pakt mit dem Teufel, der mithilfe von Sex bekräftigt wurde. Dann setzten die Hexen Zaubersprüche ein, in denen es oft darum ging, Geschlechtsverkehr zu haben, ihn zu verhindern oder aber die Fortpflanzung zu hemmen, wenn sie eifersüchtig wurden, weil Männer, die sie begehrten, mit anderen Frauen schliefen. Der *Malleus* behandelte so wichtige Fragen wie etwa, ob Hexen die Zeugung verhindern oder dafür sorgen konnten, dass es nicht zum Beischlaf kam; ob Hexen, die Hebammen waren, Schwangerschaftsabbrüche durchführten oder Neugeborene dem Teufel anboten; und ob Hexen Illusionen erschaffen konnten, durch die es so aussah, als sei der Penis eines Mannes nicht mehr mit seinem Körper verbunden.

Dieser letzte Zauber befiel nur den Mann und gab ihm den Eindruck, er sei kastriert. Alle anderen konnten sehen, dass der Betroffene durchaus einen Penis besaß, er selbst jedoch konnte ihn weder sehen noch benutzen. Gleichzeitig tauchte der scheinbar fehlende Penis anderswo auf, zur Freude der Hexen, die »solche Glieder in bisweilen beträchtlicher Menge, zwanzig oder dreißig auf einmal, in ein Vogelnest oder in irgendeinen Schrank einschließen, wo sie sich wie Lebewesen bewegen, Hafer oder Futter essend«.[92] Der Zauber funktionierte durch die Macht der Illusion, die angeblich so stark war, dass verzweifelte Männer sich um Rat an die Kirche wandten und dort die Hosen herunterließen, wenn sie ihren Penis nicht finden konnten.

Der *Malleus* beschrieb auch das Treiben jener Hexen, die Erektionen verhinderten, was sie tun konnten, weil der Geschlechtsverkehr die Quelle der Sünde war.[93] Ihre Fähigkeiten auf diesem Gebiet verweisen auf die allgemeine Spannung rund um Sex im mittelalterlichen und frühmodernen Denken. Theologen waren übereinstimmend der Ansicht, dass Geschlechtsverkehr im angemessenen Kontext erlaubt war, damit die menschliche Spezies überleben konnte. Doch selbst dann brachte er Probleme mit sich. Ideale Christ:innen sollten ihm ganz und gar entsagen, und deshalb hatte Gott auch nichts dagegen, ab und zu etwas Lustlosigkeit zuzulassen, um das unmissverständlich klarzumachen.

Doch der *Malleus* warnte vor noch Schlimmerem als gestohlenen Penissen und Erektionsstörungen: Hexen jeden Alters stillten ihre Lust miteinander und mit den Mächtigen und gut Vernetzten. Nachdem sie Gesetzgeber und sogar Kirchenleute verführt hatten, konnten sie sie herumkommandieren, um sich vor Schaden zu schützen und das eigene Ansehen in der Gesellschaft zu heben. Aus diesen geheimen sexuellen politischen Verbindungen erwuchs »nicht nur die Vernichtung des Glaubens, sondern auch täglich eine unerträgliche Gefahr«.[94] Die weibliche Sexualität war nicht nur einfach überbordend oder unangenehm. Sie war eine übernatürliche Bedrohung für das ganze Gefüge der Christenheit und jede Hoffnung auf eine gerechte Regierung. Uns Heutigen erscheint dies alles völlig überdreht, und die ersten Leser:innen des *Malleus* waren derselben Meinung. Sie lachten meist darüber. Schon dass Kramer in der Einleitung so beharrlich darauf bestand, dass es Hexen wirklich gab und dass das ein katholisches Dogma sei, deutet darauf hin, dass dies infrage gestellt wurde.[95] Die Menschen des Mittelalters glaubten durchaus, dass Frauen Magie einsetzten, wie Burchards *Decretum* zeigt. Doch die Art dieser Magie änderte sich allmählich.

Im neunten Jahrhundert versuchte Burchard die Leute von der Vorstellung abzubringen, dass Hexen nachts umherflogen und an rituellen Hexensabbaten teilnahmen – mitternächtlichen Treffen untereinander und mit Dämonen. Kramer dagegen erklärte ausdrücklich: »Dass sie also körperlich getragen werden können, wird auf verschiedene Arten gezeigt …«.[96] Der *Malleus* forderte seine Leser daher auf, zu bedenken, dass Frauen magische Handlungen wie das Fliegen beherrschten; und statt hier und da magische Praktiken aufzuschnappen, entschieden sie sich sehenden Auges für sexuell orientierte Teufelspakte. Die Menschen des Mittelalters glaubten mit anderen Worten, dass Frauen zu magischen Interventionen neigten und sie für sexuelle Zwecke einsetzten. Burchard und Kramer unterschieden sich nur in Folgendem: in ihrer Einschätzung der Reichweite des Problems und des Wahrheitsgehalts der einzelnen Geschichten, die man sich über solche Frauen erzählte.

Für die meisten Zeitgenossen von Kramer ging dieser Umschwung hin zur Überzeugung, dass plötzlich überall Hexen sein sollten, deutlich zu weit. Im Jahr 1484 verfolgte der fleißige Inquisitor Fälle von Hexerei in Tirol und verlor vor Gericht. Genervt von seinen Eskapaden bat der örtliche Bischof ihn, Innsbruck zu verlassen, weil er dort einen Aufstand provoziert hatte. Kramer sah sich nämlich mit juristischen Schwierigkeiten und Anklagen konfrontiert, weil er 1485 Helena Scheuberin, eine der von ihm wegen ihres Sexlebens Beschuldigten, vor Gericht gebracht hatte. Als er drei Jahre später sein *Opus magnum* verfasste, verstanden manche es als eine Apologie für seine gescheiterten Verfolgungen und als einen Versuch, sein Gesicht zu wahren. Bei seinem Erscheinen fanden die meisten, die den *Malleus* lasen, ihn lächerlich und seine Behauptungen unhaltbar. Doch Kramer blieb bei seinen Aussagen, und das Buch gewann langsam an Beliebtheit.

In der zweiten Hälfte des 16. Jahrhunderts waren die Bedenken von Kramers Zeitgenossen verschwunden. Jetzt erweckte das Buch in Anbetracht seines Alters und seiner weiten Verbreitung den Anschein einer gewissen Würde, und die unrühmlichen Taten seines Autors waren vergessen. Eine neue Gruppe selbst ernannter Hexenjäger nahm seinen Inhalt für bare Münze und setzte das Werk in der aufkommenden Hexenpanik des 17. Jahrhunderts ein. Der *Malleus* zählte zu den umfassendsten Werken, wenn es um die Gefahren von Frauen, Hexerei und Sexualität ging, aber er gründete auf mehr als einem Jahrtausend des Nachdenkens über Sexualität allgemein und über weibliche Sexualität im Besonderen. Die Vorstellung, dass Frauen Magie praktizierten, war, verbunden mit vor allem sexuellen Untertönen, ein allgemeines und altbekanntes Thema. Das Neue am *Malleus* war, dass er dem mittelalterlichen Denken einen modernen Anstrich verlieh. Er erklärte, die sexuelle Magie der Frauen sei *organisiert*. Hexen arbeiteten wissentlich direkt mit Dämonen zusammen und flogen zusammen zu einem seltsamen sexuell orientierten Hexentreffen, dem *Sabbat*. Sie waren ein Kollektiv, das nicht durch individuelles Eingreifen im Rahmen der Beichte, sondern von der gesamten Kirche gestoppt werden musste.

Modern am *Malleus* und späteren Hexenjägern war auch die Vorstellung, dass man dieser Magie mit Gewalt begegnen müsse. So schildert der Ratgeber das Vorgehen eines jungen Mannes durchaus positiv: »… da stürzte er sich auf sie, würgte sie, indem er ein Handtuch kräftig um den Hals zusammenzog«, bis »das schon geschwollene Gesicht blau wurde«.[97] Ganz offenbar zwang diese Gewalt Hexen, Männern die scheinbar abgeschnittenen Penisse zurückzugeben. Vergleichen Sie diese Lösung mit der früheren empfohlenen Abhilfe: Man sagte den Frauen, dass sie damit aufhören, fasten und Buße tun sollen. Gleich blieb, dass Männer sündige Frauen strafen mussten, möglichst, bevor sie ihren Körper, das Ansehen ihrer Familie, ihre Seele und die Gesellschaft als Ganze schädigten. Und im Laufe der Zeit fanden die Menschen angebliche Treffen von Frauen und Dämonen nicht immer unglaubwürdiger, sondern die Männer wurden feindlicher und gingen organisierter und brutaler gegen sie vor.

4

Frauen und Arbeit

In den Augen der modernen Gesellschaft ist das Thema »Frauen und Arbeit« im Großen und Ganzen ein neues Phänomen. Vor dem 20. Jahrhundert, so ist immer noch ab und an zu lesen, nahmen Frauen nicht am Wirtschaftsleben ihres Haushalts teil oder brachten zumindest kein Geld nach Hause. In der Vergangenheit lebten Frauen innerhalb der vier Wände ihres Heims, kümmerten sich um die Bedürfnisse ihrer Familien und waren an nicht häuslicher Arbeit nicht interessiert oder wurden davon abgehalten. Erst heute versuchen sie, in der Berufswelt »Fuß zu fassen« und »die gläserne Decke zu durchbrechen«.

Das ist Unfug. Sicherlich ist es eine anstrengende und ungewürdigte Arbeit, Kinder aufzuziehen und ein Heim wohnlich zu halten. Wer jemals für mehrere Kinder verantwortlich war, während er oder sie gleichzeitig versuchte, die Haushaltspflichten zu erledigen, kann bestätigen, dass das nichts ist, was man sich als Hobby aussuchen würde. Hausarbeit ist und war vor allem Arbeit, was sich schon daran zeigt, dass wohlhabende Menschen andere dafür anstellen, wo immer das möglich ist. Fairerweise muss man sagen, dass Häuslichkeit die wichtigste Erwartung war, die das mittelalterliche Europa an Frauen richtete. Sie heirateten. Sie wurden Mütter. Sie kümmerten sich um ihre Kinder und ihr Heim. Und doch begannen und endeten die Vorstellungen zu »Frauen und Arbeit« nicht am Herd.

Frauen haben immer einen gewaltigen Teil der Weltwirtschaft gestemmt. Tatsächlich war Frauenarbeit in der Vormoderne allgegenwärtig. Die Menschen des Mittelalters hätten gelacht über die Vorstellung, dass Frauen weitgehend in einer häuslichen Blase existierten, abgeschnitten von der gesellschaftlichen Realität von Arbeit und Beruf. Frauen aller Gesellschaftsschichten arbeiteten, und man erwartete das auch von ihnen.

Die Arbeit mittelalterlicher Frauen unterschied sich je nach ihrem Status und der Gegend, in der sie lebten. Frauen aus ärmeren Familien arbeiteten auf dem Land vornehmlich als Kleinbäuerinnen oder Landarbeiterinnen. Stammten sie aus angesehenen Familien, waren sie womöglich in großen Haushalten als Kammerfrauen oder sogar als Haushälterinnen beschäftigt. In den Städten dagegen waren Frauen in allen möglichen Berufen tätig, von der mühseligen Plackerei als Wäscherin über die immer noch anstrengende und mehr oder weniger profitable Arbeit des Brauens oder Backens bis hin zur hochgeschätzten Zunftarbeit. Auch Frauen aus den höchsten Schichten der Gesellschaft arbeiteten natürlich am Hof und waren sogar in hochrangige diplomatische und zeremonielle Aufgaben eingebunden. Gleichzeitig wählten manche Frauen ein religiöses Dasein, wurden Nonnen oder schlossen sich weltlichen religiösen Gemeinschaften wie den Beginen an, in denen sie arbeiteten und beteten.

Dieses Kapitel wird ein Licht auf das Arbeitsleben mittelalterlicher Frauen werfen, um besser verständlich zu machen, wie die mittelalterliche Welt funktionierte und wer genau all die Arbeit leistete. Es wird erklären, wie Arbeit in einer Welt vor der Einführung größerer Industrien ablief, und es wird uns darüber nachdenken lassen, was als Arbeit zählt. Die meisten Arbeitsstrukturen, die wir heute für selbstverständlich halten, sind überaus modern, doch unsere Bereitschaft, die Arbeit von Frauen als unwichtig zu übersehen, weil es eben Frauen sind, die sie tun, ist gleich geblieben.

Mutterschaft und Ehe

Wir stellen uns die Frauen des Mittelalters eher nicht als Arbeiterinnen vor, weil die wichtigste Erwartung an sie die Ehe und, ganz entscheidend, die Mutterschaft war. Junge Frauen verbrachten unabhängig von ihrem Platz in der Gesellschaft viel Zeit damit, sich auf ihre Rolle als Ehefrau und Mutter im Haushalt der Familie ihres Ehemannes vorzubereiten. Eltern versuchten, ihre Töchter so zu erziehen, dass sie kein »schmerzhaftes Ärgernis für ihren Bräutigam« waren, wie der Kirchenvater und Theologe Johannes Chrysostomos (347–407) es ausdrückte.[1] Wenn also eine junge unverheiratete Frau tatsächlich eine Art Ausbildung erhielt, war dies vor allem eine Investition in ihren theoretischen Wert als Braut. Gebildete Frauen waren gute Ehefrauen, da sie später ihre eigenen Kinder erziehen und ausbilden konnten, wie wir sehen werden. Man erwartete von ihnen auch, den Haushalt zu führen, eine Aufgabe, zu der man Geschäftssinn und in größeren Haushalten die Fähigkeit zur Personalführung brauchte. Wenn also ein Mädchen im Mittelalter unterrichtet wurde, war das nicht notwendigerweise eine altruistische Angelegenheit, um ihr zu ihrem eigenen Wohl etwas mitzugeben, sondern vielmehr eine kalkulierte Marketingstrategie und ein Mittel, sie als eine hervorragende potenzielle Mutter hervorzuheben.

Es gab viele Gründe, sich auf die Mutterschaft und das Gebären von Erben zu konzentrieren. Wie schon in Kapitel 3 beschrieben, war dies für die Reichen ein Weg, um sicherzustellen, dass der Familienbesitz an die nächste Generation weitergegeben und deren Interessen gewahrt wurden. Arme Familien brauchten ihre Kinder nicht unbedingt, um Besitz zu sichern, sondern als Hilfe bei der Arbeit. In einer auf Landwirtschaft beruhenden Gesellschaft war auf dem Hof jede Hand vonnöten, besonders, wenn sie nicht bezahlt werden musste. Doch unabhängig davon, ob man Kinder wollte, um das Erbe weiterzutragen oder um Hilfe auf dem Bauernhof zu haben, musste man eine bedeutsame Hürde überwinden: die Kindersterblichkeit. Ein erschreckend hoher Prozentsatz der Kinder starb, nicht nur im Mittelalter, sondern noch bis ins 20. Jahrhundert hinein. Wenigstens 20 bis 30 Prozent aller Kinder wurden keine sieben Jahre alt, und manche Wissenschaftler:innen setzen die Marke für das Mittelalter auch mit bis zu 50 Prozent an. Deshalb brauchten die Familien sehr viel mehr Geburten als wir heute, um die nächste Generation zu sichern.

All die Erben zu liefern, die ihre männlichen Verwandten von ihnen forderten, brachte das Leben der Frauen in große Gefahr, war jedoch ein akzeptierter Teil ihrer Position und Berufung als Ehefrauen. Der *Hali Meiðhad* oder *Brief über die Jungfräulichkeit*, der in den englischen Midlands geschrieben wurde, sprach vom Schmerz, den Gefahren und Sorgen der Mütter: »Beim Austragen [eines Kindes] kommt es zu Schwerfälligkeit und beständigen Beschwerden; bei der Geburt zu den grausamsten aller Schmerzen und manchmal zum Tod; bei der Aufzucht zu vielen erschöpften Stunden. … Bei Gott, Frau, … du solltest diesen Akt vor allem anderen meiden, der Unversehrtheit deines Fleisches, deinem Körper und deiner Gesundheit zuliebe.«[2] Die Gefahr und der Schmerz – die Mühen der

Geburt und der »Aufzucht« von Kindern – waren also auch mittelalterlichen Kommentatoren nicht entgangen. Dies war der Job, dessen Ausführung man von den Frauen des Mittelalters erwartete, und es war ein mieser Job.

Auch abgesehen vom Kinderkriegen und -aufziehen war die Position der Ehefrau mit Arbeit verbunden. Laut dem Kirchenvater Hieronymus »heiraten Männer im Grunde, um eine Verwalterin für das Haus zu bekommen, um sich über Verdrossenheit hinwegzutrösten, um ihre Einsamkeit zu bannen«.[3] Auch der *Brief über die Jungfräulichkeit* hinterfragt die Vorstellung, dass Frauen davon profitieren, wenn sie sich in Ehe und Mutterschaft schicken. Wenn eine unterwürfige zukünftige Ehefrau erklärt, dass man die Kraft eines Mannes brauche, um die Arbeit zu schaffen und genügend Nahrung sicherzustellen, und dass Wohlstand das Ergebnis von Ehe und mehreren gesunden Kindern sei, antwortet der *Brief*, dass ein solches Bild der Ehe Frauen absichtlich in die Irre führe und dass alle Vorteile, die sie aus Ehe und Mutterschaft zögen, einen zu hohen persönlichen Preis forderten. Die Ehe, so beharrt der *Brief*, sei kein Weg, um ein Team zu bilden und eine Familie zu genießen, sondern »sklavische Unterwerfung unter einen Mann«.[4] Man konnte es sich schönreden, doch die Ehe war keine romantische Partnerschaft, sondern ein Vertrag, in dem Frauen sich zu einem Leben voller Geburtsschmerzen wie auch zur Arbeit an der Seite ihres Ehemannes verpflichteten, für die sie, wenn man nach den historischen Quellen geht, keine Anerkennung erhielten.

In vielen historischen Aufzeichnungen erscheinen Frauen als Teile des Haushalts oder »Ehefrauen von« namhaften Männern. Von Ehefrauen erwartete man, dass sie die Rolle von Gefährtinnen und Mitarbeiterinnen an der Seite ihrer Ehemänner einnahmen. Selbst jene, die die Mahnungen der Kirche beherzigten und sich von einem Leben der Mutterschaft ab- und Gott zuwandten, fanden sich in Nonnenklöstern arbeitend wieder. Und genauso mussten alleinstehende Frauen Geld verdienen, um zurechtzukommen, und die Gesellschaft definierte bestimmte Positionen besonders für Frauen, die aus welchem Grund auch immer nicht an einen Haushalt angegliedert waren. All diese Frauen haben es verdient, dass man sie als Arbeitende anerkennt.

Bauern und Bäuerinnen

Wenn man über mittelalterliche Arbeit spricht, spricht man vor allem über die Landbevölkerung. Etwa 85 Prozent der europäischen Bevölkerung waren im Mittelalter Kleinbauern, also Bauern, die ein kleines Stück gepachtetes oder eigenes Land bewirtschafteten. Die meisten von ihnen hatten Verpächter oder Grundherren, die meist entweder dem (niederen) Adel oder dem Klerus angehörten.

Diese Kleinbauern waren wiederum in ihrer überwältigenden Mehrheit – grob gesagt etwa 75 Prozent der Gesamtbevölkerung – Hörige (manche wiederum sogar Leibeigene). Ein Höriger war an die Scholle gebunden und galt als Teil dieses Landbesitzes. Hörige waren verpflichtet, auf dem Land ihres Herren zu bleiben – sie konnten nicht einfach irgendwo anders hinziehen. Und sie mussten Abgaben und Dienste leisten. Bei Leibeigenen kamen bei bestimmten Lebensereignissen weitere Abgaben hinzu, etwa wenn sie heirateten oder Land erbten. Viele von ihnen waren gezwungen, nur die Anlagen, beispielsweise Mühlen, zu nutzen, die ihr Herr besaß, und keine anderen.

In diesem System hatten Kleinbäuerinnen manchmal Anspruch auf Ackerland, das direkt mit ihrer Person verbunden war, allerdings nicht in demselben Maße wie Männer. Im europäischen Mittelalter galten in den verschiedenen Gegenden unterschiedliche Erbschaftssysteme: die Primogenitur, bei der der älteste Sohn alles erbte; die Ultimogenitur, bei der der jüngste Sohn etwa das Land erbte, das von alters her nach dem Gewohnheitsrecht mit der Familie verbunden war, während der älteste Sohn erbte, was seine Eltern erworben hatten. Frauen konnte es mit anderen Worten leicht passieren, dass sie nichts von dem Land erbten, auf dem sie aufgewachsen waren. Wenn eine Familie allerdings keine Söhne hatte, traten eventuell vorhandene Töchter das Erbe ihrer Eltern an, und wenn es mehrere Töchter gab, wurde das Land gleichmäßig unter ihnen verteilt. Bei nur einer Tochter war diese oft Alleinerbin.

Allerdings konnten Frauen auch vor Ehe oder Erbe Land besitzen. In dem englischen Dorf Brigstock schenkte Christina Penifaders Vater ihr in den Jahren 1313, 1314 und 1316 Land, noch bevor sie 1317 heiratete.[5] Eltern konnten ihrer Tochter auch Land als Mitgift geben, was bedeutete, dass der Besitz an sie überging, wenn sie heiratete – oft mit der ausdrücklichen Anweisung, dass es ihr nicht genommen werden konnte, egal, was ihr Ehemann wollte. Insgesamt scheinen Landübergaben an Töchter etwa ein Viertel aller Landtransaktionen in Brigstock ausgemacht zu haben. Offenbar kümmerten sich also freie Bauern durchaus darum, dass ihre Töchter abgesichert waren und Land hatten, von dem sie sich ernähren konnten.[6]

Frauen mussten, wenn sie Land abgeben wollten, das ihnen unter diesen Umständen übertragen worden war, bezeugen, dass sie dies aus freien Stücken taten. Das schloss einen Zwang des Ehemanns zwar nicht aus, zeigt uns aber, dass sie zumindest eine gewisse Mitsprache hatten. Allerdings oblag die Verwaltung solcher Landstücke gewöhnlich dem Ehemann, sodass die Frau zwar nominell die Besitzerin war, aber nicht notwendigerweise die Kontrolle ausübte.

Die Verpflichtungen weiblicher Leibeigener blieben dieselben wie bei jedem anderen Pächter. Eine Auflistung der Pflichten von Kleinbauern in Alwalton, wo der Abt von Peterborough der Grundherr war, führte im 13. Jahrhundert die jährlichen Abgaben von 18 Leibeigenen auf, darunter auch »Emma in Pertre … [und] Eda, Witwe von Ralph«. Sechs weitere Frauen, alle Witwen, hatten die gleichen Verbindlichkeiten für ihre Häuschen und kleinen Höfe.[7] Witwen wurden häufiger als Abgabenpflichtige genannt. Nur Emma in Pertre, bei der keine Beziehung zu einem Mann genannt ist, scheint ihr Land aus eigenem Recht bewirtschaftet zu haben. Das war offenbar keines weiteren Kommentars ihres Grundherrn wert.

Frauen und Männer konnten auch freie Kleinbauern sein. Während die meisten Menschen, die das Land bebauten, hörige Pächter oder sogar Leibeigene waren, besaßen gut zehn Prozent der europäischen Gesamtbevölkerung ihr eigenes Land und konnten damit mehr oder weniger machen, was sie wollten. Es war also für eine Frau durchaus möglich, unbelastet von den Pflichten einer Leibeigenen Bäuerin auf ihrem eigenen Land zu sein. Wenn sie es wollte, konnte sie es sogar verkaufen und wegziehen. Allerdings fiel es womöglich schwer, ein schönes Stück Land, vor allem wenn es in der Nähe oder direkt neben dem ihres Ehemannes lag, aufzugeben, selbst wenn die Stadt lockte. Die meisten freien Bauern sahen diese Vorteile und blieben auf ihrem Land, wo sie weniger einschränkenden Regeln unterworfen waren.

Mittelalterliche Bauern arbeiteten im System der Dreifelderwirtschaft. Die meisten Grundherren besaßen zwei bis drei sehr große Felder, dazu Weide für das Vieh, vielleicht auch Wald und Fisch- oder Mühlteiche. In diesem System war das

Land den Leibeigenen in langen Ackerstreifen zugeteilt. Diese hatten verschiedene Namen – in England wurden sie *selions* genannt, in Deutschland spricht man von Parzellen. Im Hoch- und Spätmittelalter nutzten die Bauern vor allem in Nordeuropa das Drei-Felder-System und säten auf einem Drittel im Herbst Gerste, Roggen oder Weizen; das zweite lag brach, das dort wachsende Unkraut diente als Viehweide; und auf dem dritten bauten sie im Frühjahr Hülsenfrüchte, Hafer oder Gerste an. Im nächsten Jahr wechselte die Verwendung der Stücke. Getreide laugte den Boden, auf dem es wuchs, stark aus, die Hülsenfrüchte aber reicherten ihn mit Stickstoff an. Während der Brache wurde er weiter durch das dort grasende Vieh gedüngt, sodass er nach dieser Ruhepause wieder bereit war für den Getreideanbau. Dieses System trug auch dazu bei, die Kleinbauern gegen die katastrophalen Folgen einer schlechten Ernte abzusichern, weil immer gerade eine neue Feldfrucht im Wachstum war.

Unabhängig davon, ob Bäuerinnen ihr eigenes Land besaßen, waren sie immer in der Landwirtschaft beschäftigt. Bauern arbeiteten selbstverständlich, um sich selbst zu ernähren, aber oft bauten sie mehr an, nicht nur für den Zehnten, den sie ihrem Grundherrn schuldig waren, sondern auch für den Verkauf auf dem Markt. In diesem System konnte ein Bauer – ob leibeigen oder frei – ein gutes Leben führen oder sogar zu Wohlstand kommen. Im 13. Jahrhundert lebten etwa 174 Familien im Bauerndorf Halesowen in England; etwa 40 (23 Prozent) waren wirklich wohlhabend, 64 (37 Prozent) kamen gut zurecht, analog etwa zu heutigen Familien der Mittelschicht, und die übrigen 70 (40 Prozent) waren arm.[8] Es war also nicht besonders wahrscheinlich, dass es einem richtig gut ging, aber es war auch nicht unmöglich. Die Chance, als einer dieser Bauern eher reich oder mittelmäßig wohlhabend zu sein, war ein bisschen größer als die Gefahr der Armut. Wenn wir von Bauern sprechen, sollten wir also nicht vorschnell annehmen, dass sie ein elendes Leben führten. Sie arbeiteten sehr hart für ihren Lebensunterhalt, aber es konnte ihnen durchaus gut gehen.

Die Arbeit der Frauen in der Landwirtschaft

Unabhängig davon, ob Bauernfamilien arm oder wohlhabend waren, hatten sie viel zu tun, und diese Arbeit war nicht unbedingt einem bestimmten Geschlecht zugewiesen. Bei so viel Arbeit war es nicht sinnvoll, sie streng aufzuteilen. Was gerade zu tun war, wurde erledigt, von allen, die gerade da waren, um zu helfen. Umfangreiche Aufgaben, etwa das Einbringen der Ernte, brauchten jede verfügbare Hand, egal, ob Frau oder Mann, jung oder alt. Arbeiten, die mehr Körperkraft erforderten, wie etwa das Führen eines Ochsen- oder später Pferdegespanns, um das Land zu pflügen, wurden oft Männern zugewiesen, doch auch Frauen konnten sie übernehmen. Ähnlich waren bei manch anderen Aufgaben eher mehr Frauen beteiligt.

Wir haben viele Möglichkeiten, festzustellen, welche Arbeiten auf Bauernhöfen anfielen, doch eine der vergnüglichsten ist die Analyse der typischen »Monatsbilder«, die anzeigten, welche Aufgaben die Menschen in jedem Monat des Jahreskreises erledigten. Sie geben uns eine lebendige Vorstellung davon, wie diese Arbeiten aussahen. Die Bilder tauchen in Handschriften auf, in Steinreliefs an der Kathedrale von Chartres wie auch an Brunnenfassungen in Perugia, als Buntglasfenster in Notre-Dame in Paris und der Basilika von St. Denis. Es sind idealisierte Darstellungen ganz verschiedener Aktivitäten, von denen manche das Leben des Adels zeigen, die meisten aber Bauern bei der Arbeit. Der Januar ist in Anbetracht des schlechten Wetters dem Feiern vorbehalten. Die meisten Termine des liturgischen Kalenders zur Weihnachtszeit (zwischen dem 24. Dezember und dem 2. Februar) fallen in diesen Monat, aber es müssen auch Tiere versorgt und Feuerholz geholt werden. Der Februar zeigt oft Menschen, die sich an einem Feuer wärmen, nachdem sie von ebendiesen Tätigkeiten schaudernd vor Kälte wieder ins Haus gekommen sind. Auf den März-Bildern sind das Beschneiden von Bäumen, das Pflügen und Graben zu sehen. Im April säen die Bauern aus oder kümmern sich um ihr Vieh. Sie treiben die Tiere zurück auf die Felder, während die Adligen Blumen pflücken und umeinander werben. Im Mai gehen die Wohlhabenden mit oder ohne Falken auf die Jagd. Im Juni wird das Heu eingebracht und im Juli und August der Weizen. Im Juli ist in manchen Zyklen auch das Schafescheren zu sehen. Im September werden Trauben geerntet und Wein angesetzt. Im Oktober werden die Getreidearten, die im Herbst und Winter wachsen, etwa Winterweizen, nach dem Pflügen ausgesät. In November wird der Flachs verarbeitet, und die Schweine werden mit Eicheln aus den Wäldern gemästet. Im Dezember schließlich werden die Schweine geschlachtet. In diesen verschiedenen Zyklen tauchen immer wieder Frauen auf, die an der Seite der Männer ihren Teil an der landwirtschaftlichen Arbeit leisten.

Die Frauen in diesen »Monatsbildern« können gewöhnlich als die Partnerinnen der Männer verstanden werden, außer dort, wo die Menschen in Gruppen für ihren Herrn arbeiteten. Frauen tauchen zwar regelmäßig auf, doch wenn auf kleineren Bildern nur eine Person bei einer Arbeit dargestellt ist, ist das unweigerlich ein Mann. Weil diese Szenen Idealisierungen sind, wurden Frauen nicht als vorrangige Arbeitskräfte in der Landwirtschaft oder sogar als Standard- und archetypische Bauern dargestellt, egal, wie viel Heu sie rechten und wie viele

Schafe sie schoren. Vielmehr wurden sie als Anhängsel von Männern präsentiert.

Eine wohlhabendere Bauersfrau stellte vielleicht eine Magd oder ein Milchmädchen als Hilfe ein. Die Magd kümmerte sich um die Legehennen und fütterte das Geflügel und die Hunde. Sie versorgte kranke oder verwaiste Lämmer und Kälber, die nicht gesäugt wurden. Und sie half dabei, das Essen für die anderen Arbeiter bereitzustellen.[9] Milchmädchen kümmerten sich um das Melken, die Herstellung von Käse und Butter und die Buchführung der Milchwirtschaft. Sie bedienten Geräte und halfen beim Vieh und anderen Aufgaben, wann immer sie Zeit hatten.[10]

Bauersfrauen machen im Juni Heu, aus *Les Très Riches Heures* des Herzogs von Berry, gemalt von den Brüdern von Limburg (aktiv zwischen 1385 und 1416), Bibliothèque du Château, Chantilly.

Frauenarbeit

Auf den Feldern leisteten die Frauen also oft die gleiche Arbeit wie die Männer, im Haus jedoch verrichteten sie Arbeiten, die für Frauen vorgesehen und direkt mit dem Heim selbst und dem Großziehen von Kindern verbunden waren. Der *Brief über die Jungfräulichkeit* ermutigte Frauen, ein Leben der Jungfräulichkeit und des Glaubens zu führen, während er darstellte, dass verheiratete Bauersfrauen schwere, ermüdende Arbeit verrichten mussten. Der *Brief* fragte seine Leserschaft: »In was für einer Situation ist eine Ehefrau, wenn sie hereinkommt, ihr Kind weinen hört, sieht, wie sich die Katze gerade über die Sahne und der Hund über das Fleisch hermachen, während ihr Brot im Ofen verbrennt und ihr Kalb trinken will, der Topf auf dem Feuer überkocht – *und* ihr Ehemann sich beschwert. Das mag zwar lächerlich klingen, doch es sollte dich, junge Frau, umso mehr davon abhalten, denn es ist kein Spaß für die Frau, die das auf sich nimmt.«[11]

Dieser Passus ist ein großartiges Beispiel für die häuslichen Aufgaben der Frauen – und dafür, dass Ehemänner sich beschwerten und offenbar wenig Lust hatten, zu helfen. Frauen waren meist für die kleineren Haustiere verantwortlich, und so fielen Katzen und Hunde, die in der Küche stahlen, ebenso in ihre Zuständigkeit wie Kälber, die gefüttert werden mussten. (Bauern lebten üblicherweise mit ihrem Vieh unter einem Dach, damit alle es warm hatten und keine größeren Wirtschaftsgebäude nötig waren. Speziell für das Vieh gebaute Scheunen waren allerdings auch keine Seltenheit.) Auf dem Lande wurde Brot oft zu Hause gebacken, und auch dafür war die Hausfrau zuständig. Ebenso übernahmen die Frauen das Kochen, daher der überkochende Topf in dieser abschreckenden Geschichte. Und schließlich zogen die Frauen die Kinder in dieser Umgebung groß. Vermutlich war Kindergeschrei es einfach nicht wert, dass der Vater sich kümmerte.

Dazu kamen noch viele andere Aufgaben, besonders im ländlichen Bereich. Frauen holten das Wasser, das sie im Hause brauchten. In den Regionen, die feuchter waren, mochte diese Pflicht schneller zu erledigen sein, aber sie war noch immer schwere Arbeit. Frauen transportierten das Wasser aus Brunnen, Quellen oder Flüssen in der Nähe ins Haus. Im trockeneren Klima Südeuropas war das Wasserholen allerdings mit längeren Wegen verbunden und beeinflusste manchmal sogar die städtische Architektur. In Kastilien mussten Brücken, die als Stadtausgänge dienten, so breit sein, dass Frauen mit Wasserkrügen aneinander vorbeikamen.[12] Diese alltägliche Aufgabe war zwar nicht so schwer wie das Waschen, nahm aber im geschäftigen Leben der nicht ganz so wohlhabenden Frauen auf dem Land wie in der Stadt viel Zeit in Anspruch und war eine sehr spürbare und körperlich fordernde Arbeit.

Die mittelalterliche Gesellschaft betrachtete auch das Waschen als eine eindeutig weibliche Tätigkeit, obwohl es harte Arbeit war. Der mittelalterlichen Welt fehlte es – wie einem großen Teil der modernen Welt – an fließendem Wasser. Deshalb musste das Wasser nicht nur zur Körperpflege mühsam herangeholt und (für das Baden) erhitzt werden, sondern auch für die Wäsche. Diese aufwendige Aufgabe fiel den Frauen zu. Das Waschen war so durch und durch weiblich besetzt, dass die Männer, die die Quellen schrieben, in denen der Prozess erklärt wurde, oft den Klatsch verurteilten, den die Frauen angeblich während der Arbeit verbreiteten. In der Bretagne bezeichnete man die Stellen, an denen sich die Frauen sammelten, um die Kleidung zu waschen, als Frauenhöfe. Während die Frauen dort ihre Wäsche wuschen, spülten, wrangen und schlugen, waren ihre »Zungen genauso aktiv wie die Stampfer der Wäscherinnen; es ist der Sitz der weiblichen Gerechtigkeit mit wenig Gnade für das Mannsvolk«[13]. Zum Waschen von Kleidung brauchte man mehrere Tage. Zunächst wurde die Schmutzwäsche gewöhnlich über Nacht eingeweicht. Dann wurde sie in Wannen geschichtet, mit den schmutzigsten Stücken zuunterst, darüber kam eine Schicht aus Zutaten, die eine Waschlauge bildeten, etwa Holzasche, manchmal gemischt mit Nesseln, Eierschalen und Seifenkraut. Über diese Mischung wurde kochendes Wasser gegossen, und alles, was über den Rand floss, wurde gesammelt, wieder aufgeheizt und dann immer wieder von oben aufgegossen, zehn bis zwanzig Stunden lang. Am nächsten Tag wurde die eingeweichte Wäsche an einen Ort mit fließendem Wasser gebracht, sei es ein Waschhaus oder ein Fluss. Dort wurde sie eingeseift, geschrubbt, geschlagen, gespült und ausgewrungen, bevor sie zum Trocknen auf Hecken ausgebreitet oder an Leinen aufgehängt wurde.[14]

Wie das Waschen war auch die Herstellung von Kleidung eine ziemlich alltägliche Aufgabe mittelalterlicher Frauen, und die meisten beherrschten die grundlegenden Prozesse des Spinnens und Webens. Zunächst mussten sie die geschorene Wolle kardieren. Sie kämmten sie durch zwei große Bürsten, die den Schmutz entfernten und die Fasern ausrichteten, sodass das Spinnen von Garn einfacher wurde. Wenn sie farbiges Garn haben wollten, färbten sie die Wolle bereits zu diesem Zeitpunkt – oder später das gesponnene Garn. Die Menschen des Mittelalters hatten eine Vorliebe für farbige Stoffe und bauten in kleinen Gärten Pflanzen an, die sie zum Färben verwendeten, wie Gilbkraut für Gelb oder Waid für Blau. Sie mahlten oder zerquetschten diese Pflanzen, trockneten sie und kochten sie zu einer Paste, wozu sie Wasser und Feuerholz brauchten. Alaun, ein Metallsalz, das half, die Farben zu fixieren, konnte man den Farbstoffen direkt hinzufügen oder bei der Vorbehandlung von Wolle oder Garn einsetzen. Jedenfalls wurden Wolle oder Garn schließlich in die Farbe gelegt und dort eingeweicht. Irgendwann holte man das Material wieder heraus und trocknete es. Handelte es sich noch um Wolle, wurde diese jetzt gesponnen. Vor dem 13. Jahrhundert verwendeten die Frauen dazu Rocken und Spindel. Sie nahmen die kardierten Fasern und wanden sie locker um den Rocken. Aus dem so entstandenen Bausch zogen sie mithilfe der Spindel einen Faden. Im 13. Jahrhundert wurde das Spinnrad erfunden, was den ganzen Prozess beschleunigte. Allerdings wurden Spinnräder eher von Frauen benutzt, die mit dem Spinnen ihr Geld verdienten und es nicht nur für den eigenen Haushalt taten. Anschließend konnte man Tuch daraus machen. Dieser relativ unkomplizierte, doch arbeitsintensive Prozess führte dazu, dass wohl selbst Bauersfrauen farbenfrohe Kleidung trugen.

Diese Arbeit war so voll und ganz in weiblicher Hand, dass der bereits erwähnte Burchard von Worms (der Typ in Kapitel 3, der so panische Angst vor Umschnalldildos hatte) seine Priester anwies, Frauen in der Beichte zu fragen, ob sie beim Anfertigen von Textilien irgendeine Magie einsetzten. Sie sollten fragen, ob die Frauen jemals beim Weben Be- und Verschwörungen über dem Tuch erlebt oder sogar daran teilgenommen hätten. Er stellte sich vor, sie könnten absichtlich ein so schwieriges Muster schaffen, dass das Weben scheitern musste, wenn man nicht »teuflische Gegenbeschwörungen« einsetzte, um es zu richten.[15] Wenn wir den informellen Vorwurf teuflischer Magie einmal beiseitelassen, erzählen uns Burchards Worte zu seinen Bedenken, was Frauen beim Weben wohl so trieben, vor allem etwas über die kleinteilige und schwierige Herstellung von Tuch. Weil der Prozess so mühsam war, glaubten Männer womöglich, dass Frauen Magie einsetzten, um sich diese Arbeit zu sparen.

Der Zeitaufwand beim Herstellen und Waschen von Kleidung führte dazu, dass Frauen vom Lande mit Geld dies lieber anderen überließen. Wohlhabende Frauen beschäftigten oft Haushaltshilfen aus der Gegend, und das Waschen zählte zu typischen Tätigkeiten ärmerer Frauen, die ein bisschen zusätzliches Geld verdienen wollten. Größere Bauernhaushalte konnten Frauen als Hausmädchen anstellen. Der englische Gelehrte Alexander Neckam (1157–1217) empfahl, dass diese nette Gesichter haben sollten, die die Menschen erfreuten, während sie Seidengarn und -knoten herstellten, Gewänder aus Leinen-

Eine Königin und ihre Damen beim Kardieren, Spinnen und Weben, nach einer Miniatur, 14. Jahrhundert.

und Wollstoffen nähten und flickten, Kleidungsstücke strickten und sogar Stickereien anfertigten.[16]

Ärmere Frauen erledigten diese Arbeiten selbst, wenn ihnen die Mittel fehlten, jemand anderen dafür zu bezahlen. Während sich die weniger wohlhabenden Bauersfrauen wahrscheinlich kaum mit Seidenfäden und Stickerei aufhielten, strickten und nähten sie die Kleidung ihrer Familie. Und selbst für reiche Frauen war ein Hausmädchen wohl eher eine Hilfe, übernahm aber nicht die gesamte Arbeit.

Auch das Brauen war eine Aufgabe nicht nur der Männer, sondern auch und vor allem der Frauen. Die Bauern des Mittelalters tranken ziemlich viel Dünnbier (mit geringem Alkoholgehalt) und Ale. In *Ælfric's Colloquy* (*Ælfrics Gespräch*) aus dem zehnten Jahrhundert, das fiktive Dialoge zwischen einem Lehrer und seinen Schülern enthält, erklärt ein junger Mann: »Gewöhnlich trinke ich Ale, wenn ich überhaupt trinke, und Wasser, wenn ich kein Ale habe … ich bin nicht reich genug, um mir Wein kaufen zu können: Wein ist kein Getränk für Jungen oder Narren, sondern für alte Männer und Gelehrte.«[17] Im Spätmittelalter wurde in Zentren wie České Budějovice, woher der Name Budweiser kommt, Bier in so großen Mengen hergestellt, dass man es bis nach Bayern exportierte.

Die Menschen des Mittelalters tranken gern Bier und Ale – nicht, weil sie Angst vor verschmutztem Wasser hatten, sondern weil die Landarbeit überaus hart war. Dünnbier und Ale brachten wohlschmeckende zusätzliche Kalorien. Die Reichen waren wahrscheinlich in der Lage, sich professionell gemachte importierte Biere zu besorgen, die meisten Menschen aber stellten vor allem im frühen Mittelalter ihr eigenes Ale her oder kauften es bei Produzent:innen aus der Nachbarschaft. Ale wurde vor allem aus Gerste und ohne den Zusatz von Bierhopfen hergestellt, weshalb es nicht lange lagerfähig war. Wer also Ale wollte, brauchte ständig frischen Nachschub, und so war das Brauen eine verbreitete Heimarbeit. Frauen, die für ihre Familien brauten, stellten oft mehr Bier oder Ale her und verkauften den Überschuss, um ein bisschen Geld zu verdienen. Weil das Brauen ein Handwerk war, das man zu Hause erlernen konnte, wurden Frauen auch als Brauerinnen in größeren kommerziellen Brauereien angestellt.

Wir finden Frauen durchgehend im Brauhandwerk: Den Quellen zufolge bezahlten sie Steuern aus ihren Gewinnen und waren bei den Behörden gemeldet, die die Standards überwachten. Wenn jemand diese Standards nicht erreichte, drohte ihm oder ihr eine Anzeige. Das Gerichtsbuch von Durham aus dem Jahr 1365 verzeichnet, dass Agnes Postell und Alice de Belasis zwölf Denare Strafe zahlen mussten, weil sie schlechtes Ale verkauften – was etwa dem Arbeitslohn eines guten Handwerkers für zwei Tage entsprach. Außerdem wurde Alice de Belasis zu zwei Shilling – oder fünf Tageslöhnen – Strafe verurteilt, wegen eines Ales von so schlechter Qualität, dass es, wie ein Gericht feststellte, überhaupt keine Stärke hatte.[18] Die Strafen für schlechtes Ale konnten bis hin zu einer ritualisierten Demütigung gehen. In England berichtete das *Domesday Book* zum ersten Mal vom Einsatz eines Schandstuhls (der in der Frühmoderne zum Tauchstuhl werden sollte) in Chester, um jene zu bestrafen, die schlechtes Ale verkauften oder in der Verkaufsmenge betrogen. Sie wurden gezwungen, vor ihrem Haus auf einem Stuhl zu sitzen, wo die Passanten sie verspotteten. In Schottland legte ein Gesetz im 14. Jahrhundert fest, dass jede Schankwirtin, die »übles Ale« machte, entweder »acht Shilling« Strafe zahlen oder auf den Schandstuhl gesetzt werden sollte – ein Verweis darauf, dass dort vor allem Frauen brauten, die sich der Gefahr dieser weitgehend auf ihr Geschlecht beschränkten Demütigung aussetzten.[19]

Auch durch Unfallberichte erfahren wir von Frauen im Brauhandwerk. So findet sich zum Beispiel in einem Gerichtsbuch der Hinweis, dass um die Mittagszeit am 2. Oktober 1207 Amice Belamy zusammen mit Sibyl Bonchevaler bei ihrer Arbeit in Lady Juliana de Beauchamps Brauhaus in Staploe, Eaton Socon, eine Wanne voll Grut, einer Kräutermischung zum Würzen von Ale, trug. Als sie den Grut in den Bottich mit kochendem Bier schütten wollten, rutschte Amice aus, fiel hinein und war unter der Kräuterwanne gefangen, die auf sie fiel. »Sibyl sprang sofort zu ihr, zog sie aus dem Bottich und rief laut; der Haushalt lief zusammen und fand sie beinahe zu Tode verbrüht.« Sie empfing die Sterbesakramente und starb am nächsten Tag.[20] Diese grausame Geschichte erinnert uns daran, dass Brauen eine körperlich anstrengende und gefährliche Arbeit sein konnte, besonders, wenn es um größere Mengen ging.

Sie ist auch interessant, weil die beiden Frauen für eine Frau arbeiteten, noch dazu für eine Lady, Juliana de Beauchamp. Brauen fiel üblicherweise in den Aufgabenbereich der Frauen über alle Schichten hinweg, und so ist auch das Brauhaus als Besitz von Lady Juliana aufgeführt. Insgesamt waren also damals mindestens ebenso viele Frauen mit dem Brauen beschäftigt wie Männer, manchmal auch mehr.

Frauen leisteten auch verschiedene Teilzeitarbeiten auf dem Lande. Als Tagelöhnerinnen übernahmen sie ein ganzes Spektrum von Aufgaben, vom Steinebrechen für den Straßenbau über das Decken von Reetdächern bis hin zum Heumachen. Und sie verkauften besondere Waren. Eine Frau konnte in der Stadt auf dem Markt Eier verkaufen und hatte doch gleichzeitig noch die zahllosen Aufgaben in ihrem Haus zu erledigen wie andere Bäuerinnen auch. Man erwartete, dass sie die Ärmel hochkrempelte und all die nie endenden Aufgaben in einem Haushalt übernahm. Es gab immer Wolle zu spinnen, Brot zu backen, Ale zu brauen, Holz zu sammeln und Tiere zu füttern, neben all den saisonal anfallenden Arbeiten.

Frauen, die auf dem Lande arbeiteten, nahmen verschiedene Rollen ein, doch in den Quellen findet man sie seltener als Männer, weil sie unter dem Schutz und der Befehlsgewalt ihres Ehemannes oder Vaters standen. Die Frauen werden daher eher unter dem Namen eines männlichen Verwandten aufgeführt als unter ihrem eigenen. William Shepherd aus Staffordshire, England, wurde beispielsweise wiederholt mit einer Strafzahlung für schlechtes Ale belegt, obwohl die Aufzeichnungen zeigen, dass eigentlich seine Ehefrau braute.[21] Und wir sollten auch davon ausgehen, dass viel mehr Frauen für ihre Arbeit bezahlt wurden, als wir aus den historischen Quellen ablesen können.

Städtische Arbeiterinnen

Auch viele Frauen in den Städten arbeiteten in den verschiedensten Berufen (manche auch in traditionell nicht Frauen zugeschriebenen Handwerken), doch anders als ihre Geschlechtsgenossinnen auf dem Land galten sie – wie jeder, der ein Jahr und einen Tag lang in einer Stadt wohnte – als frei. Vor Ablauf dieser Zeit konnten diejenigen, die aus der Leibeigenschaft entflohen und durch das Versprechen, dort Arbeit zu finden, in die Städte gelockt worden waren, von ihren Grundherren nach Hause geholt werden.

Im Frühmittelalter war die Flucht in die Stadt sehr viel schwerer möglich, einfach, weil es weniger Städte gab. Im Jahr 800 konnte eine junge Frau aus den Alpen kaum Arbeit in der 500 Kilometer entfernten Stadt Metz suchen. Sie hätte die ganze Strecke zu Fuß gehen und sich dabei noch vor ihrem Herrn verstecken müssen.

Die Möglichkeit, ein Leben in der Stadt zu führen, wuchs im Hochmittelalter enorm, auch durch neue und innovative Methoden in der Landwirtschaft. Die Dreifelderwirtschaft führte dazu, dass die Ernten verlässlicher wurden. Mehr Nahrungsmittel führten zu einer wachsenden Bevölkerung und zunächst einmal zu einer größeren Nachfrage nach Land, auf dem diese Menschen leben konnten. Die europäische Bevölkerung dehnte sich auf zuvor unbewohnbare Gebiete wie etwa sumpfige Tiefebenen aus. Teile des heutigen Belgien und der Niederlande wurden in dieser Zeit besiedelt, weil man jetzt Land trockenlegen und es urbar machen konnte. Mithilfe von Deichen verwandelten die Menschen einen unbewohnbaren Sumpf in nutzbares Land.

Auf dem Meer abgetrotzten Land konnte man nicht unbedingt Nutzpflanzen anbauen, doch es war ideal als Schafweide geeignet. Die Tiere konnten auf dem Boden grasen, der einst unter Wasser gestanden hatte. Und sie produzierten Wolle, eine der wichtigsten Handelswaren des Mittelalters. In einer Welt ohne Zentralheizung, in der sehr viel Arbeit bei jedem Wetter draußen erledigt werden musste, war die Wunderfaser, die auch feucht noch wärmt, besonders in Nordeuropa sehr gefragt. Rasch entwickelte sich eine ausgeprägte Textilwirtschaft. Schäfer verkauften ihre Wolle an Händler, die sie über das Kanalsystem, das das überschüssige Wasser ableitete, gut transportieren konnten. Dann kamen die Städte, Zentren wie Gent und Brügge.

Schon bald brummten diese Städte von Menschen, die im Wollhandel tätig waren. Während hier die Geschichte der Urbanisierung augenfällig ist, bleibt sie bei Weitem nicht die einzige. Köln, Prag und Marseille wuchsen zu großen Städten heran. Großstädte wie Mailand, Venedig, Paris und London zogen verstärkt Zuwanderer an und dehnten sich aus.

Das Bevölkerungswachstum trug aus verschiedenen Gründen zum Anwachsen der Städte bei. Sobald die Landwirtschaft effizient genug war, um die ganze Bevölkerung zu ernähren, konnten die Menschen in großen Städten leben und Geld oder städtische Waren gegen die notwendigen Nahrungsmittel eintauschen. Außerdem hatte es ein Grundherr nicht mehr nötig, jedem entlaufenen Leibeigenen nachzujagen, denn er hatte meist genug Arbeitskräfte und Abgabenzahler, weil auch die Zahl der Menschen, die auf seinem Land lebten, wuchs.

Frauen, die vom Land in die Stadt abwanderten, sahen sich allerdings oft mit zusätzlichen Schwierigkeiten konfrontiert. Wegen ihrer angeblichen sexuellen Unersättlichkeit sah man in unbegleiteten Frauen oft eine theoretische Bedrohung. Man konnte nie wissen, was eine Frau allein, ohne die Aufsicht eines Mannes, wohl tun könnte. Deshalb forderten manche Städte, dass Frauen sich einem Haushalt anschließen mussten und nicht allein leben durften oder dass sie zusammen mit anderen »unbeaufsichtigten« Frauen leben mussten. Vor allem im spätmittelalterlichen England bekamen Frauen Fristen gesetzt. Wenn sie bis zu einem festgelegten Tag keinem Haushalt beitraten, mussten sie die Stadt wieder verlassen.

Teil eines Haushalts zu sein bedeutete, auch zu seinem wirtschaftlichen Ertrag beizutragen. Der üblichste Weg für eine Frau war, in Dienst zu treten. Insgesamt machten Bedienstete im 14. Jahrhundert etwa ein Drittel aller Stadtbewohner in England aus, und knapp die Hälfte von ihnen waren Frauen.[22] Der Dienst im Haushalt galt als eine besonders angemessene Option für junge alleinstehende Frauen.

Frauen konnten als Spül- und Küchenhilfen in größeren Haushalten Arbeit finden. Bei guter Führung und durch harte

Arbeit konnten sie zum Küchenmädchen und vielleicht zur Köchin aufsteigen. Die Tätigkeit war schwer. Küchenhilfen mussten oft als Erste im Haus wach sein und die Feuer schüren, damit sie brannten, wenn die Höhergestellten aufstanden. Sie wischten Böden, kehrten die Asche aus den Kaminen, reinigten Töpfe und Pfannen und erledigten insgesamt die schmutzigste Arbeit. Küchenmädchen halfen bei der Vorbereitung der Mahlzeiten, schnitten Gemüse, kneteten Teig und spülten das Geschirr. Die Köchin oder der Koch herrschte in der Küche. Er oder sie war verantwortlich für die Ernährung der Familie wie auch der Hausangestellten.

Alternativ konnten Hausmädchen vom Lande gute Arbeit in den reichen Häusern der Stadt finden, besonders, wenn sie nähen konnten, was in größeren Haushalten sehr gefragt war.

Nicht alle Frauen, die in die Stadt kamen, waren Landflüchtlinge. Mädchen aus besseren Familien konnten einige Berufe erlernen. Da die Tuchherstellung in der Hand von Frauen lag, durften junge Frauen dieses Handwerk erlernen. Vor allem die Seidenproduktion war ein weibliches Gewerbe, mit großen Gemeinschaften von Seidenweberinnen in Städten wie Catanzaro in Kalabrien und später in Lyon und London. In Paris beherrschten die Frauen die Seidenproduktion, und die Regeln zwischen den weiblichen Lehrlingen und den Meisterinnen wurden 1270 im *Livre des métiers* (*Buch der Zünfte*) festgelegt.[23]

Diese Regeln bieten eine großartige Übersicht über das Lehrlingssystem. Im Allgemeinen bezahlten die Eltern ein Lehrgeld und übergaben ihre Kinder etwa ab dem Alter von zwölf Jahren als Lehrlinge in das Haus ihrer Meisterin. Dort begannen sie mit den einfacheren Arbeiten des Handwerks und lernten schließlich, wie man Seide spann. Eine längere Lehrzeit ging mit einer geringeren Gebühr für die Ausbildung einher, denn die Meisterin konnte mit einer länger zur Verfügung stehenden Arbeitskraft rechnen. Theoretisch wurde, wenn sich ein Kind für ein Jahrzehnt verpflichtete, keine Gebühr für die Lehre verlangt, wodurch auch ärmere Mädchen das Handwerk lernen konnten. Tatsächlich aber hatten die Armen schon Schwierigkeiten, mit den wohlhabenden Frauen, die das Seidengewerbe in Paris leiteten, in Kontakt zu kommen, obwohl es in Einzelfällen möglich war.

Sobald eine Frau ihre Lehrzeit beendet hatte, gewöhnlich nach drei bis zehn Jahren, wurde sie Gesellin und durfte ihr Handwerk in der Stadt ausüben, in der sie ausgebildet worden war. Dann konnte sie selbst Meisterin werden und einen eigenen Betrieb gründen. Die Handwerke bildeten Zünfte, die sicherstellten, dass die Arbeit von bester Qualität war, und sorgten im Gegenzug dafür, dass die Käufer:innen die Handwerker:innen angemessen bezahlten. Sie sorgten auch dafür, dass niemand von außerhalb der Zunft das Handwerk ausübte. Ein Ausschuss aus drei Meistern und drei Meisterinnen der Seidenmacherzunft stellten sicher, dass diejenigen, die die Seide spannen und webten, den Anforderungen genügten, um »das Handwerk abzusichern« gegen jene, die nicht angemessen ausgebildet waren. Ganz offenbar genossen Frauen im Seidenmacherhandwerk eine gewisse Gleichwertigkeit zu ihren männlichen Kollegen.

Nun gab es wegen der zeitintensiven Tuchherstellung immer Nachfrage nach Wollkämmerinnen, Spinnerinnen und Weberinnen, doch außerhalb der Pariser Seidenmacherzunft kontrollierten oft Männer die Tuchproduktion. Es war ein relativ lukratives Gewerbe, und wer damit Geld verdiente, wollte die Zahl der Wettbewerber möglichst beschränken. Das geschah meist mithilfe der Zunftstruktur.

Die Walker waren eine Gruppe in Paris, die einen Weg

gefunden hatte, die Zahl der Menschen, die in ihrem Beruf arbeiteten, zu begrenzen. Ihre Aufgabe war es, den Wollstoff zu reinigen, Öl und andere Unreinheiten zu entfernen und ihn dann zu verdichten. Dieser Prozess war aufwendig und erforderte eine Ausbildung. Die Pariser Walker hatten ein ähnliches Lehrlingssystem wie die Seidenarbeiterinnen, aber es stand nur Jungen offen. Und doch konnten auch Frauen durch Familienbeziehungen Walkerinnen werden. Töchter, Stieftöchter und Ehefrauen von Walkern durften das Handwerk erlernen, und »wenn ein Meister stirbt, darf seine Ehefrau das Handwerk ausüben und die Lehrlinge behalten«. Es gab allerdings eine Bedingung dabei: Wenn eine Witwe einen Mann heiratete, der kein Walker oder Walkerlehrling war, musste sie ihren Beruf aufgeben.[24]

Städtische Regelungen wie die der Pariser Walker verweisen darauf, dass in den meisten Berufen, ob sie nun in Zünften verfasst waren oder nicht, Frauen üblicherweise an der Seite ihrer Ehemänner arbeiteten und die gleiche Arbeit verrichteten. Zudem hatten Witwen manchmal einen Vorteil, wie die von Walkern auf dem Heiratsmarkt bei alleinstehenden Walkern. Eine Ehefrau, die wusste, was sie in der Geschäftswelt zu tun hatte, war ein Segen, und sehr häufig heirateten die Menschen innerhalb ihres Berufsfeldes. Die Tochter eines Walkers heiratete zum Beispiel oft ihrerseits einen Walker, weil sie die Arbeit kannte.

Ungelernte Frauen, die Mitte zwanzig oder älter waren, in Städten lebten und keine Arbeitserfahrungen gesammelt hatten, galten als zu alt für eine Arbeit als Bedienstete oder eine Lehre. Wenn eine Frau allerdings die Freiheit hatte, in der Stadt zu bleiben, standen ihr immer noch verschiedene Berufe offen. Am unteren Ende des sozialen Spektrums arbeiteten viele Frauen an Marktständen. Sie verkauften Nahrungsmittel, die sie hergestellt hatten, etwa Brot oder Brezeln. Oder sie boten Obst und Gemüse, Eier und andere Waren an, die leicht in Gärten oder auf kleinen Äckern nahe der Stadt zu ziehen waren. Das Gute an solcher Arbeit war, dass es normalerweise keine rechtlichen Barrieren gab und man nicht allzu viel Startkapital brauchte.

Die Arbeit, die Frauen auf dem Land erledigten, brauchte man teilweise auch in der Stadt. Viele, die es sich leisten konnten, beschäftigten eine Wäscherin, und so waren Waschfrauen ein vertrauter Anblick. Sie sammelten die Wäsche aus kleineren Haushalten ohne eigene Waschküche und verrichteten ihre Arbeit oft an öffentlichen Wasserquellen. Diese Frauen erledigten oft auch Flickarbeiten, wie Reinigungen und Wäschedienste heute. Größere Haushalte mit eigener Waschküche und genügend Wäsche hatten Wäscherinnen, die als Teil des Haushalts im Hause wohnten. Die Arbeit war nicht besonders gut bezahlt, aber es war nicht teuer, in den Beruf hineinzukommen, und die einzige Regel, die man beachten musste, legte gewöhnlich fest, wo gewaschen werden durfte.

In Städten war die Körperpflege oft die Domäne arbeitender Frauen. Jeder Mensch des Mittelalters, der sich am Schönheitsstandard orientierte, musste baden (siehe Kapitel 2). Im Spätmittelalter galten die Badehäuser einer Stadt allgemein als wesentlicher Beitrag zur Gesundheit der Stadt selbst. Eine saubere Einwohnerschaft war eine gesunde Einwohnerschaft, und die Sorge dafür, dass eine Stadt genügend Badehäuser hatte, war neben der Kanalisation und der Abfallbeseitigung ein Teil dessen, was der Historiker Guy Geltner *»healthscaping«* – also Gesundheitsvorsorge – genannt hat.[25] In Ungarn, das sich noch heute eine lebendige öffentliche Badekultur bewahrt, wurde das erste dokumentierte öffentliche Badehaus von Anna von Antiochien (†1184) gegründet, der Ehefrau von Béla III. von

Ungarn (um 1148–1196). Diese Königin betrachtete es als einen Dienst an der Öffentlichkeit, Badehäuser einzuführen, wobei ihre eigene Jugend im Nahen Osten und am Hof in Konstantinopel wohl dafür sorgte, dass sie einfach Spaß an solchen öffentlichen Bädern hatte und wollte, dass sie sich durchsetzten.[26] Annas Interesse daran, die ersten öffentlichen Bäder im mittelalterlichen Buda einzurichten, zeigt auch, dass die Menschen des Mittelalters wirklich gern badeten. Stadtbewohner konnten so ein angenehmes Bad genießen, ohne selbst Wasser schleppen und erhitzen zu müssen.

Badehäuser brauchten verschiedene Bedienstete, und das waren oft Frauen. Sie brachten und verteilten Wasser, schauten nach den Feuern, die das Wasser erhitzten, und nahmen manchmal das Eintrittsgeld der Badenden entgegen.[27] Eine Frau mit mehr Kapital konnte vielleicht auch ein Badehaus führen. Unter den Betreibern von Badehäusern waren viele Frauen. Die Pariser Gesetze für Besitzer von Badehäusern bestimmten, dass ihre Regeln für Männer wie für Frauen galten, die geschworen hatten, die Standards dieses Berufsstandes zu wahren.[28]

Solche Regeln belegen allerdings nicht eine wie auch immer geartete Gleichberechtigung der Geschlechter im Pariser Badehausgewerbe. Frauen durften zwar den Beruf ergreifen, konnten aber nicht in das Kontrollorgan der Badehausbetreiber eintreten, das sicherstellte, dass alle Angehörige dieses Berufsstandes sich an die Regeln hielten. Vielmehr wurden drei männliche Badehausbesitzer gewählt, um das Gewerbe zu beaufsichtigen.[29] Pariserinnen, die ein Badehaus führten, sahen sich nicht mit einer gläsernen, sondern mit einer echten Decke konfrontiert: Sie konnten als Badehausbetreiberinnen gutes Geld verdienen, aber nie andere kontrollieren.

Frauen mit dem nötigen Startkapital konnten auch eine Bäckerei eröffnen. Sie konnten Brot und Backwaren herstellen und verkaufen, oder sie konnten gegen Bezahlung anderen Leuten den Backofen zur Verfügung stellen, die damit eigenes Brot buken. Männer wie Frauen arbeiteten als Bäcker. Tatsächlich waren Bäckerinnen so normal, dass sie gar nicht eigens erwähnt wurden, und so erfahren wir vor allem von ihnen, wenn sie in juristische Schwierigkeiten gerieten.

Wie Brauerinnen bestraft werden konnten, wenn sie »schlechtes« Ale verkauften, mussten Bäckerinnen eine Strafe zahlen, wenn sie Brotlaibe verkauften, die nicht dem standardisierten Gewicht entsprachen. Im London des 14. Jahrhunderts wog der Sheriff Roger le Paumer das Brot, das Sarra Foting, Christina Terrice, Godiyeva Foting, Matilda de Bolingtone, Christina Prichet und Isabella Pouveste verkauften, alle Bäckerinnen aus Stratford. Der Sheriff stellte fest, dass die Frauen Halfpenny-Laibe zum Kauf anboten, die leichter waren, als sie sein sollten.[30]

Diese Frauen lebten in Stratford – jetzt ein Teil von Greater London, damals aber einen strammen Fußmarsch von der Stadt entfernt. Sie konnten die relativ niedrigen Lebenshaltungskosten auf dem Dorf nutzen und hatten doch Zugang zu den vielen potenziellen Kunden in der Stadt. Sie waren mit anderen Worten Pendlerinnen. Wahrscheinlich wurde der Sheriff auch auf sie aufmerksam, weil sie in die Stadt hineinpendelten, denn Waren, die nach London gebracht wurden, unterlagen regelmäßigen Kontrollen, um sicherzustellen, dass sie nicht nur den Vorschriften entsprachen, sondern auch korrekt besteuert wurden.

Trotz der Ordnungswidrigkeit kamen diese Frauen relativ glimpflich davon. Normalerweise wurde Brot, das nicht das vorgegebene Gewicht hatte, eingezogen; manchmal ging es an Gefängnisinsassen, manchmal an Armen- oder Leprosenhäuser. Weil es schon kalt war, als es London erreichte, befahl der

Sheriff den Frauen einfach, ihr Brot zu einem Preis zu verkaufen, der dem tatsächlichen Gewicht entsprach. Das war keine schreckliche Strafe, doch die Frauen überlegten es sich bestimmt zweimal, bevor sie denselben Betrug noch einmal versuchten.

Um Betrug ging es auch im folgenden Fall: Einige Frauen, die ihre Öfen zum Backen vermieteten, zweigten offenbar Teile des Teigs ab. Was leicht klingt, war schwierig: 1327 entwendeten Alice de Brightenoch und Lucy de Pykeringe den Teig mit einem komplizierten Trick, bei dem ein Loch in der Tischplatte und jemand, der unter dem Tisch versteckt war, eine wichtige Rolle spielten. Aus den so gestohlenen Teigklumpen formten die beiden neue Laibe, die dann gebacken und verkauft wurden. Offenbar funktionierte der Betrug gut, doch als sie ertappt wurden, verurteilte man sie, weil sie den Teig »falsch, frevelhaft und böswillig« gestohlen hatten, »zum großen Verlust aller [ihrer] Nachbarn und anderer Personen, die in der Nähe lebten«. Es war ein echter Skandal, denn sie stahlen buchstäblich das Brot aus dem Mund ihrer Kunden und Nachbarn, um sich selbst zu bereichern.

Alice und Lucy wurden zu einer Gefängnisstrafe im Newgate-Gefängnis verurteilt, zusammen mit ihren Ehemännern, die desselben Betrugs schuldig gesprochen wurden. Die Männer wurden jedoch mit gestohlenem Teig um den Hals zusätzlich an den öffentlichen Pranger gestellt, um sie weiter zu beschämen. Die Frauen machten unterdessen geltend, dass sie beide verheiratet waren und dass »besagte Tat nicht ihre Tat war« – dass vielmehr ihre Ehemänner für das Loch zum Teigstehlen verantwortlich waren. Statt der öffentlichen Wut ausgesetzt zu werden, hatten sie in Newgate Zeit, um über ihre Verfehlungen nachzudenken, während die Tische mit Loch zerstört wurden.[31]

Aus diesem Zwischenfall können wir folgern, dass einige Bäcker:innen Londons ihr Einkommen mit kleineren Straftaten aufzubessern versuchten und dass Bäckerinnen manchmal ein bisschen milder bestraft wurden. Die Tatsache, dass die in diesen Fall verwickelten Frauen verheiratet waren, zeigt uns, dass Frauen bei der Heirat nicht aufhörten zu arbeiten. Frauen mussten ihr Dienstverhältnis verlassen, wenn sie eine Familie gründeten, aber sie konnten in anderen Berufen anwenden, was sie bis dahin gelernt hatten. Allerdings sollten sie besser keine Männer mit krimineller Energie heiraten.

Frauen in Städten verrichteten wie diese vom rechten Weg abgekommenen Bäckerinnen oft dieselben Arbeiten wie Frauen auf dem Land. Wenn sie das Geld für Produktionsräume aufbringen konnten, brauten sie oder stellten Nahrungsmittel her und verkauften sie. Viele Frauen führten Gasthöfe, übernahmen also gegen Bezahlung Hausarbeit, indem sie Mahlzeiten kochten, Gäste bedienten und die Zimmer putzten. Ladenbesitzerinnen boten Dinge feil, die über den täglichen Bedarf hinausgingen. Beide Berufe konnten nur Frauen ergreifen, die über gewisse Mittel verfügten, denn das Mieten oder Kaufen entsprechender Räumlichkeiten war teuer, ebenso die Beschaffung von Waren, die für eine gehobene Kundschaft interessant waren.

Mit dem höheren Startkapital eröffnete sich allerdings auch die Möglichkeit, größere Gewinne zu machen, und wir können oft sehen, wie gut Frauen allein zurechtkamen, wenn wir uns ihre Testamente ansehen. Im Letzten Willen der Ladenbesitzerin Mechthild von Bremen, die in Lübeck lebte, war im Jahr 1359 ein Vermögen von 51 Mark – etwa vier Jahreslöhne eines Handwerkers – aufgeführt, die sie verschiedenen Personen hinterließ. Kein Wunder also, dass ziemlich viele Frauen Läden und Gasthäuser betrieben. 1429 rühmte sich

Basel seiner 30 steuerzahlenden Krämerinnen. Und im selben Jahr wurde in der elsässischen Stadt Beinheim ein Warenzug mit Saumpferden und zweirädrigen Karren ausgeraubt. Dabei verschwanden Großhandelswaren, die für Läden in der ganzen Schweiz bestimmt waren, und unter den 61 Krämer:innen, die Waren verloren, waren 37 Frauen. Offenbar war es ganz normal, dass Frauen Geschäfte und Gasthäuser in der Stadt, aber auch in Landgemeinden führten, wenn die Bevölkerung dort groß genug war, um ihnen ein Auskommen zu sichern.[32]

Ehepaare arbeiteten auf praktisch allen Gesellschaftsebenen zusammen. In den Badehäusern betätigten sich die Frauen als Wärterinnen neben ihren Ehemännern, die offiziell als Badehausbetreiber aufgeführt waren. Rose de Burford war im 15. Jahrhundert eine Wollgroßhändlerin mit Sitz in London. Ihr Ehemann, ebenfalls ein reicher Kaufmann, lieh der Krone eine beträchtliche Summe. Nach seinem Tod bat Rose am Königshof wiederholt um die Rückzahlung dieses Kredits, während sie selbst weiterhin ein offenbar sehr erfolgreiches Wollexportgeschäft betrieb. Schließlich schlug sie – vielleicht entnervt von der langsamen Rückzahlung – vor, der Hof solle einfach die Kreditsumme mit ihrer eigenen Wollexportsteuer verrechnen.[33] Diese fähige und zielstrebige Frau führte nicht nur ein prosperierendes Unternehmen, sondern war auch so bewandert in Rechtsfragen, dass sie keine Probleme hatte, der Krone eine alternative Kreditvereinbarung zu unterbreiten.

Rose war wegen ihrer Verbindungen zum Hof bemerkenswert, doch im Grunde war es normal, dass Frauen stark in die erfolgreichen Geschäfte einer Familie involviert waren. Die Ehefrau des Regensburger Großkaufmanns Matthäus Runtinger (wohl 1345–1407), Margarete (um 1400), bezeugte Verkaufsurkunden, erwarb offenbar Waren und führte wie viele

Geschäftsfrauen die Bücher. Schließlich hatte sie auch noch die Wechselbuchführung der Familie unter sich – keine kleine Aufgabe an einem Ort, an dem Kaufleute mit Währungen aus den italienischen Stadtstaaten, Ungarn wie auch den tschechischen und deutschsprachigen Landen arbeiteten. Runtinger hatte glücklicherweise eine Ehefrau, die sehr aufmerksam auf Kleinigkeiten achtete und ein Händchen für Zahlen hatte. Doch obwohl sie ganz eindeutig an wichtiger Stelle am Kaufmannsgeschäft ihrer großen Familie teilhatte, kennen wir ihre Lebensdaten nicht, und die Informationen zu ihrem Wirken bleiben abseits des Handelsbuches spärlich.[34]

Künstlerinnen

Die Europäer des Mittelalters betrachteten Stickarbeiten als eine Kunst, etwa wie es die Malerei für uns heute ist. Sticken galt als weibliche Aufgabe, und man erwartete selbst von Hausmädchen, dass sie es beherrschten. Und doch war es ein begehrtes Metier. Ein frühes irisches Traktat erklärte: »Die Frau, die stickt, verdient mehr als selbst Königinnen.«[35] Stickerinnen konnten Arbeit bei Schneider:innen oder in Teppichwerkstätten finden.

Im 13. Jahrhundert arbeiteten auch viele Männer in diesem Bereich, wie es meist der Fall ist, wenn etwas hochgeschätzt ist und Geld einbringt. In England tauchten so im Laufe der Zeit immer weniger Frauen in den Listen der Sticker:innen auf, und wenn, dann immer häufiger in Verbindung mit einem Ehemann, selbst wenn ihre Arbeit außergewöhnlich gut war. Im Mai 1317 verkaufte »Rose, die Ehefrau von John de Bureford, Bürger und Kaufmann in London, einen bestickten Überwurf für den Chorraum« an die französische Königin Isabella (um

1295–1358), die ihn als Geschenk »an den Lord High Pontiff«, wohl den Papst, gab. Rose war ganz offensichtlich eine sehr begabte Künstlerin, da sie einen Auftrag von der Königin bekam, aber nicht begabt genug, um als Künstlerin aus eigenem Recht genannt zu werden.[36] Wir wissen nicht, wie viele andere Stickerinnen den Werkstätten ihrer Ehemänner zugeschlagen wurden, ohne dass wir auch nur ihren Vornamen kennen. Sobald ein Arbeitsfeld wirklich einträglich wurde, drängten die Männer die Frauen hinaus. Es war schön und gut, wenn die Damen sich mit Nadel und Faden vergnügten, wenn es aber Geld zu verdienen gab, standen plötzlich die Männer an vorderster Front und schlossen die Frauen aus.

Frauen wurden gemeinhin auch mit der Herstellung und Illustration von Büchern in Verbindung gebracht. Christine de Pizan nannte in ihrer *Stadt der Frauen* eine gewisse Anastasia als Spezialistin für das Zeichnen von feinen Ornamenten und das Malen von Hintergrundlandschaften in Handschriften.[37] Nun war Anastasia eine fiktive Person, doch wir wissen, dass Frauen spätestens seit dem sechsten Jahrhundert Handschriften fertigten.

Das Kopieren von Handschriften geschah oft in Klöstern. Vor allem Nonnen eigneten sich also gut für eine solche heilige Arbeit, denn man ging davon aus, dass sie lesen und schreiben konnten. Der Großteil der Arbeit war reines Abschreiben – eine an sich schon wichtige Aufgabe. Doch viele Frauen arbeiteten auch künstlerisch, und manche von ihnen waren dafür weithin bekannt. Im Jahr 730 gab Bonifatius (um 675–754) Eadburga, einer Nonne aus Minster-in-Thanet, einen silbernen Griffel, »auf dass ihre Worte in Gold glänzen mögen zu Ehren des Vaters im Himmel«. Etwa zur selben Zeit »schrieben und malten«, wie es in einer Hagiografie des neunten Jahrhunderts heißt, die flämischen Schwestern Harlinde (um 695–745) und

Renilde († 750) »so viel, dass es selbst den starken Männern unserer Zeit mühevoll scheinen würde«.[38]

Auch weltliche Frauen arbeiteten als Illustratorinnen, manchmal unter professionellen Bedingungen, vielleicht sogar tagsüber in den Skriptorien von Nonnenklöstern. Die deutsche Künstlerin Claricia aus dem 13. Jahrhundert war die Urheberin des heute so genannten Claricia-Psalters. Manche Historiker:innen glauben, dass sie sich selbst dort hineingezeichnet hat, wie sie locker den Unterschwung eines Q bildet, mit ihrem Namen über dem Kopf. Andere argumentieren, die Frau sei wohl nicht Claricia, sondern eine Allegorie der Eitelkeit, die in diesem Abschnitt behandelt wird.[39] Mit ihrem langen blonden Haar, der hohen Stirn und dem Kleid mit den weiten Ärmeln war sie nach mittelalterlichen Standards überaus attraktiv. Jedenfalls deutet die Herkunft der Handschrift an, dass sie von einer Frau gefertigt wurde, wobei wir nicht eindeutig sagen können, ob es eine Nonne war oder nicht.

Was wir wissen, ist, dass Frauen auch als Buchmalerinnen außerhalb von Klöstern arbeiteten. Anhand von Pariser Steuerverzeichnissen entdeckte die Historikerin Françoise Baron mehrere Malerinnen und Buchmalerinnen, die im 13. und 15. Jahrhundert in der Stadt arbeiteten. Leider wissen wir nur wegen der wohltätigen Schenkungen, die sie machten oder bekamen, von Agnes *la paintresse und* Henriete *l'ymagiere*. Wir können sie nicht mit künstlerischen Werken in Verbindung bringen, anders als die Männer, in deren Familienwerkstätten diese Frauen offenbar arbeiteten. Bei ihnen geben die Steuerverzeichnisse ihre Aufträge an.[40] Auch hier gibt es also eine ganze Klasse arbeitender Frauen, deren Werk wir nicht kennen. Und doch wissen wir, dass es sie gab, und einige Namen scheinen zumindest schlaglichtartig auf.

Baron entdeckte Malerinnen und Bildhauerinnen in Paris,

aber auch anderswo arbeiteten Frauen als Künstlerinnen. Überall in Europa fertigten sie Altartücher und Buntglasfenster, Buchmalereien und Gemälde. Sie arbeiteten in den Künstlerwerkstätten ihrer Familien. Doch nicht nur wegen ihres Aufgehens in einem Unternehmen sind ihre Namen häufig unbekannt.

Claricia, Claricia-Psalter, spätes zwölftes Jahrhundert, Augsburg (?)

Zudem ist unsere Gesellschaft weniger an Kunsthandwerkerinnen interessiert, die Textilarbeiten herstellten, prachtvolle Handschriften illustrierten und Kirchenfenster malten, als an einzelnen männlichen Malern oder Bildhauern. Wir haben ziemlich ausführliche Quellen zu einigen Kunsthandwerkerinnen, neigen jedoch dazu, sie zu übersehen, weil wir die Kunstformen, in denen sie sich betätigten, nicht schätzen. Wir sind ebenso verantwortlich für das Verschwinden von Künstlerinnen wie unsere Vorfahren im Mittelalter.

Medizinische Berufe

Geld konnten Frauen auch in einem Bereich verdienen, der immer gefragt war und sein wird: in der Medizin. Die Medizin des Mittelalters unterschied sich sehr von unserer heute (siehe Kapitel 1). Sie erforderte insgesamt keine formelle Ausbildung. Die große Schule in Salerno bildete Ärzte aus, doch wenn Sie irgendwo weit abgelegen auf dem Land etwa im heutigen Schottland lebten, hatte derjenige, der Sie behandelte, sicher nicht dort studiert. Vielmehr gab es auf dem Feld der Medizin verschiedene Niveaus der Professionalität, und man konnte auf medizinische Fachkräfte mit unterschiedlicher Ausbildung treffen, die ihre Dienstleistungen zu differierenden Preisen anboten: Ärzte mit Universitätsstudium, Wundärzte und Bader, die in Zünften ausgebildet worden waren, und Hebammen, die von älteren Vertreterinnen ihres Berufes gelernt hatten. Frauen fanden sich in allen diesen Gruppen, unterlagen allerdings Beschränkungen.

Ein üblicher Weg für eine Frau des Mittelalters, eine medizinische Fachkraft zu werden, war das Kloster, denn Hospitäler – die Vorform moderner Krankenhäuser – waren fast ausschließlich Klöstern angeschlossen. Ab dem zwölften Jahrhundert gab es nach und nach mehr nicht klösterliche Hospitäler. Davor jedoch konnten Kranke den nächsten Wohnsitz von Mönchen oder Nonnen aufsuchen, und dort kümmerte man sich um sie, betete für sie und gab ihnen »Klostermedizin«. Nonnen und Mönche schrieben nicht nur religiöse und philosophische Texte ab, sondern auch medizinische. Die Nonnen, die zum Beispiel im Pariser Hôtel-Dieu arbeiteten, waren einigermaßen vertraut mit dem medizinischen Wissensstand der Universität von Paris (der heutigen Sorbonne) wie auch mit dem ihrer eigenen Bibliotheken.

Allerdings arbeiteten mehr Mönche als Nonnen in Hospitälern, denn es galt als ein Risiko, religiösen Frauen die Arbeit in der Öffentlichkeit zu erlauben, da sie (natürlich) zur sexuellen Sünde verführt werden konnten. Deshalb gab es in den Bi-

Nonnen bei der Arbeit in einem Krankensaal, Holzstich einer Miniatur, 16. Jahrhundert, Hôtel-Dieu, Paris.

bliotheken von Nonnenklöstern auch deutlich weniger medizinische Texte als in Mönchsklöstern. Selbst Nonnen, die direkt mit Hospitälern verbunden waren, hatten oft weniger Texte, mit denen sie arbeiten konnten, was zeigt, dass eine Hierarchie herrschte, die Frauen davon abhielt, als Medizinerinnen zu arbeiten, und sie auf eher pflegerische Aufgaben verwies.[41] Und doch gab es Frauen, die im Hospital arbeiteten, und viele Menschen des Mittelalters wandten sich an sie, wenn sie Hilfe brauchten.

Die Nonnen waren auf theoretischer Basis in die akademische Medizin einbezogen. Sie beruhte auf den klassischen Texten, die in Universitäten verwendet und in geistlichen Institutionen abgeschrieben und verteilt wurden. Die meisten anderen Frauen aber waren von einem Medizinstudium ausgeschlossen. Die mittelalterlichen Studenten zählten als Angehörige des Klerus. Wie schon in Kapitel 1 erwähnt, lag der Hauptgrund darin, dass man so sicherstellte, dass zechprellende Studenten nicht vor weltlichen, sondern nur vor kirchlichen Gerichten erscheinen mussten. Praktischerweise schloss das auch Frauen vom Universitätsbesuch aus, da sie keine Geistlichen sein konnten. Was anfangs, im frühen Mittelalter, ein unüberwindbares Hindernis gewesen war, wenn es darum ging, juristische oder theologische Qualifikationen zu erwerben, entwickelte sich zum knallharten Ausschlusskriterium, als eine Universitätsausbildung für Ärzte gesetzlich vorgeschrieben wurde.

Mehr Glück hatten Frauen oft, wenn sie sich medizinischen Zünften anschlossen, etwa den Badern oder den Wundärzten, die Behandlungen ausführten, bei denen geschnitten wurde. Letztere waren angesehener, und im Paris des frühen 14. Jahrhunderts ließ Philipp IV. (1268–1314) verkünden, dass angehende Wundärzte von anderen Meistern des Fachs geprüft werden mussten, um Zutritt zur Zunft zu erhalten, wobei er besonders auf Frauen in diesem Gewerbe hinwies.[42] Im Allgemeinen führten Wundärzte komplexere Behandlungen durch wie etwa das Starstechen, eine Operation zur Linderung des grauen Stars. Bader dagegen stachen Geschwüre auf oder ließen zur Ader. Frauen konnten diesen Zünften beitreten, wenn sie die Ehefrauen oder Töchter von Zunftmitgliedern waren oder bei Frauen auf diesem Gebiet gelernt hatten. Die Berufe waren nicht so angesehen wie die Ärzteschaft, aber sie waren durchaus lukrativ und so wichtig, dass Zünfte entstanden, um den Zugang zu ihnen zu beschränken und Patienten gezielt zu denjenigen zu lenken, die von Zunftmitgliedern ausgebildet worden waren.

Unabhängig von ihrem Stand in den medizinischen Berufen konnten Frauen medizinische Autoritäten aus eigenem Recht werden. Hildegard von Bingen verfasste zwei dicke Bände zur Medizin, *Physica* (*Heilsame Schöpfung – Die natürliche Wirkkraft der Dinge*) und *Causae et Curae* (*Ursprung und Behandlung der Krankheiten*), die einen Schwerpunkt auf Kräutermedizin und Ernährung legten. Sie schrieb über die gängigen diagnostischen Prozesse wie die Urinuntersuchung, verfasste Rezepte für die Linderung häufiger Leiden wie Zahnschmerzen oder Schluckauf und behandelte ernstere Krankheiten wie Lepra und Epilepsie. Sie beschrieb, wie man Patienten zur Ader lässt, und nannte alternative Behandlungsmethoden wie das Schröpfen. Eine weitere einflussreiche mittelalterliche medizinische Denkerin war Trota von Salerno (wobei nicht ganz sicher, aber doch wahrscheinlich ist, dass es eine Person dieses Namens je gab). Ihre *Trotula* war ein Kompendium von Werken, die sie nicht alle selbst verfasst hatte. Eines aber stammt offenbar aus ihrer Feder: Die frühesten Verweise auf den gynäkologischen Text *Über die Behandlung von Frauen* in der *Trotula* sagen, er sei von Trota geschrieben worden.[43] Trota wie auch Hildegard waren Sonderfälle, was die Wertschätzung ihrer Arbeit betrifft – ihre medizinischen Werke waren im Mittelalter sehr weit verbreitet. Ganz offenbar konnten Frauen also als medizinische Autoritäten gelten, selbst wenn ihre Möglichkeiten, den Beruf auszuüben, beschränkt waren.

Ein Feld der Medizin gab es, das fast alle Frauen im Laufe ihres Lebens brauchten und das von Frauen dominiert wurde: die Hebammenkunst. Die Gefahren bei der Geburt waren im Mittelalter weithin bekannt. Die meisten Frauen wollten medizinischen Beistand, wenn die Wehen begannen. Wenn eine Frau nach einem medizinischen Beruf suchte und sich aus der Universität ausgeschlossen fand, war die Geburtshilfe eine solide und verlässliche Option. Wahrscheinlich übernahm die örtliche Hebamme auf dem Land noch verschiedene andere Aufgaben, denn so funktionierte die ländliche Ökonomie nun einmal.

In ihrer Schrift *Über die Behandlung von Frauen* führt Trota 16 »unnatürliche« Probleme auf, mit denen Frauen bei der Geburt womöglich konfrontiert wurden. Bei den meisten sah die empfohlene Behandlung so aus, dass eine Hebamme sich die Hände mit einer Mischung aus Leinsamen- und Bockshornklee-Öl einrieb, um »das Kind an seinen Platz … und in seine richtige Position« für eine leichtere Geburt zu bewegen.[44] Sollte diese Intervention der Hebamme fehlschlagen und die Mutter sterben, hatte die Hebamme auch die Aufgabe, einen Kaiserschnitt durchzuführen. Das galt vor allem als religiöser Eingriff: Im späten 14. und frühen 15. Jahrhundert schrieb der Regularkanoniker John Mirk in seiner *Handreichung für Pfarrer*, man solle in solchen traurigen Fällen »die Hebamme lehren, dass sie sich beeilt, denn sie mit einem Messer zu entbinden, um das Leben des Kindes zu retten und es schnell zu taufen, ist eine Tat der Barmherzigkeit«.[45] Die Aufforderung zur Nottaufe zeigt, wie niedrig die Erfolgsaussichten bei einem solchen Vorgehen waren.

Hebammen genossen zwar nicht dasselbe Ansehen wie Ärzte, waren aber für komplexe medizinische Behandlungen zuständig, und man erwartete, dass sie ihre Kunst beherrschten. Sie begleiteten nicht nur Geburten, sondern behandelten auch die Gesundheitsprobleme von Schwangeren und standen ihnen nach der Geburt zur Seite. Generell kümmerten sie sich um gynäkologische Leiden und manchmal auch um die allgemeinen Gesundheitsbelange ihrer Gemeinschaft. In den meisten kleineren Städten wandte man sich bei Husten und Erkältung, Fieber und Schmerzen an die Hebamme. Weil sie in den Augen vieler einen niedrigeren Status hatten als andere medizinische Fachkräfte und im Allgemeinen auch weniger für ihre Dienste verlangten, kümmerten sich Hebammen wohl um die medizinischen Belange der meisten Menschen.

Sie nahmen auch Schwangerschaftsabbrüche vor, was später im *Hexenhammer* zu dem Vorwurf führen sollte, »dass die hexenden Hebammen die Empfängnis in der Gebärmutter auf verschiedene Arten verhindern, eine Fehlgeburt bewirken und, wenn sie es nicht tun, die Neugeborenen den Dämonen darbringen«.[46] Dieses ganze »Neugeborene-den-Dämonen-darbringen«-Ding ist ein bisschen übertrieben, doch ganz allgemein ging der *Hexenhammer* davon aus, dass die Bereitschaft einer Frau, bei einem Schwangerschaftsabbruch zu helfen, auch ihre Bereitschaft anzeigte, dem Teufel in jeder Hinsicht willfährig zu sein. Diese Verbindung war allerdings auf Frauen beschränkt, die solche Abbrüche anboten – sie galt nicht für die Hebammenkunst im Ganzen. Schließlich gingen die Hebammen selbst auf dem Höhepunkt der Hexenverfolgung im 17. Jahrhundert ihrer Arbeit nach. Sie mussten einfach nur aufpassen, welche medizinischen Dienste sie anboten, wenn sie auf der richtigen Seite des Gesetzes bleiben wollten. Wer über seine Hilfe bei Schwangerschaftsabbrüchen schwieg oder sie nicht anbot, konnte sich auf ein erfülltes Berufsleben in einem wichtigen (Frauen-)Beruf einstellen, ohne von Hexenjägern behelligt zu werden.

Sexarbeiterinnen

Auch das, was wir heute als Sexarbeit bezeichnen, war ein juristischer Drahtseilakt. Im Mittelalter galt sie vor allem in Städten als Notwendigkeit, weil sonst die Sorge bestand, dass unverheiratete Männer zu wenig Sex hatten. Augustinus wie auch Thomas von Aquin warnten vor den Gefahren aufgestauter sexueller Lust in städtischer Umgebung. Sie sahen das Risiko, dass unverheiratete Männer, wenn sie keinen Geschlechtsverkehr hatten, gewalttätig würden, und meinten, dass es keinen anderen Weg gebe, die Hitze zu vertreiben, die ihre heiße trockene Konstitution nun mal entstehen ließ. Deshalb hielten beide Heilige Bordelle für notwendig, um Unruhen zu verhindern.[47]

Fast jede Metropole des Mittelalters beherbergte also blühende Zentren der Sexarbeit, allerdings mit verschiedenen Auflagen. Besonders im Heiligen Römischen Reich mussten Sexarbeiterinnen in Bordellen arbeiten, nicht im eigenen Heim, und die Bordelle brauchten eine Genehmigung. Zudem gab es oft Regeln zum Standort dieser Etablissements. Sexarbeiterinnen sollten ihrem Beruf entweder vor den Stadtmauern oder ganz am Rand der Stadt nachgehen. Städte verboten üblicherweise, dass Bordelle von Badehäusern aus betrieben wurden; einige legten per Gesetz fest, dass Sexarbeiterinnen kennzeichnende Kleidung tragen mussten. In London etwa waren sie an einer Kopfbedeckung aus schwarz-weiß gestreiftem Tuch zu erkennen.

Diese Vorgaben zeigen, dass Sexarbeiterinnen einen gesicherten Platz im mittelalterlichen Europa hatten. Wer sich an die Regeln hielt, konnte auf städtische Unterstützung zählen. In Prag versuchte ein übereifriger Priester einmal, Sexarbeiterinnen des städtischen Bordells Obora aus dem Gebäude zu vertreiben; eine Gruppe von ihnen wandte sich mit der Bitte um Hilfe an die städtischen Behörden.[48] Ihr Gegner, der hartnäckige Meister Ulrich, beklagte sich bitterlich über die Sündhaftigkeit von kommerziellem Sex, aber er kam damit nicht durch: Die Frauen hatten das Recht, ihrem Gewerbe nachzugehen, und das Gesetz war auf ihrer Seite.

Das Gesetz schützte also die Prostituierten von Obora, aber es beschränkte sie zwangsläufig auch. Im Norden von Prag, jenseits des Wenzelsplatzes, wurden verschiedene Klagen über »verdächtige Frauen« laut, die, so vermutete man, in nicht lizenzierten Bordellen in der Krakauer Straße arbeiteten. In Reaktion darauf verkündete der Erzdiakon Pavel von Janovice, die Frauen, um die es hier ging, könnten unter Androhung der Exkommunikation aus ihren Häusern »entfernt« werden.[49] Ähnlich beschränkte London die Gegenden, in denen Sexarbeiterinnen leben durften, selbst wenn sie nicht arbeiteten. 1393 gab die Stadt bekannt, dass sie allen Sexarbeiterinnen verbot, »in der … Stadt oder ihren Vororten bei Nacht oder bei Tag herumzugehen oder zu wohnen; vielmehr sollen sie sich auf die dazu vorgesehenen Orte beschränken, das heißt die Stews [Badehausbordelle] auf der anderen Seite der Themse und die Cokkeslane; bei Androhung des Verlusts und der Einbuße der Kleidungsstücke für den Oberkörper, die sie trägt, zusammen mit ihrer Haube«.[50] Mit anderen Worten: Wenn eine Sexarbeiterin außerhalb des zugelassenen Gebiets angetroffen wurde, zog man sie bis zur Taille nackt aus und brachte sie dorthin zurück, wo sie »hingehörte« – eine wirkungsvolle Form öffentlicher Beschämung.

Trotz dieser Behandlung waren Sexarbeiterinnen in den meisten Städten zu finden. Das Gewerbe stand praktisch jeder Frau offen, die sich auf die damit verbundenen Beschränkungen einließ. Wenn man nicht als die Bedienstete eines anderen leben wollte, kein Gewerbe wie das Walken ausüben durfte und keinen Ehemann hatte, der einem die Tür zu einem Handwerk

Valerius, der dem Kaiser Tiberius die Dekadenz eines Badehausbordells zeigt, vom Meister des Antonius von Burgund, um 1470.

öffnete, war Prostitution eine Möglichkeit, sich den Lebensunterhalt zu verdienen. Besonders wichtig war dies für Frauen, die gerade erst vom Land gekommen waren und einen Ort brauchten, an dem sie bleiben konnten, sowie ein schnelles Einkommen, ohne die Behörden und womöglich die Grundherren, die sie hinter sich gelassen hatten, auf sich aufmerksam zu machen.

Doch nicht alle Prostituierten landeten freiwillig in diesem Gewerbe. Manche Frauen wurden mit unverhohlenen Lügen dazu gebracht. In London wurde Elizabeth, die Ehefrau von Henry Moring, angeklagt, weil sie so tue, als sei sie Stickerin, und junge Frauen als Lehrlinge aufnehme. »Nachdem sie sie so aufgenommen hatte, verlockte sie [sie] … ein liederliches Leben zu führen und mit Mönchen, Kaplänen und allen möglichen anderen Männern Umgang zu haben, die nach ihrer Gesellschaft verlangten, sowie auch in ihrem eigenen Haus.«[51] In Prag gingen Frauen diesem Gewerbe manchmal nach, weil sie Schulden hatten. Neu angekommene Frauen nahmen womöglich einen Kredit auf, während sie versuchten, in der Stadt Fuß zu fassen, und die Geldverleiher bestanden üblicherweise darauf, dass unbezahlte Schulden durch Arbeit beglichen wurden. Eine Frau, die in Verzug geriet, erfuhr dann, dass es dabei um Prostitution ging. Solche Arrangements waren genauso legal wie die Sexarbeit an sich, und die übertölpelten Frauen hatten wenige Chancen, sich zu wehren. In einem Fall verschuldete sich etwa die unglückliche Dorthy Strygl in einem Vertrag mit der Madame Anna Harbatová, der von ihr unter Androhung der Todesstrafe verlangte, zu arbeiten, bis ihre Schulden bezahlt waren.[52]

Die Auswirkungen der Prostitution hingen aber auch davon ab, ob die einzelne Frau mit ihrer Tätigkeit dem Gesetz gehorchen konnte. Die Bordellwirtin Elizabeth geriet in juristische Schwierigkeiten, weil die Frauen, die sie in die Falle der Prostitution gelockt hatte, an Orten arbeiteten, an denen sie das nicht durften (in der Londoner Innenstadt, nicht in Southwark), und weil sie Kunden bedienten, die sie nicht bedienen sollten (Kleriker statt unverheirateter Laien). Anna Harbatová hingegen durfte die sich weigernde Dorthy zur Arbeit zwingen, weil sie die Regeln der Stadt befolgte. Die Erfahrungen unfreiwilliger Prostituierter konnten von Stadt zu Stadt, von Viertel zu Viertel und sogar von Person zu Person sehr unterschiedlich sein, abhängig davon, wie genau sich ihre Ausbeuter:innen in Rechtsdingen auskannten.

Es war zwar legal, Sexarbeiterin zu sein, und manchmal sogar, andere in dieses Gewerbe zu zwingen, aber es galt nie als ein empfehlenswerter Weg. Die Existenz von Prostituierten mochte theologisch notwendig sein, doch indem sie außerhalb der Ehe mit Männern schliefen, begingen sie dennoch Unzucht, und das galt als Sünde, wenn auch als lässliche. Sexarbeiterinnen befanden sich also in einem Zustand der Sünde, wenn sie ihrem Gewerbe nachgingen. Wenn sie starben, fehlte ihnen der Schutz der Kirche. Ganz ähnlich wie diejenigen, die sich selbst das Leben nahmen, wurden Sexarbeiterinnen, die noch im Geschäft gewesen waren, von einer Bestattung in geweihtem Boden ausgeschlossen.

In London wurden die Frauen der Stews in Southwark beigesetzt, auf einem Stück Land, das heute *Crossbones Graveyard* heißt. Viele dieser Frauen hatten in Häusern gearbeitet und gelebt, die der Erzbischof von Winchester vermietete, dessen Sommerpalast am Südufer der Themse zwischen Badehäusern und Bordellen stand. Dass ein Bischof am Sexgewerbe verdiente, war akzeptabel, doch wenn die Frauen, deren Geld er nahm, starben, befanden sie sich außerhalb seiner Fürsorge. Sie wurden ohne Zeremonie oder Sakrament verscharrt, einen

Steinwurf vom Palast des Bischofs entfernt, in ungeweihter Erde, als ein dauerhaftes Symbol ihres Platzes außerhalb der Gemeinschaft, der sie dienten. Sexarbeiterinnen galten einfach als ein notwendiges Übel.

Der Tod außerhalb der religiösen Gemeinschaft war nicht die einzige Gefahr, der sich die Prostituierten aussetzten. Wie in Kapitel 3 erwähnt, waren die Theologen übereinstimmend der Ansicht, Sexarbeiterinnen könnten nicht schwanger werden. Wilhelm von Conches sagte, dass sie, weil sie nicht zum Vergnügen mit Männern schliefen, nicht das Sperma freisetzten, das notwendig sei, um zu empfangen. Das stimmt natürlich nicht, aber manche Sexarbeiterinnen wurden tatsächlich durch sexuell übertragbare Infektionen, die sie sich bei ihrer Arbeit zuzogen, unfruchtbar. Die »Lepra«, die Frauen angeblich ihren Sexpartnern übertragen konnten, ohne selbst daran zu erkranken, könnte Gonorrhöe gewesen sein. Deren Symptome treten bei Männern oft deutlicher zutage als bei Frauen, sie kann aber unbehandelt bei Frauen zu Unfruchtbarkeit führen. Doch ihnen drohten auch weitere sexuell übertragbare Infektionen: Ein Dekret Heinrichs II. von England (1133–1189) aus dem Jahr 1161 legte fest, dass die Bordellbesitzer in den Londoner Stews keine Frau behalten durften, »die das gefährliche Leiden des Brennens hat«.[53] Im Jahr 1256 erließ der französische König und spätere Heilige Louis IX. (1214–1270) ein Dekret, dass die Erkrankten, wenn man sie fand, aus dem Königreich ausgewiesen werden sollten. Frauen, die krank wurden, sahen sich spürbaren rechtlichen wie körperlichen Konsequenzen ausgesetzt.

Im Jahr 1495 gelangte ein neuer Stamm der Syphilis nach Europa.[54] Er löste – und das wurde erstmals auch umfassender dokumentiert – eine gesundheitliche wie auch moralische Panik aus und machte das Leben für Sexarbeiterinnen noch gefährlicher, wobei dieses Gewerbe in einer Welt vor der Einführung des Kondoms immer gesundheitliche Risiken mit sich brachte, einmal ganz abgesehen von dem gesellschaftlichen Stigma, wenn man erkrankte. Diese entsprechenden Infektionen gefährdeten die Gesundheit von Frauen, die schon in einer sozial prekären Situation steckten, und begünstigten mit ihrer Tätigkeit einen Tod außerhalb der Gemeinschaft der Kirche.

Viele Sexarbeiterinnen rechneten allerdings nicht damit, zu sterben, solange sie noch im Gewerbe waren. Frauen, die aufgrund von Täuschung oder Schulden zur Sexarbeit gezwungen worden waren, fanden es womöglich aus rechtlichen oder anderen Gründen schwer, ihr Gewerbe zu verlassen, doch diejenigen, die den Beruf ergriffen hatten, weil er für sie zweckdienlich und bequem war, standen nicht vor solchen Problemen. Da Prostitution ein notwendiger Teil des Stadtlebens war, konnte man sie ausüben und sich offenbar auch wieder davon lossagen. Wer aussteigen wollte, musste lediglich zu seinem Gemeindepfarrer gehen, seine Sünden beichten und um die Festlegung der Buße bitten, die, wie Papst Innozenz III. empfahl, darin bestand, zu heiraten und, wenn möglich, eine Familie zu gründen.[55] Männern, die eine ehemalige Sexarbeiterin heirateten, versprach man den Erlass ihrer Sünden, um ihnen die Sache zu versüßen. Die Bußstrafe der Ehe verweist auf das gesellschaftliche Problem mit den Sexarbeiterinnen. Offensichtlich wurden sie gebraucht, um die Auswüchse ungezügelter Lust einzuhegen, gleichzeitig aber waren sie auch ein Problem – nicht nur wegen ihrer sexuellen Verfügbarkeit, sondern auch, weil sie nicht der Kontrolle von Männern unterstanden. Wenn sie sich an die Gesetze ihrer Stadt hielten, konnten sie völlig außerhalb jeder familiären patriarchalen Autorität leben, ihr Geld unabhängig so ausgeben, wie sie wollten, und sich in dem Beruf engagieren, für den sie sich entschieden hatten. Mit der Aufforderung, zu heiraten, ging es nicht nur darum, dass sie ein zweifelhaftes Gewerbe aufgeben sollten. Sie sollten vielmehr auch wieder unter die Kontrolle eines Mannes kommen.

Sehr viele Frauen hatten die Sexarbeit aufgenommen, weil sie das traditionelle Familienleben auf dem Lande hinter sich lassen wollten. Sie waren von dieser Arbeit vielleicht nicht besonders begeistert, aber auch noch nicht ganz bereit, in die Rolle der Ehefrau und Mutter zu schlüpfen. Einige ehemalige Sexarbeiterinnen beschlossen laut den Quellen, ihre Arbeit wirklich zu »bereuen« und Buße zu tun, besonders jene, die wegen Schulden zu dieser Arbeit gezwungen worden waren. Diejenigen, die nie in diesem Gewerbe hatten arbeiten wollen, betrachteten das, wozu sie gezwungen worden waren, eher als sündig und widerlich und wollten darauf reagieren, indem sie so weit wie möglich Abstand von diesem Lebenswandel nahmen. Glücklicherweise waren viele gläubige Menschen – anders als der Bischof von Winchester – mehr als glücklich, ehemaligen Sexarbeiterinnen dabei zu helfen.

Einer dieser Menschen war der tschechische Prediger Johannes Milicius aus Kroměříže. Milicius gründete eine Gemeinschaft namens »Jerusalem« in einem ehemaligen Bordell, das ihm eine reumütige Zuhälterin geschenkt hatte. Dort bezahlte er die Schulden geläuterter Frauen zurück. Wenn sie nicht wieder in die Gesellschaft zurückkehren wollten, durften sie im Haus bleiben und sich der religiösen Kontemplation widmen.[56] Letztendlich erregte »Jerusalem« die Aufmerksamkeit von Kirche und Staat, weil dort – neben anderen Vorwürfen – frühere Sexarbeiterinnen *und* männliche Prediger unter einem Dach lebten, doch die Gemeinschaft genoss die Unterstützung der Prager Gemeinde. Ganz allgemein verstanden die Menschen des Mittelalters offenbar, dass diejenigen, die die Prostitution hinter sich lassen wollten, Hilfe dabei brauchten, und

Milicius und die »Jerusalem«-Gemeinschaft konnten diese Unterstützung bieten.

»Jerusalem« ist ein Beispiel einer direkten Maßnahme und damit Teil einer langen europäischen Tradition. In Frankreich gab es solche Häuser im 13. Jahrhundert in Paris, Toulouse und Marseille; eines namens »Les Filles-Dieu« unterstützte der schon erwähnte Louis IX. finanziell. Andere befanden sich auf deutschem oder italienischem Gebiet.[57] Im Jahr 1227 bestätigte Papst Gregor IX. (um 1145–1241) einen von einem Wormser Priester gegründeten Nonnenorden, die »Schwestern vom Orden der heiligen Maria Magdalena zur Buße«, um solchen Frauen ein stabiles Leben als Nonnen zu ermöglichen. Die Regeln lauteten: Die Frauen mussten sich von ihrem alten Leben lossagen, bevor sie 25 Jahre alt waren, sie mussten für kleinere Verstöße büßen, indem sie eine Ernährung mit Brot und Wasser auf sich nahmen, und sie mussten für ernstere Vergehen mit Haft rechnen.[58] Diese Forderungen reichten vielleicht schon, um manche potenzielle Büßerinnen abzuschrecken, und deshalb florierten weniger formelle Gemeinschaften wie »Jerusalem« weiterhin, oft in denselben Städten wie der Magdalenerinnen-Orden. Irgendwann gaben die Magdalenerinnen ihren Schwerpunkt, Hilfe für Sexarbeiterinnen zu gewähren, auf und wurden ein Nonnenorden wie alle anderen. Zahllose religiöse Gruppen waren gern bereit, ehemalige Sexarbeiterinnen aufzunehmen, die dadurch aber nicht notwendigerweise Nonnen wurden. Wenn sie sich allerdings entschlossen, das Habit anzulegen, konnten sie sich den verschiedensten Orden anschließen, und viele fanden interessante Aufgaben.

Religiöse Frauen

Nonnen sind jetzt schon wiederholt in dieser Darstellung vorgekommen, weil so viele von ihnen im Bildungsbereich und an gemeinnütziger Arbeit beteiligt waren. Ihre Orden entstanden als Teil der monastischen Bewegung. Schon bald nachdem Benedikt von Nursia das Mönchskloster – Monte Cassino – gegründet und seine Benediktinerregel im Jahr 516 formuliert hatte, schrieb Caesarius (um 478–542), der Bischof von Arles, 534 die ersten Regeln für Klöster. Sowohl für Männer- als auch für Frauenklöster erschufen diese Regularien eine Parallelwelt außerhalb der weltlichen Existenz, in der sich die Mitglieder einem Leben in Gebet und Arbeit (*ora et labora*) widmen konnten, »um mit Gottes Hilfe den Klauen spiritueller Wölfe zu entgehen«. Die Nonnen trugen einen Habit, der sie als getrennt von der säkularen Welt auswies, und sie ordneten ihren eigenen Willen dem der Äbtissin unter, die das Kloster führte. Sie gelobten, »das Kloster bis zum Tode nie« zu verlassen.[59] Dort übernahmen sie den ganzen Tag über vielfältige alltägliche Tätigkeiten. Verschiedene Gruppen von Nonnen machten die Gartenarbeit, schrubbten die Böden, kochten, spülten, wuschen und verarbeiteten Wolle, alles, was das Kloster brauchte, um zu funktionieren.[60]

Das Arbeitsleben der Nonnen unterschied sich allerdings in einem wichtigen Punkt von dem der Mönche: der Abgeschiedenheit.

Im 13. Jahrhundert wurden neue Orden ins Leben gerufen. Diese Bettelórden, zu denen die Franziskaner gehörten, widmeten sich einem Leben in Armut und den religiösen Bedürfnissen ihrer Gemeinden. Sie predigten und boten zusätzliche religiöse Unterweisung für Einzelne, die mehr wollten, als ihre traditionellen Gemeinden ihnen bieten konnten. Im

Gegenzug erhielten die Bettelmönche Almosen, die ihnen halfen, ihre Klöster am Leben zu erhalten. Ihr weibliches Pendant dagegen, die Armen Klarissen, blieben auf ihre Konvente beschränkt. Ihr Orden mochte auf denselben Prinzipien des heiligen Franziskus gründen, doch Frauen, vor allem geistliche, durften nicht in der Öffentlichkeit erscheinen.

Eine Frau, die die säkulare Welt hinter sich ließ, durfte sich auf ein geistiges Leben freuen und auf eine Chance, sich ihrem Glauben zu widmen. Manche Nonnen kamen wie Hildegard schon als Kinder als Oblatinnen ins Kloster, andere später im Leben. Manche jungen alleinstehenden Frauen hörten womöglich in Predigten über die Schrecken des Ehelebens und entschieden sich für ein Leben in Kontemplation und Gemeinschaft mit Gott statt für die Ehe. Allerdings musste eine Frau nicht alleinstehend sein, um Gott zu dienen. Verheiratete Frauen konnten sich mit Zustimmung ihres Ehemanns einem Orden anschließen, und auch Witwen, die im Konvent Zuflucht und Trost suchten, konnten die heiligen Gelübde ablegen. Theoretisch konnten diese Frauen beschließen, ihr weltliches Leben aufzugeben, eine sechsmonatige Probezeit durchlaufen, während derer ihre Frömmigkeit geprüft wurde, und ein neues Leben als eine Nonne im Dienst Gottes beginnen.

Tatsächlich aber war das Leben im Nonnenkloster weitgehend den Reichen vorbehalten – Hildegard zum Beispiel kam aus einer Familie des niederen Adels. Eine Familie, die bereit war, eine kleine Tochter dem Leben im Gebet zu weihen, musste so wohlhabend sein, dass sie ihre Arbeitskraft entbehren konnte. Die durchschnittliche Bauernfamilie brauchte die Hilfe, die eine Tochter beim Melken, der Tierhaltung und vielleicht beim Spinnen oder Brauen leisten konnte. Zudem musste eine Familie, die ein Kind als Oblatin in ein Nonnenkloster gab, auch ein Land- oder Geldgeschenk abliefern, um das Mädchen zu unterhalten, bis sie ein voll arbeitendes Mitglied der Klostergemeinschaft wurde. Es gab Ausnahmen von dieser Regel: Waisen etwa konnten einem Kloster übergeben werden, wenn sie keine weitere Familie hatten, die für sie sorgen konnte. Doch üblicherweise kamen die Oblatinnen aus begüterten Haushalten.

Frauen, die später eintreten wollten, standen vor ähnlichen Problemen. Sie mussten lesen und schreiben können, und so wurden Ungebildete im höheren Alter nicht mehr aufgenommen, selbst wenn sie über die nötigen Mittel verfügten. Wenn man nicht sofort zum täglichen Leben des Ordens beitragen konnte, war man kaum von Nutzen für die Klöster, die sich mit der beständigen Arbeit für Gott beauftragt sahen. Mehr noch: Es erschien nutzlos, eine über siebzigjährige Witwe auszubilden, die irgendwann krank und schwach werden konnte. Die Magdalenerinnen verlangten schlicht, ihre Mitglieder sollten einfach nur jung sein, bußfertig und bereit, sich wegen kleiner Vergehen schlagen zu lassen. Wenn eine Frau ohne Geld unbedingt Nonne werden wollte, konnte sie das meist schaffen, aber sie musste sich einer sehr strengen Regel in einem sehr strikten Orden unterwerfen. Frauen mit Geld dagegen konnten sich einem Orden anschließen, in dem die Regeln lockerer und Prügel nicht so häufig waren.

Frauen von niederem Stand gaben die Hoffnung auf eine religiöse Berufung nicht unbedingt auf, sondern suchten für sich ein Leben im Glauben in verschiedenen anderen Strukturen. Wie die früheren Sexarbeiterinnen in der Gemeinschaft »Jerusalem«, die an der Seite von Milicius lebten, führten auch andere Frauengruppen ein geistliches Leben, blieben aber Laiinnen.

Beginen – das ist der Sammelbegriff für die Frauen, die im späten zwölften und frühen 13. Jahrhundert ein religiöses

Leben außerhalb eines Nonnenklosters führten. Beginen-Gemeinschaften wurden in Städten gegründet, die groß genug waren, sie aufzunehmen und zu unterstützen, vor allem in Amsterdam, Gent, Lüttich und Brüssel. Beginen hatten oft dieselbe Mission wie der Bettelorden der Franziskaner: Sie strebten nach einem apostolischen Leben, das dem aktiven Dienst geweiht war, und mussten deshalb in Städten angesiedelt sein, deren Bevölkerung sie zur Seite stehen konnten.

Die Beginen gestalteten ihr religiöses Leben ganz unterschiedlich. Manche lebten weiterhin mit ihren Familien, widmeten sich aber in ihrer freien Zeit dem Gebet, dem Predigen und der Meditation. Andere lebten gemeinschaftlich zusammen in sogenannten Beginenhöfen, wo sie für ihren Lebensunterhalt arbeiteten und sich religiösen Aktivitäten widmeten. Alle mussten unverheiratet sein oder ihren Ehemann mit dessen Zustimmung verlassen haben. Beginen lebten meist sehr bescheiden, ähnlich der apostolischen Armut der Klarissen. Der größte Unterschied bestand darin, dass die Beginen keine Klosterregel hatten und kein religiöses Gelübde ablegten, oft Angehörige wirtschaftlich schwacher Schichten anzogen und nicht in Abgeschiedenheit lebten. Schließlich konnte man seiner Gemeinschaft kaum dienen, wenn man im Beginenhof unter sich blieb.

Weil man unter »Begine« so viele unterschiedliche Lebensweisen fasste, waren auch die Reaktionen sehr verschieden. Manche Menschen versuchten, die religiösen Frauen aktiv als Vorbilder der Tugend zu fördern. Der Theologe und Kanoniker Jakob von Vitry (um 1160–1240) verfasste eine Lebensbeschreibung der Begine Marie von Oigines (1177–1213), die zu ihrer späteren Kanonisierung als Heilige beitrug. Marie, die Jakob zum Predigen drängte, widmete sich der »Arbeit mit ihren Händen … um ihren Leib durch Selbstkasteiung zu quälen und auch das Lebensnotwendige für die Bedürftigen zu beschaffen«.[61] Marie war in einer wohlhabenden Familie aufgewachsen und hatte einen Mann geheiratet, gegen den ihre Eltern Einwände hatten. Sie wurde sehr fromm und praktizierte physische Bußakte: Sie schlief auf Holzbrettern, mit einem Seil um ihre Mitte, um sich selbst den Schlaf zu entziehen. Sie fastete ständig, weigerte sich, Fleisch zu sich zu nehmen, und aß so trockenes Brot, dass es ihr den Mund aufschnitt. Schließlich verschrieb sie sich der Keuschheit, eine Entscheidung, die ihr ebenso frommer Ehemann akzeptierte. Beide widmeten sich der Pflege von Leprakranken. Marie hatte göttliche Visionen und angeblich Heilkräfte – so heilte sie einen kranken Mann, indem sie ihm eine Locke ihres Haares gab. Kurz gesagt bot sie erstklassiges Material für eine Heilige, und Jakob konnte sich mit seinem Anliegen direkt an den Papst wenden.

Marie besaß alle erwünschten Vorzüge einer Begine, andere Vertreterinnen aber taten Dinge, die als unziemlich galten. Marie predigte nie, manche Beginen dagegen hatten keine Bedenken, zu ihren Gemeinden zu sprechen, wie ihre Vorbilder, die Franziskaner, es taten. Die Mystikerin Marguerite Porete († 1310) schrieb sogar ihr eigenes religiöses Werk *Le mirouer des simples ames* (*Spiegel der einfachen Seelen*), eine ausgedehnte Meditation über das Konzept der *agape* oder universellen Liebe. Es war nicht auf Latein, sondern in einem allgemein verständlichen Französisch abgefasst und beschrieb, wie die einzelne Seele sieben Stufen der »Vernichtung« durchläuft, bis sie schließlich das Einswerden mit Gott erreicht. Sie verband das Konzept der Liebe mit Gott: »Ich bin Gott, spricht die Liebe. Denn die Liebe ist Gott, und Gott ist die Liebe, und diese Seele ist Gott durch Liebesübereinkunft. Ich bin Gott durch die göttliche Natur, und diese Seele ist es durch die Gerechtigkeit der

Liebe.«[62] Dieser Gedankengang kam allerdings nicht besonders gut an. Der Bischof von Cambrai befahl Marguerite, alle Exemplare ihres Werkes zu verbrennen. Sie weigerte sich, wurde der Häresie angeklagt, und 1310 beorderte der Generalinquisitor für Frankreich, der Dominikanermönch Wilhelm von Paris († 1314), sie auf den Scheiterhaufen.

Marguerite stand für den schlechtesten Fall: eine Frau, die ein religiöses Leben ohne Aufsicht führte. Weil Frauen als intellektuell minderwertig galten, sah man sie als leichte Beute für Häretiker, die ihre Köpfe mit unzulässigen Gedanken füllen konnten. Wenn sie dann noch predigten, konnten sie ihre abwegigen Ideen an die Gemeinschaften weitergeben, denen sie dienten. Frauen bemerkten nach dieser Auffassung schlichtweg nicht, wenn sie gegen die Lehren der Kirche verstießen. Häretikerinnen wie Marguerite, die korrigiert wurden, sich aber immer noch weigerten, sich zu ändern, waren das eine, doch es gab auch sehr viele, die einfach den Unterschied zwischen religiösem Idealismus und Häresie nicht kannten.

So waren die Bewertungen der Beginen gemischt. Unabhängig von den Meinungen ihrer Zeitgenossen boten sie jedoch ein Leben religiöser Berufung und gemeinwohlorientierter Arbeit für Frauen, die sonst kaum die Möglichkeit hatten, ein spirituelles Leben zu führen. Diese Frauen, ob nur offiziell Häretikerinnen oder nicht, wurden von ihren Gemeinschaften oft geschätzt und arbeiteten hart in ihnen. Sie übernahmen nicht immer nur gesellschaftlich »zulässige« weibliche Aufgaben. Dass es sie überhaupt gab, zeigt schon, dass Frauen aller Gesellschaftsschichten sich nach Tätigkeiten sehnten, die in ihren Augen sinnvoll war. Sie schufen sich ihre eigenen Gemeinschaften und eröffneten sich so Möglichkeiten, die sonst nur den Bessergestellten vorbehalten waren. Zudem war das Leben einer Begine eine der wenigen Optionen für eine Frau, die ein religiöses Leben führen, aber gleichzeitig etwas für ihre Gemeinschaft bewirken wollte. Ein Leben in Frömmigkeit und Kontemplation hinter Klostermauern war lobenswert, doch wenn eine Frau ihre Gesellschaft verändern und gleichzeitig an einem Leben im Gebet festhalten wollte, war das Beginentum die beste Wahl, egal, was böse Zungen behaupteten.

Die Herrschenden

Es ist kein Zufall, dass wir vor allem von hochrangigen Frauen des Mittelalters Genaueres erfahren. Frauen aus Adels- und Königshäusern, die die schwere Bürde von Macht und Prestige trugen, sind oft sehr stark hervorgehoben worden, obwohl es sich eigentlich nur um eine Handvoll außergewöhnlicher Persönlichkeiten handelte. Diese Schwerpunktsetzung hat Autor:innen hin und wieder von der Beschäftigung mit den vielfältigeren Lebenswegen normaler Frauen des Mittelalters abgehalten.

Doch auch die Lebensgeschichten dieser hochrangigen Frauen, unabhängig von ihrer kleinen Zahl, waren fast ganz mit Arbeit gefüllt. Zukunftssorgen förderten die Verbreitung von Schönheitsnormen und schürten die Angst vor Sexualität. Sobald solch eine Frau das Licht der Welt erblickte, wurde sie als potenzielle Braut gesehen. Ihr Aussehen, ihr Benehmen und ihre Spiritualität waren nicht nur persönliche Merkmale, sondern Werbung für sie als künftige Ehefrau und Mutter. Bereits auf dem Weg dorthin hatten adlige Damen weitere Aufgaben. Sie konnten als Hofdamen arbeiten und zwischen Adels- und Königshöfen hin und her geschickt werden. Nach ihrer Heirat waren sie selten »nur« Mütter, eine an sich schon nicht ganz einfache Rolle. Oft waren sie direkt in politische Verhandlungen und religiöse Zeremonien einbezogen. Manche reisten mit ihren Ehemännern in Kriegsgebiete und tauschten sich über militärtaktische Fragen mit ihnen aus. Diejenigen, die zu Hause blieben, wenn ihre Ehemänner unterwegs waren, mussten einen Haushalt führen, dessen Mitgliederstärke oft in die Hunderte gingen, und eine komplexe Buchhaltung überwachen, die ständige Aufmerksamkeit erforderte. Insgesamt genossen solche Frauen einen gewissen Luxus, aber sie waren nicht untätig.

Frauen der herrschenden Schicht wurden oft zu Hause unterrichtet. Jungen Damen wurde vielleicht etwas Lesen und Schreiben beigebracht, um sie auf ihre zukünftigen Aufgaben vorzubereiten. Oft waren ihre Mütter ihre ersten Lehrerinnen, die sie auf die Art von Arbeit einstimmten, die man von ihnen erwartete, sobald sie selbst Mütter wurden. Reiche junge Mädchen konnten schon als kleine Mädchen durch Nachahmung von ihren Müttern und vom 13. Jahrhundert an besonders aus den mütterlichen Stundenbüchern lernen. Einen Großteil ihrer Bildung bekamen sie selbst in reichen Familien von ihren Müttern mündlich vermittelt.

Sobald eine junge Frau von ihrer Mutter gelernt hatte, so viel sie konnte, beschäftigten viele reiche Haushalte Frauen als Privatlehrerinnen. Tatsächlich waren an den meisten größeren Adels- und Königshöfen Frauen angestellt, die Jungen und Mädchen gleichermaßen bis zum Alter von etwa sieben Jahren unterrichteten. Älteren Mädchen boten die Frauen, die im Allgemeinen aus den höheren Schichten stammten, eher hauswirtschaftlichen Unterricht. Eleanor von Kastilien (1241–1290), eine Königin von England, beschäftigte Edeline Popiot aus Ponthieu in der Picardie als Lehrerin für ihre Tochter Prinzessin Joan (1272–1307).[63] Solche Lehrerinnen konnten helfen, wenn es um gutes Benehmen, Stickerei und andere weibliche

Aufgaben ging, aber sie lehrten nicht unbedingt komplexe philosophische Fragen. Und das sollten sie auch nicht.

Die Töchter, die in diesen mächtigen Haushalten aufwuchsen, wurden nach Ende ihrer Ausbildung in der Pubertät oft Kammerfrauen. Von Kammerfrauen wie von Frauen allgemein erwartete man, dass sie sich in vielen Bereichen nützlich machten. Vor allem sollten sie anderen hochstehenden Frauen Gesellschaft leisten. Sie dienten als Kammerfrauen, die diese Frauen zu Besuchen im Elternhaus begleiteten, und sie waren bei Reisen zu anderen gleichgestellten Frauen an ihrer Seite. Bei der Hochzeit wurden ausländische Prinzessinnen üblicherweise von einer Schar Landsleute in ihre neue Heimat begleitet, um ihnen den Übergang zu erleichtern. Als Anne von Böhmen (1366–1394) den Kaiserhof ihres Vaters in Prag verließ, um Richard II. von England (1367–1400) zu heiraten, begleiteten sie mehrere andere junge tschechische Frauen, die in London offenbar Geschmack an der Hörnerhaube (Hennin) und am Reiten im Damensattel fanden.[64]

Von Kammerfrauen erwartete man, dass sie sich denselben Aufgaben widmeten, die geschäftige Hausfrauen in allen Haushalten übernahmen, etwa dem Spinnen, Weben, Nähen und Sticken. Sie halfen vielleicht bei der Gartenarbeit oder der Herstellung von Medizin und Kosmetika. Oft wuschen diese hochrangigen jungen Frauen die Bettwäsche ihrer Herrin und machten ihr Bett. Besonders im späteren Mittelalter dienten diese jungen Frauen oft auch als ein Symbol für den Wohlstand des Haushalts. Eine Frau, die in einem Haushalt oder an einem Hof mit einer Schar junger Mädchen Einzug hielt, die teure schöne Kleidung trugen, machte allen Betrachtern klar, wie bedeutend sie war.

Wohlgeborene Frauen übernahmen manchmal bestimmte persönliche Dienstleistungen bei öffentlichen Anlässen wie etwa Festen. Im Jahr 1487 verrichteten Dame Katherine Grey und Mistress Ditton bei der Krönung der Elizabeth von York (1466–1503) einen ganz besonderen Dienst: Sie »verschwanden unter dem Tisch, wo sie die gesamte Zeit des Abendessens der Königin auf beiden Seiten zu ihren Füßen saßen«. Die Gräfinnen von Oxford und Rivers wiederum »knieten beidseits der Königin und hielten zu bestimmten Zeiten ein Tuch vor Ihre Gnaden«.[65] Nun ist es sicher praktisch, wenn jemand einem die Serviette reicht, doch so ein Aufwand ist eine zeremonielle Aussage. Man sollte sehen, dass hochrangige Frauen aus dem ganzen Königreich der neuen Königin sorgfältig aufwarten mussten. So zeigte man ihren Platz ganz an der Spitze einer ausgesuchten Rangordnung.

Der Lohn für ein Leben unter dem Tisch der Königin sollte oft eine gute Ehe sein, doch nicht alle zogen sich notwendigerweise zurück, um ihre eigenen Haushalte zu führen, sobald sie einmal eine solche Verbindung eingegangen waren. Hofdamen konnten besonders im späteren Mittelalter verheiratet sein und bedeutende Titel tragen. An der Seite der Königin Elizabeth von York knieten zum Beispiel Gräfinnen. Diese älteren Frauen wurden oft mit komplizierten Geschäftsangelegenheiten für ihre königlichen Herrinnen betraut. Im Jahr 1312 schickte Isabella von Frankreich (um 1295–1358) zwei ihrer *damicellae* nach London, um ihre Interessen zu vertreten, und eine weitere verheiratete Hofdame, Alice de la Lagrave, zu Lady Christine de Marisco, »um mit ihr über gewisse Angelegenheiten zu sprechen, die die Königin selbst betreffen«.[66] Viele arbeiteten auch nach ihrer Eheschließung weiter an Königshöfen, weil es dort viel zu tun gab, besonders für ältere, erfahrenere Damen. Eine Königin wie Isabella – »die Wölfin«, die später dafür berühmt werden sollte, dass sie sich offen einen Geliebten hielt, und von der es gerüchteweise hieß, sie habe ihren Ehemann Edward II. (1284–1327) zugunsten ihres Sohnes Edward III. (1312–1377) abgesetzt – vertraute ihre Angelegenheiten wohl eher nicht einem 15-jährigen Mädchen an, egal wie schön und prächtig ausstaffiert es auch war.

Manche Frauen blieben also am Hof und schauten, welche Aufgaben sie übernehmen könnten, andere entschieden sich dafür, Herrinnen ihres eigenen Haushalts zu werden, was keine unbedeutende Aufgabe war. Man erwartete, dass die Frauen ihren Haushalt im Griff hatten, und in einem großen Haus konnte das auch bedeuten, dass man für die Landwirtschaft verantwortlich war, Arbeiter führen und das Budget betreuen musste, um sie zu bezahlen und zu ernähren, oft in Abwesenheit des Ehemanns. Wie Christine de Pizan schrieb, verbrachten Damen, die auf ihrem eigenen Land lebten, viel Zeit mit der Haushaltsführung, während ihre Ehemänner sich entweder am Königshof oder im Ausland aufhielten. Um ihren Besitz und all seine Einkünfte zu managen, mussten die Damen wissen, welche Rechte sie hatten, was sie als Steuern von der Ernte einnehmen konnten und wie sie die Buchhaltung, aber auch das Personal, die Pächter und Arbeiter führen konnten. Gleichzeitig mussten sie ihre Töchter und deren Arbeit beaufsichtigen; dazu kamen »viele weitere solche Aufgaben, die zu beschreiben hier zu lange dauern würde«.[67]

Vorrangig unter den »weiteren Aufgaben«, die Christine erwähnt, war die Aufsicht über Küche, Keller und Speisekammer. Einen großen Haushalt anständig zu ernähren, war ein gewaltiges Unterfangen, und der Hausherrin stand oft ein Verwalter zur Seite, um ihr bei den Haushaltsbüchern, der Auflistung von Verbrauch und Kosten, zu helfen. Dame Alice de Bryene ließ im 15. Jahrhundert ihren Verwalter John aufzeichnen, wie viele Gäste welche Mengen aßen, und so wissen wir genau, was und welche Mengen in ihrem Haus in den Jahren

1412 und 1413 konsumiert wurden. Am 2. Oktober, so erfuhr Dame Alice, nahmen sechs Menschen ein Frühstück zu sich, 16 ein Mittag- und zwölf ein Abendessen. Sie las, dass die Bestände des Hauses jetzt 44 Weizenbrötchen und sechs Vollkorn-Roggenbrötchen umfassten, Wein aus einem noch vorhandenen Einkauf, Ale aus eigenem Vorrat, einen halben Salzfisch und einen Stockfisch für die Küche. Und sie erfuhr, dass das Haus hundert Austern für zwei Denare gekauft hatte, hundert Räucherheringe für 18 Denare und 33 Merlane sowie neun Schollen (beides Fische) für 14 Denare. Aus irgendeinem Grund wurde für einen halben Denar Brot für das Pferd eines Kaufmanns gekauft, während im Stall die sechs Pferde der Dame und ihrer Begleiter mit Heu sowie einem Scheffel Hafer gefüttert wurden. Insgesamt beliefen sich die Einkäufe auf zwei Shilling und zehn Denare. Im 15. Jahrhundert entsprach dies etwa dem Wochenlohn eines Handwerkers.

Am nächsten Tag verbrauchten die Küchen ein Quarter Weizen (12,7 Kilo), um 236 Weizen- und 36 Vollkorn-Roggenbrötchen zu backen. Gleichzeitig wurden in der Brauerei zwei Quarter Malz (25,4 Kilo) benutzt, um 112 Gallonen Ale (etwas mehr als 500 Liter) zu brauen. Große Feste wie etwa ein Neujahrsbankett erforderten Auslagen von etwa 15 Shillingen (etwa 37 Tageslöhne für einen Handwerker), um die Masse an Menschen zu versorgen, darunter »Thomas Malcher mit 300 Pächtern und anderen Fremden«, die auftauchten und etwas zu essen erwarteten. Während der Verwalter John diese Verbrauchsangaben aufzeichnete, war es letztlich Alice, die die Ausgaben beaufsichtigen und bewilligen musste.[68]

Diese häusliche Routine war sicher Arbeit genug, doch adlige Frauen mussten auch mit der Gefahr eines militärischen Angriffs rechnen. Nicht umsonst wurde der Adel oft als »Wehrstand« umschrieben, und große Häuser waren häufiger das Ziel gewaltsamer Übergriffe. In den mehr als eintausend Jahren des Mittelalters mussten die Reichen unter anderem Angriffe der Wikinger, der eigenen Nachbarn, einfallender königlicher Heere und unzufriedener Bauern zurückschlagen. Bei der vermögenden Familie Paston (die zunächst sehr wohlhabende Nichtadlige – Patrizier – waren und später dem englischen Landadel angehörten) waren die Ehefrauen in die Vorbereitung der Verteidigung einbezogen, wie ihre Briefe zeigen. Margery Paston (1460–1495) bat ihren Ehemann John (1444–1504), »einige Armbrüste [zu] besorgen, und Winden, um sie zu spannen, und Bolzen; denn deine Häuser hier sind so niedrig, dass niemand mit einem Langbogen schießen kann, wobei wir nie solche Notwendigkeit hatten … und ich hätte auch gern, dass du zwei oder drei kurze Streitäxte für drinnen besorgst und ebenso viele Brigantinen [Schuppenpanzer als Obergewand].«[69] Ihr Gedankengang ist interessant, denn er hilft uns zu verstehen, dass abseits der Herrschaften, die regulär mit der Ausübung von ziviler Gewalt betraut waren, Frauen halfen, militärische Verteidigungsmaßnahmen zu planen.

Von adligen Damen erwartete man auch, dass sie sich als Schutzherrinnen und Förderinnen der Künste betätigten. Die Finanzierung von Dichtern und Künstlern unterstrich den Status des Adels und hob diese Frauen durch ihre Bildung und Kultiviertheit aus der Masse heraus. Deshalb spielten Aufträge an Künstler sowie das Lesen und Zurschaustellen von Büchern eine so wichtige Rolle. Es war ebenso Teil der Aufgaben wie die Überwachung des Haushalts, wenn auch ein sehr angenehmer Teil.

Diese Frauen hatten also viel zu tun, noch bevor es um irgendwelche politischen Aufgaben ging, die sie womöglich übernahmen, um ihren Ehemännern zu helfen. Die politischen Ehen im Adel, auf die sie durch die sorgfältige Erziehung ihrer

Mütter vorbereitet wurden, brachten Verantwortung mit sich. Adlige Damen diskutierten vielleicht mit ihrem Ehemann über politische Dinge und berieten ihn. Sie konnten sich bei Mitgliedern ihrer eigenen Familie für ihre Schwiegereltern einsetzen und zu ebendiesem Zweck auch Beziehungen zu anderen mächtigen Frauen pflegen. Die Verbindungen, die sie knüpften, solange sie im Dienst einer höherrangigen Adligen standen, konnten später hilfreich sein, wenn sie wieder auf ihr Anwesen zurückkehrten. Selbst ein ruhiges Leben auf dem Land war arbeitsreich und hatte das Potenzial, ebenso politisch zu sein wie das eines adligen Mannes.

Jede Beschäftigung mit der Arbeitswelt mittelalterlicher Frauen wird schließlich auf die Frauen zulaufen, über die wir mehr hören als über alle anderen: auf die Königinnen. All die Arbeit adliger Damen wurde auch von Frauen der Königsfamilie erwartet, mit einem besonderen Schwerpunkt auf Staatsangelegenheiten und öffentlichem Ritual. Wie die geschäftigen Hofdamen der Königin Isabella zeigen, hatten Königinnen oft ihre eigenen Ziele und Beweggründe, die sie beschäftigten. Häufig vermittelten sie zwischen ihrer Herkunftsfamilie und ihrem neuen Königreich, fungierten als hochrangige Diplomatinnen, die die Interessen beider Seiten auszubalancieren versuchten. In einer besonders wichtigen Rolle appellierten Königinnen an ihre Ehemänner oder Söhne. Wenn ein König sich zu einem Handeln entschlossen hatte und dann zurückrudern musste, war das geeignet, ihn schwach oder dumm aussehen zu lassen. Die Königin konnte in diesem Fall direkt eingreifen und um Milde bitten. Dem König war es so möglich, das Gesicht zu wahren und gleichzeitig keine Fehler aufgrund übereilter Entscheidungen zu begehen.

Wenn also beispielsweise Anne von Böhmen den englischen Frauen nicht gerade neumodische Spitzhüte vorführte, setzte sie sich für ihre Untertanen ein. Ihr Ehemann Richard II. hatte aus Sicht der einfachen Leute eine schwierige Persönlichkeit. Er hatte die Bauern gewaltsam unterdrücken lassen, als sie 1381 rebellierten und bessere Löhne und mehr Rechte forderten. Noch 1392 schien der König sehr wenig aus diesem Zwischenfall gelernt zu haben und sah sich in einen Konflikt mit den Bürgern Londons verstrickt. Im Juni des Jahres hatte er einen Kredit von 10 000 Pfund gefordert, doch die Stadt, die mit einem neuen Pestausbruch und Nahrungsmittelknappheit zu kämpfen hatte, verweigerte die Zahlung. Richard nahm das nicht gut auf. Als Vergeltung hob er die Freiheiten der Stadt auf, setzte Bürgermeister und Stadtrat ab, verlegte die königlichen Gerichte nach York und übertrug seinem Hauptmann die Verantwortung für die Stadt. Und er forderte eine Strafe von 100 000 Pfund (mehr als 10 Millionen Euro) von den am Hungertuch nagenden Londonern, angeblich, weil sie seine Gefühle verletzt hatten.

Bewusst versuchte er, der Stadt ihre Bedeutung zu nehmen. Es war kein kluger Schachzug, wenn man die herausragende Stellung Londons als Handelsplatz bedenkt. Anne konnte ihrem Ehemann sein Vorhaben, die wichtigste Stadt seines Reiches zu zerstören, ausreden, indem sie ihn in Windsor und in Nottingham direkt bat, den Bürgermeister wiedereinzusetzen und der Stadt die Strafe zu erlassen. Die Londoner ihrerseits willigten ein, sich dem König zu unterwerfen, wenn ihre Freiheiten wiederhergestellt würden. Sie boten eine Strafzahlung von 10 000 Pfund an (die Summe des anfangs abgelehnten Kredits). Der König und die Königin hielten dann eine prunkvolle Zeremonie in Westminster Hall ab, wo Anne vor ihrem Ehemann auf die Knie sank und noch einmal Vergebung für London erbat. Er richtete sie auf und setzte sie wieder an seine Seite, ein Zeichen, dass er London verzeihen werde. Die

Londoner Freiheiten setzte er allerdings bis 1397 nicht vollständig wieder ein, und selbst dann waren sie mit der Zustimmung zu einem weiteren Kredit verbunden.

Königinnen konnten auch zwischen ihren Ehemännern und der Kirche vermitteln. Als Papst Innozenz II. (†1143) im Jahr 1141 Pierre de la Châtre (†1171) zum Erzbischof von Bourges berief, versuchte Louis VII. von Frankreich (1120–1180), ein Veto dagegen einzulegen. Im Gegenzug verhängte der Papst die Kirchenstrafe des Interdikts über ihn. Dieser sich hinziehende Streit führte zu einem Krieg zwischen Pierres Unterstützern und der Krone und kulminierte im Tod von etwa 1000 Menschen in Vitry, als der König die Stadt belagerte. 1144 sprach schließlich Louis' Ehefrau Eleanor von Aquitanien bei Innozenz vor. Ihr Begleiter Bernhard von Clairvaux (1090–1153) war ein Freund des Papstes und wurde später heiliggesprochen. Gemeinsam baten sie, die Exkommunikation der Königstreuen im Austausch gegen die Bestätigung der päpstlichen Bischofsernennung zurückzunehmen. Ihre Bitte wurde gewährt.

Königinnen konnten auch militärische Macht ausüben, und auch hier ist Eleanor das Vorbild schlechthin. Louis VII. fühlte sich schuldig wegen der Todesopfer, die sein Angriff auf Vitry gekostet hatte, und beschloss, zur Buße auf Kreuzzug zu gehen. Auch Eleanor nahm am Zweiten Kreuzzug teil, jedoch nicht nur als Ehefrau des französischen Königs, sondern auch als die Anführerin Aquitaniens, wobei sie ihre Hofdamen ebenso rekrutierte wie ihre aquitanischen Untertanen. In ihrer Korrespondenz mit ihrem Onkel Raimund von Poitiers (um 1099–1149), damals Fürst von Antiochia, fragte sie an, wie viel militärische Unterstützung denn gebraucht werde, um die geschwächten Kreuzfahrerstaaten zu stützen. Der Zweite Kreuzzug endete mit einer Niederlage, vor allem weil Louis so wenig

Ahnung von militärischen Dingen hatte. Seine Ehe mit Eleanor überlebte diese Reise nicht, und das Paar erwirkte eine Annullierung ihrer Verbindung aufgrund zu naher Verwandtschaft. Ganz allgemein ist man der Ansicht, dass die fähige Königin Eleanor sich durch die militärische Unfähigkeit ihres Ehemanns gedemütigt fühlte. Eine Königin, die eigene Truppen aufstellen konnte und es auch tat, konnte und musste einem solchen Ehemann nicht gehorchen.

Eleanor von Aquitanien ist ein Sonderfall unter Sonderfällen. Ihr militärisches Eingreifen war zwar nicht beispiellos, aber doch eine Seltenheit unter ihren Geschlechtsgenossinnen. Es verwundert kaum, dass ihr Name zu den wenigen mittelalterlicher Frauen gehört, die die Menschen heute noch kennen. Doch auch sie erreichte ihre Ziele nur im Rahmen ihrer Position als Königin. Es war vielleicht ein ungewöhnlicher Weg, königliche Macht auszuüben, aber es war kein unmöglicher.

Auch Königinnen, die nicht aufs Schlachtfeld zogen, hatten jede Menge wichtige Dinge zu tun. Wie adlige Frauen fungierten sie als bedeutende Patroninnen der Kirche wie auch der Künste. Eine solche bemerkenswerte Schutzherrin war Margarete von Anjou (1430–1482), die als eine der besonders hart arbeitenden Königinnen auf verschiedenen Gebieten heraussticht. Die Französin war mit Heinrich VI. von England (1445–1471) verheiratet und war oft für das Königreich verantwortlich, wenn ihr Mann wieder einmal mit den Folgen einer psychischen Erkrankung zu kämpfen hatte. Als Margarete aufgerufen war, in den sogenannten Rosenkriegen zweier englischer Adelsfamilien die Lancaster-Seite zu führen, trat sie gleichsam in die Fußstapfen der militärischen Führerin Eleanor von Aquitanien. Und trotzdem fand sie bei all dieser Verantwortung noch die Zeit, als Förderin der Bildung aufzutreten – so wurde das Queens College in Cambridge 1448 auf ihren

Wunsch hin gegründet. Ebenso spielte sie eine wichtige Rolle dabei, das Ansehen der weiblich dominierten Textilindustrie in England zu heben. Sie holte erfahrene Wollarbeiterinnen aus Flandern, um das Gewerbe zu stärken. Vor allem aber war sie für die Einführung der Seidenweberei im Land verantwortlich. Königin Margarete warb Seidenarbeiterinnen aus Lyon an, die das Handwerk unterrichten sollten, und gründete die »Schwesternschaft der Seidenfrauen« in London. Die Spitalfields-Seide, die als ein direktes Ergebnis ihrer Patronage dort hergestellt wurde, blieb bis weit ins 19. Jahrhundert eine begehrte Handelsware. In der Schlacht von Tewkesbury wurde die Königin zwar schließlich gefangen genommen und inhaftiert, später aber nach Frankreich zurückgeschickt, um ihre letzten Tage im Exil zu verbringen.

Mittelalterliche Königinnen führten zwar ein beeindruckendes, exklusives Leben, mussten aber auch komplexe und schwierige Aufgaben übernehmen. Sie mussten das Mächtegleichgewicht stabilisieren, Kinder gebären und aufziehen, den Alltag auf Burgen und in Palästen managen, eine Schar Künstler und Kunsthandwerker unterstützen und die Beziehungen zwischen dem König und der Kirchenspitze erleichtern, während sie gleichzeitig enge Verbindungen zu ihren Freunden und Verwandten wie auch zu denen des Königs pflegten und hin und wieder ein Heer befehligten. Doch wir dürfen unser Augenmerk nicht ausschließlich auf die Königinnen richten. Für jede Königin, die ein Leben in Reichtum führte und diplomatische Aufgaben übernahm, gab es Tausende schwer arbeitender Bauersfrauen, die einen Haushalt führten, Felder bestellten und in der Dorfpolitik aktiv waren. Selbstverständlich ist das Wirken von Königinnen anerkennenswert, doch es war die Arbeit der ganz normalen Frauen, die das mittelalterliche Europa am Leben erhielt und florieren ließ.

Frauen haben immer viel gearbeitet. Neben ihren häuslichen Pflichten hatten sie Aufgaben in der Landwirtschaft, beim Brauen usw. und arbeiteten viele Stunden mehr als die meisten Männer. Aus diesem Grund mag es mittelalterliche Frauen gegeben haben, die versuchten, andere vor dem Eheleben zu warnen und sie stattdessen auf das um einiges weniger anstrengende Dasein als Nonne zu verweisen. Die Vorstellung, dass Frauen bis vor Kurzem nicht gearbeitet hätten, ist ironischerweise eine moderne Konstruktion. Die Menschen des Mittelalters haben die Frauen vielleicht nicht explizit für ihre Berufe gerühmt, doch arbeitende Frauen waren so üblich, dass man sie gar nicht unbedingt erwähnen musste.

Woher aber kommt dann diese Vorstellung? Teils hat sie etwas damit zu tun, wie die Menschen des Mittelalters sich den Frauen wie auch der Arbeit näherten. Frauen wurden weniger als Individuen und vielmehr als Objekte verstanden. Sie wurden durch Eheschließung übergeben, um an der Seite ihres Ehemanns produktiv zu arbeiten und nebenbei auch für das Weiterleben der Familie durch Kinder zu sorgen. Selbst wenn sie es schafften, ihre Familie noch unverheiratet zu verlassen, erwartete man, dass sie in einem Haushalt arbeiteten oder sich einem Orden geistlicher Frauen anschlossen, wo sie religiöse Arbeit leisteten und für ihre Familien beteten. Nun könnte man argumentieren, dass die Kombination aus häuslicher, reproduktiver und religiöser Arbeit eine vollkommen unbeachtete Produktivkraft gewesen sei, doch wir müssen gar nicht so theoretisch werden. Frauen arbeiteten auf jeder Ebene der Gesellschaft an der Seite von oder in einer Partnerschaft mit Männern – und bekamen dafür so gut wie keine Anerkennung.

Die Vorstellung, dass eine Frau als Arbeitskraft aus eigenem Recht anerkannt werden müsse, war den Menschen des Mittelalters fremd, weil Frauen nicht notwendigerweise aus eigenem Recht heraus existierten. Etwa so wie männliche Familienmitglieder Frauen beaufsichtigen mussten, um sicherzustellen, dass sie sich züchtig verhielten, fand Frauenarbeit unter der Regie eines geeigneten und angesehenen Kollektivs statt, das sie kontrollieren konnte. Frauen arbeiteten also nicht für sich selbst, sondern im Dienste ihrer Familie, ihres Haushalts oder, wenn sie beides nicht hatten, der Kirche; sie spiegelten eine Institution und nicht sich selbst als Individuen wider. Es ist unsere Aufgabe, diese Frauen sichtbar zu machen und das, was sie taten, als das zu bezeichnen, was es war: wertvolle und notwendige Arbeit.

5

Was bedeutet das für uns?

Die Menschen des Mittelalters beurteilten den Status von Frauen anders als wir: Sie hatten andere Schönheitsstandards, einen anderen Bezug zu weiblicher Sexualität und andere Erwartungen an das Leben und die Arbeit von Frauen. Wir neigen jedoch dazu, dies zu ignorieren, und verstehen damit die mittelalterliche Geschichte falsch. Unsere Haltung könnte ein bedauerlicher Zufall sein. Schließlich ist es nicht unbedingt an und für sich schon ein Problem, wenn man eine komplizierte Epoche der Geschichte falsch versteht, die vor einem halben Jahrtausend endete. Allerdings verschleiert dieser »Zufall«, dass *die* Geschichten, die wir tatsächlich über das Mittelalter verbreiten, uns die Behauptung erlauben, unser modernes Denken und unser Umgang mit Frauen seien denen mittelalterlicher Überzeugungen weit überlegen.

Es ist leicht zu glauben, dass die ferne Vergangenheit repressiver war als unsere Zeit, selbst wenn beide Epochen die Grundannahme teilen, dass Frauen Männern unterlegen sind. Wir greifen gern auf unsere individuelle Lebenserfahrung zurück und treffen auf dieser Grundlage Annahmen über die Geschichte. Wenn wir wahrnehmen, dass sich die Einstellungen zu Frauen bereits in der kurzen Spanne unseres Lebens stärker in Richtung Gleichberechtigung entwickelt haben, gehen wir davon aus, dass die Bedingungen zuvor noch schlechter gewesen sein müssen. Wir sind uns sicher: Die Frauen in unserer Lebenszeit haben wegen der geballten Anstrengungen der feministischen Bewegung, negativen Konstrukten in Bezug auf Frauen entgegenzuwirken, große Fortschritte hin zu mehr Gleichheit gemacht. Der Feminismus – den die Autorin Marie Shear 1986 bekanntermaßen als »die radikale Vorstellung, dass Frauen Menschen sind« beschrieben hat – war ein Kennzeichen der Spätmoderne.[1] Vom 18. Jahrhundert an und bis ins frühe 20. Jahrhundert hinein forderte die feministische Bewegung die rechtliche Anerkennung der Gleichberechtigung der Geschlechter und – bis zu seiner Verwirklichung – das Wahlrecht (wenn auch wohlgemerkt oft explizit nur für weiße Frauen). In der sogenannten zweiten Welle des Feminismus von den 1960ern bis in die 1990er sprach sich die Bewegung für das Recht auf Selbstbestimmung über den eigenen Körper aus und setzte sich kritisch mit dem beschränkten Konzept der weiblichen Sexualität auseinander. Seit den späten 1990ern bis heute befindet sich der Feminismus in seiner dritten Welle, geprägt durch postkoloniales und postmodernes Denken und seine Rufe nach einer größeren Betonung von Intersektionalität und Subjektivität.

Wegen seiner kulturellen Bedeutung wird der Feminismus uns manchmal als ein *Fait accompli* präsentiert. Tatsächlich ist aber nichts daran vollendet. Die in diesem Buch behandelten Themen wurden im feministischen Kanon jahrzehntelang diskutiert. 1929 schrieb Virginia Woolf von dem gesellschaftlichen Druck, den äußeren Schein zu wahren: Du musst »sagen, was es dir bedeutet, hübsch oder unscheinbar zu sein, welches deine Beziehung ist zu der sich fortwährend wandelnden und drehenden Welt der Handschuhe und Schuhe …«.[2] 1963 hinterfragte Betty Friedans *Der Weiblichkeitswahn* die Rolle der Frauen als Mütter und Sorgende. Während der sogenannten sexuellen Revolution der 1960er-Jahre stand die weibliche Sexualität im Mittelpunkt der feministischen Debatte.

All diese Frauen bewirkten tatsächlich etwas und veränderten das gesellschaftliche Bewusstsein nachhaltig. In der Folge hat sich der Umgang mit Frauen an vielen Orten der Welt verbessert. Dieser Fortschritt erlaubt uns, unsere gegenwärtige Gesellschaft als eine Zeit des postfeministischen Egalitarismus zu konstruieren, scharf getrennt von einer rückständigen und unterentwickelten Vergangenheit. Man sagt uns, dass die Frauen Gleichberechtigung erlangt haben, da ihre Zahl in Lohnarbeit steigt, Kosmetikfirmen »diverse« Schönheitskampagnen fahren oder Sexspielzeug in der Werbung als »Wellness-Produkt« bezeichnet wird. Wenn doch noch irgendetwas als unfair erscheint, nun, dann ist es wahrscheinlich das Ergebnis gewisser unveränderlicher biologischer Fakten, die noch so viele philosophische Diskussionen oder politische Agitationen nicht verändern können.

Das Problem bei diesem Argument ist, dass schon ein oberflächlicher Blick auf das Mittelalter zeigt, dass es niemals den *einen* durchgehenden Grund gab, warum Frauen sich damals und noch heute mit diesen Themen herumschlagen müssen.

Die weibliche Natur oder: Inwiefern sind Frauen minderwertig? Eine Aufzählung

Wie wir gesehen haben, entwickelten die maßgeblichen mittelalterlichen Denker in Europa ihre Einstellungen zu den Unterschieden zwischen Männern und Frauen mithilfe einer Mischung aus klassischer griechisch-römischer Philosophie und streng christlicher Theologie. Von Aristoteles bis Thomas von Aquin lautete ihr Urteil einmütig: Frauen wurden als dem Manne untergeordnet *geschaffen*. Der Standardmensch der klassischen wie der christlichen Kosmologie war der Mann. Männer waren rational, fromm, gleichmütig, stark und mutig. Sie hatten wegen ihrer heißen und trockenen Konstitution ihre Schattenseiten wie etwa Jähzorn, doch das waren natürliche Begleiterscheinungen ihrer Tugenden, an denen sich nichts ändern ließ.

Dagegen waren die kalten und feuchten Frauen irrational, geschwätzig, sexbesessen und feige. Ihre positiven Attribute waren auf die häusliche Welt beschränkt, wo sie nährend wirken konnten. Die unangenehme und sündige Natur der Frauen war so tief in ihrem Wesen angelegt, dass das mittelalterliche weibliche Ideal, die Jungfrau Maria, ein theologisches Schlupfloch nutzen musste, um ohne die Erbsünde geboren zu werden, die ihre Geschlechtsgenossinnen verdarb.

Die Denker der Aufklärung zogen einen sauberen Trennstrich zwischen überholten mittelalterlichen abergläubischen und religiösen Vorstellungen und rationaleren, wissenschaftsbasierten Konzepten. Der Philosoph Voltaire (1694–1778) machte unsere Sicht des Mittelalters als eines »dunklen Zeitalters« bekannt, dessen Vorstellungen verdrängt und ersetzt werden mussten. Schon die Begriffe Renaissance und Aufklärung zeigen, wie gründlich die frühere Zeit begraben werden musste.

Doch noch in der Aufklärung hatten bestimmte mittelalterliche philosophische Konzepte Bestand, wenn auch in den Mantel der Rationalität gehüllt. John Locke (1632–1704), Philosoph und Arzt, vertrat die Vorstellung, die Überlegenheit der Männer gegenüber den Frauen sei natürlichen Ursprungs. Er erklärte: »Gott … sagt [im Schöpfungsmythos] lediglich voraus, wie das Los der Frau sein werde; wie er es durch seine Vorsehung einrichten werde, dass sie ihrem Gatten untertan seien. Wir sehen auch tatsächlich, dass die Gesetze der Menschheit und die Sitten der Völker es allgemein so geordnet haben, und dafür liegt, wie ich zugebe, eine Begründung in der Natur.« Weil Eva der Verlockung nachgegeben hatte, gab die Gesellschaft sich selbst den Auftrag, die verschiedenen Schwächen der Frauen zu kontrollieren. Und so kamen die Männer ganz »natürlich« nach oben. So sei es zum Beispiel bei häuslichen Uneinigkeiten »notwendig, dass irgendwo eine letzte Entscheidung gefällt wird ... Dies fällt naturgemäß dem Manne als dem fähigeren und stärkeren Teil zu.«[3] Es mag Sie überraschen zu hören, dass dieser Ansatz zu seiner Zeit als schon fast radikal pro weiblich galt. Zu sagen, dass Männer die kontrollierende und bestimmende Rolle ihrer Stärke wegen übernahmen, war ein Fortschritt gegenüber der Aussage, dass Männer die Welt regierten, weil Gott es so wollte.

Andere verorteten Frauen zwar in der gleichen Position, lieferten aber andere Gründe dafür. Der Philosoph Jean-Jacques Rousseau (1712–1778) etwa bestand darauf, dass sich Frauen nicht »natürlich« häuslichen Tätigkeiten wie der »Aufzucht« von Kindern widmeten. Häuslichkeit, so argumentierte er, sei eine Angewohnheit, die sich die Frauen zugelegt hätten, während sie mit ihren Nachkommen zusammenlebten. In einem natürlichen Zustand nährten Frauen ihre Kinder und kümmerten sich »fast ohne Anstrengung« um sie, und in der Theorie führten sie ihr Leben weiter wie jedes andere Tier. Weil jedoch die europäische Gesellschaft so große Fortschritte machte, wurden die Frauen voll und ganz häuslich. Die Beziehungen zwischen den Geschlechtern waren damit entstanden wie »die bürgerliche Gesellschaft, die Künste, der Handel und alles, was vorgeblich nützlich für den Menschen ist«.[4] Die Segregation von Frauen in eine spezifisch häusliche Rolle, die zufällig als den Männern unterlegen galt, war mit anderen Worten nicht »natürlich«, sondern eine wichtige Errungenschaft der Zivilisation.

Das »weibliche« Gehirn

Unterstützt durch den angeblich so progressiven Geist der Aufklärung sind wir gerade dabei, unsere naturwissenschaftlichen Konzepte geschlechterbezogenen Verhaltens neu zu bewerten. Heute wird die Tatsache, dass Frauen und Männer bestimmte *biologische* Unterschiede aufweisen, herangezogen, um zu erklären, warum Frauen Männern tatsächlich in jeder Hinsicht, die in unserer Gesellschaft wichtig ist, unterlegen sind. Wer hätte das gedacht?

In seinem Buch *Essential Difference: Men, Women, and the Extreme Male Brain* (*Vom ersten Tag an anders. Das weibliche und das männliche Gehirn,* 2004) schaltete sich Simon Baron-Cohen, ein bekannter Psychologie-Professor der Universität Cambridge, in die Diskussion über die Differenzierung zwischen den Geschlechtern im Jahr 2003 mit einer neuen Theorie ein. Er sprach von drei Arten des menschlichen Gehirns: dem »empathischen« (Typ E), dem »systematisierenden« (Typ S) und dem zwischen den beiden »ausgewogenen« Gehirn (Typ B, von *»balanced«*).

Nach Ansicht von Professor Baron-Cohen haben die meisten Männer ein Gehirn des S-Typs, was bedeutet, dass sie mehr an Dingen als an Menschen interessiert sind und dass ihr Interesse an der Kontrolle über Dinge es ihnen ermöglicht, Expertise auf sehr vielen Feldern zu erlangen und die Führung zu übernehmen. Frauen dagegen haben häufiger ein Gehirn vom

E-Typ, was es ihnen ermöglicht, zu tratschen, Freundschaften zu schließen und Mütter zu sein.

Zu diesem Schluss kam Baron-Cohen durch ein Experiment mit anderthalb Tage alten Babys, die noch nicht mit gesellschaftlichen Erwartungen belastet waren und daher in der Theorie mit höherer Wahrscheinlichkeit intrinsisch biologische Reaktionen zeigten. Das Experiment war einfach: Man zeigte den Babys eine Minute lang das Gesicht einer Person und eine Minute lang einen Gegenstand (ein Mobile), zeichnete ihre Augenbewegungen auf und wertete aus, was sich die Babys länger ansahen. Baron-Cohen berichtete, dass Jungen insgesamt etwa 51 Prozent der Zeit das Mobile ansahen und 41 Prozent der Zeit das Gesicht, während sie in den restlichen 8 Prozent der Zeit keine deutliche Zuordnung erkennen ließen. Die Mädchen dagegen schauten 49 Prozent der Zeit das Gesicht an und 41 Prozent das Mobile.

Unsere Gesellschaft liebt solche Experimente, da sie uns zuverlässige Daten für ein Phänomen liefern, das uns wenigstens seit Platon immer wieder aufgefallen ist. Das Problem ist nur, dass die Schlüsse offenbar nicht richtig sind. Als andere Forscher:innen versuchten, die Studie zu wiederholen, kamen sie nicht zum selben Ergebnis – selbst Baron-Cohen gelang dies bei späteren Gelegenheiten nicht.[5] Das sollte in Anbetracht der Tatsache, dass Neugeborene noch nicht einmal selbst den Kopf heben können, wahrscheinlich nicht überraschen. Alle Babys in der Studie wurden von einem Elternteil gehalten und schauten sich letztendlich wahrscheinlich das an, was für sie gerade bequem zu sehen war.

Zudem fehlt Neugeborenen, wie Cordelia Fine, Professorin an der Universität Melbourne, dargelegt hat, eine echte Aufmerksamkeitsspanne. Die meisten Studien, in denen es darum geht, welchen Reiz ein Baby vorzieht, präsentieren deshalb zwei Optionen nebeneinander und werten aus, wohin das Baby schaut. »Wenn Sie nicht so vorgehen und stattdessen erst den einen und dann den anderen Reiz zeigen, dann können Sie nicht sicher sein, ob das Baby sich Reiz A anschaute, weil es ihn tatsächlich interessanter fand oder weil es, als Reiz B gezeigt wurde, von irgendwelchen Vorgängen in seinem Inneren abgelenkt wurde, weil es kurz vor dem Einschlafen war oder insgesamt ein bisschen müde.«[6] Dass Baron-Cohens Ergebnisse nicht reproduzierbar und daher wissenschaftlich irrelevant waren, hat nicht verhindert, dass sie immer wieder auftauchen, wenn sie gerade für die Argumentation nützlich sind.

Baron-Cohens Studie ist nur eine von vielen, die zu den fehlerhaften Vorstellungen in Bezug auf eine neurologische Differenz der Geschlechter beitragen, die die Psychologin Diane F. Halpern »Neuromythologien« nennt. Sie führt den Fall eines Arztes an, der in einer CBS-Nachrichtensendung die Zuschauer:innen freundlich davon in Kenntnis setzte, dass »Männer sechseinhalb mal mehr graue Substanz haben« und Frauen »zehnmal mehr weiße Substanz«, weshalb Männer besser bei der Verarbeitung von Informationen seien und Frauen besser im Multitasking. Fast alles an dieser Aussage ist falsch, einschließlich der Annahme, dass eine Differenzierung in Zellkörper in der grauen Substanz und myelinisierte Axone in der weißen irgendeine Auswirkung auf diese Prozesse habe. Schlimmer noch: Die Aussage ignoriert, dass »unsere Gehirne sich in Reaktion auf Erfahrungen verändern, sodass angebliche Gehirnunterschiede zwischen Männern und Frauen durch unterschiedliche Lebenserfahrungen verursacht sein können (und nicht deren Grund sein müssen)«.[7]

An anderer Stelle schreibt Halpern von einer Lehrerin in einer geschlechtergetrennten Privatschulklasse, die erklärt, sie habe Jungen und Mädchen im Unterricht getrennt, weil »Hirnforscher bewiesen haben, dass Jungen anders lernen als Mädchen«.[8] Es hat sich aber gezeigt, dass Gruppen von Kindern, wenn sie entlang bestimmter Merkmale getrennt werden, annehmen, dass die Gruppen sich in wichtigen Aspekten unterscheiden, und deshalb Voreingenommenheiten entwickeln. Eine frühe Trennung von Jungen und Mädchen verstärkt bei ihnen daher die Vorstellung, dass es spezifische Gender-Unterschiede beim Lernen gebe, und diese Vorstellung würden sie in ihr Erwachsenenleben mitnehmen.[9] Dieselbe Denke findet sich bei dem berüchtigten »Google-Memo«-Fall aus dem Jahr 2017, bei dem ein Angestellter des Datengiganten gefeuert wurde, nachdem er eine pseudowissenschaftliche Abhandlung gepostet hatte, in der es hieß, ihre Biologie hindere die Frauen daran, auf demselben Niveau wie Männer in Technologieunternehmen zu arbeiten. Das Memo spielte übrigens auch auf Baron-Cohens Forschungen an.[10]

Wenn es nicht das weibliche Gehirn ist, das als angeblicher Beleg für den unausweichlichen Status der Frau als Mutter angeführt wird, so sind es die Hormone, die als wahrscheinliche Schuldige verantwortlich gemacht werden. Teams von Endokrinolog:innen haben festgestellt, dass Frauen mit höheren Östrogenspiegeln »stärkere mütterliche Tendenzen« aufweisen. Zu diesem Schluss kamen sie offenbar, indem sie Gruppen von Frauen fragten, wann sie wie viele Kinder haben wollten, und dann den Östrogenspiegel im Urin bestimmten.[11] Solche Studien stützen tradiertes psychologisches Wissen zur tickenden »biologischen Uhr«, die Frauen in die Mutterschaft drängt und die manche Wissenschaftler:innen wahlweise mit der Hypophyse oder einfach mit der »essenziellen« Natur der Frau in Verbindung gebracht haben.[12]

Obwohl sich sowohl Wissenschaft als auch allgemeine Öffentlichkeit einreden, dass Frauen aufgrund ihrer Hormone zur Mutterschaft bestimmt seien, haben viele weitere Studien ergeben, dass es keine solche Verbindung gibt. Die Soziologin Nancy J. Chodorow stellte schon 1987 fest: »Niemand konnte bisher beweisen, dass die Mütterlichkeit bei Menschen durch weibliche Chromosome oder Hormone beeinflusst wird. Dagegen wurde oft bewiesen, dass auch Nichtmütter, Kinder und Männer die Elternrolle übernehmen können und ebenso fürsorglich und liebevoll wie biologische Mütter sind.«[13] Und das gilt noch immer.

Insgesamt ist die Vorstellung, dass weibliche Hormone eine Hilfe sind, wenn Frauen Mütter werden, eigentlich nicht problematisch.

Schließlich sollte Mutterschaft ein neutraler Zustand sein, in den Frauen eintreten oder auch nicht. Allerdings genügt Mutterschaft oft schon, damit Menschen Frauen als weniger kompetent einschätzen als ihre männlichen oder kinderlosweiblichen Kolleg:innen. Die Soziolog:innen Shelley Correll, Stephan Benard und In Paik haben erst vor Kurzem festgestellt, dass arbeitende Mütter als zehn Prozent weniger kompetent angesehen werden als ihre kinderlosen Geschlechtsgenossinnen. Ebenso wurden sie als zwölf Prozent weniger engagiert in ihren Jobs wahrgenommen als Frauen ohne Kinder. Und völlig absurd wird es, wenn Väter andererseits als fünf Prozent engagierter wahrgenommen werden als Männer ohne Kinder. Die arbeitenden Mütter bekamen auch weniger bezahlt und wurden von ihren Kolleg:innen kritischer beäugt, besonders wegen vermeintlicher Probleme mit der Pünktlichkeit.[14] Insgesamt verliert die durchschnittliche arbeitende Mutter in den Vereinigten Staaten etwa 16 000 Dollar an Lohn als »Mutterschaftsstrafe«.[15] Die angenommene hormonelle Bestimmung der Frauen als Mütter ist damit ein aktiver Hemmschuh für ihre Teilnahme am und ihr Fortkommen auf dem Arbeitsmarkt.

Sie werden feststellen, dass unabhängig davon, ob das moderne Konzept der Unterschiede zwischen den Geschlechtern auf einer gesellschaftlichen oder einer naturwissenschaftlichen Erklärung beruht, keine von beiden Theorien die angeblich unangreifbare Tatsache infrage stellt, dass Frauen ihren gegenwärtigen Platz in der Gesellschaft aufgrund eines unausweichlichen Zwangs einnehmen. Wenn die Frauen aus gesellschaftlichen Gründen vom öffentlichen Leben ferngehalten werden, dann doch aber, weil es nicht anders geht: Wer, wenn nicht die Frauen, soll denn die Kinder aufziehen?

Der sich verändernde Schönheitsstandard

Einig sind sich die moderne und die mittelalterliche Gesellschaft offenbar darin, dass das Wichtigste an Frauen ihr Aussehen ist. Mehr noch, beide Gesellschaften haben beschlossen, dass Frauen, um schön zu sein, bestimmte Merkmale aufweisen müssen. Dass wir das Aussehen von Frauen ständig betonen, merken wir als Gesellschaft fast schon gar nicht mehr. Ständig werden wir mit Werbung bombardiert, in der schöne junge Frauen uns alles Mögliche zu verkaufen versuchen, und Medien aller Art sind bevölkert von Frauen, deren Attraktivität ihr wichtigstes Kennzeichen ist. Diese Beobachtung ist nicht gerade originell, und die meisten Frauen sind sich nur allzu bewusst, dass sie fast immer danach beurteilt werden, wie sie sich präsentieren und wie sie wahrgenommen werden. Soziolog:innen haben wiederholt bewiesen, dass Frauen, egal ob in Deutschland, China oder den Vereinigten Staaten, mehr Geld für die gleiche Arbeit bekommen, wenn sie nach den jeweiligen nationalen Standards als attraktiv wahrgenommen werden.[16]

Von Psycholog:innen bis hin zu Fitnessmagazinen versichern uns alle, dies sei wissenschaftlich nachvollziehbar und habe nichts mit der Objektivierung von Frauen zu tun. In zahlreichen Forschungsaufsätzen wird die männliche Vorliebe für eine Sanduhr-Figur untersucht – schmale Taille und breite Hüften –, wie sie sich im »Taille-Hüft-Verhältnis« (THV) ausdrückt. In einem Artikel in *Frontiers of Psychology* erkennt die Autorin an, dass »die Auswirkung des THV auf die Attraktivität weitverbreitet ist«. Ein niedriges THV war und/oder ist vermutlich eine Voraussetzung, damit Männer eine Frau überhaupt als solche erkennen; ein Hinweis auf das fortpflanzungsfähige Alter bei Frauen; ein Hinweis darauf, ob eine Frau gerade schwanger ist und wie es allgemein mit ihrer Fruchtbarkeit aussieht; oder sogar ein Indikator eines Parasitenbefalls.[17] Insgesamt allerdings ist der am häufigsten genannte Grund dafür, dass Männer eine Sanduhrfigur bevorzugen: Sie »wissen, ohne zu wissen«, dass Frauen mit einer solchen Figur fruchtbar sind und wohl noch nicht schwanger waren.[18]

Die angeblich »natürliche« und »evolutionäre« Vorliebe für diese Körperform wäre für männliche Europäer des Mittelalters etwas Neues gewesen, denn die waren, wie wir gesehen haben, besonders an der Birnenform interessiert. Wie erklären wir die Begeisterung mittelalterlicher Männer für kleine kugelige Bäuche, wenn Männer doch angeblich den weiblichen Körper nach Zeichen einer Schwangerschaft absuchen und sich von einer Frau fernhalten, wenn sie schwanger ist? Und was ist mit den Topmodels heute, die hochgewachsen sind, kleine bis mittelgroße Brüste und schmale Hüften haben und doch als der Inbegriff des idealen Körpers gelten? All diese Zuschreibungen von Attraktivität lassen die meisten Frauen außen vor, selbst wenn diese sich für eine chirurgische Option entscheiden.

Unsere Gesellschaft rühmt auch nur die wenigsten der anderen mittelalterlichen Schönheitsvorlieben. Blondes Haar mag noch immer ein Schönheitsideal sein, doch bei vielen anderen Dingen sind wir unbeständig. In den letzten 50 Jahren haben wir gebräunte helle Haut geschätzt – man beachte, dass die Hautfarbe Schwarzer Frauen bis heute keinen Eingang in die westlichen Schönheitsstandards findet. Bei den Augenbrauen ist von bleistiftdünn bis buschig alles dabei, und wir teilen den mittelalterlichen Hang zur »hohen freien« Stirn nicht. Wenn Standards angeblich auf evolutionären Prozessen beruhen, stellt sich die Frage, warum unsere gegenwärtigen Präferenzen sich von früheren unterscheiden und warum unsere eigenen manchmal sogar von Jahrzehnt zu Jahrzehnt wechseln?

Noch nicht einmal innerhalb Europas gibt es ein konsistentes Schönheitsideal, das die Zeiten überdauert hätte. Schönheit ist ein soziales Konstrukt und hat zu verschiedenen Zeiten verschiedene Merkmale. Gesellschaftliche Schönheitsnormen mit naturwissenschaftlichen Mitteln rechtfertigen zu wollen, ist ebenso sehr eine soziale Konstruktion, wie es die Beschreibungen des Matthäus von Vendôme waren, und wir können ihr genauso viel bzw. wenig Beachtung schenken. Vielleicht sogar noch weniger, denn Matthäus gab uns wenigstens noch Gedichte zum Thema zu lesen.

Frauen mussten und müssen also fast unmöglich zu erreichende Anforderungen an ihre Schönheit erfüllen, und gleichzeitig bevorzugen mittelalterliche wie moderne Gesellschaften Frauen, die einfach schön und sich dessen nicht bewusst sind. Das passt zu einer Bescheidenheit, die hilft, sie in untergeordneten Positionen zu halten. Heute droht man Frauen nicht mehr mit schrecklichen Folterqualen in der Hölle, wenn sie sich für Make-up interessieren, doch sie sollen immer noch mühelos schön sein, und um diese Wirkung zu erzielen, braucht man eine Menge Geld und manchmal eine Operation. Gleichzeitig umwirbt die Modeindustrie Frauen aggressiv mit omnipräsenten Erinnerungen daran, dass man den neuesten Look der Saison haben muss, um nicht als graue Maus abgestempelt zu werden. Die Schönheitserwartungen, mit denen Frauen leben, haben einen Moloch von untereinander eng verbundenen globalen Industrien geschaffen, die alles von Kleidung bis zu Faceliftings verkaufen. Dennoch werden diese Produkte noch immer als Firlefanz behandelt – als grundlegend unseriöse Bestrebungen, ein Ideal zu erreichen, das Frauen mühelos verkörpern sollten. Sobald nämlich eine Frau weiß, dass sie schön und modisch gekleidet ist, kann man sie beruhigt als eitel abtun.

Wie im Mittelalter ist es auch in unserer Gesellschaft für reiche Frauen leichter, als schön zu gelten. Unter weißen Frauen ist sicher noch immer eine Vorliebe für Blondinen zu bemerken, und blondes Haar ist heute leicht künstlich zu erlangen. Frauen mit genügend Geld können sich das Haar professionell färben lassen und einen »natürlichen« Look erreichen, während weniger wohlhabende ihre Haare zumindest zu Hause färben können, was allerdings auch ein bisschen Geld erfordert, das manche nicht haben. Statt weißer Haut steht unter weißen Menschen jetzt ein gebräunter Teint hoch im Kurs. Da heute die meisten Frauen drinnen arbeiten, ist ein sonnenverwöhnter Teint ein Hinweis auf viel freie Zeit draußen, weit weg von Computern und Hausarbeit. In unserem Denken ist eine angenehme Bräune mit Urlaub an exotischen Stränden verbunden, die sicher nicht jedem offenstehen. Gleichzeitig meiden viele Schwarze Frauen unter dem Druck, europäischen Schönheitsstandards zu entsprechen, die Sonne oder kaufen Produkte, die die Haut bleichen.

Statt kleiner Brüste gelten heute größere als Ideal – leicht zu haben für jene, die das Geld für eine plastische Operation aufbringen können. Auch nichtinvasive Optionen sind im Angebot, etwa Push-up-BHs, doch auch dafür braucht man Geld, wenn auch weniger, als wenn man sich unters Messer legt. Ähnlich haben wir auch die Vorliebe für den kleinen Kugelbauch zugunsten eines flachen Bauchs abgelegt, doch der Waschbrettbauch, dem Frauen jetzt nachjagen, erfordert echtes Training, und das wiederum erfordert freie Zeit, die man kaum erübrigen kann, wenn man ganztags für wenig Geld arbeiten und dann zu Hause noch für Kinder sorgen muss. Zudem formt selbst Pilates die Körper armer Frauen nicht unbedingt so, wie reiche Frauen das mithilfe von Chirurg:innen erreichen können.

Die heutige Damenmode begünstigt wie die des Mittelalters die Reichen und deutet den Müßiggang als den elegantesten Status überhaupt an. Frauen, die den ganzen Tag auf den Beinen sind oder mit öffentlichen Verkehrsmitteln oder zu Fuß zur Arbeit kommen, können einfach keine extremen High Heels tragen. Wer solche schicken Teile nutzt, kann beim Fahren sitzen und muss nur kurze Entfernungen zurücklegen, um sich dann am Ziel entspannt zurückzulehnen. Es sind, wie eine Freundin von mir es einst ausdrückte, »die Art Schuhe, die man vom Taxi bis ins Restaurant trägt«. Ähnlich können Frauen, die in der Landwirtschaft oder am Fließband arbeiten oder ihren Kindern nachlaufen, wenn sie wieder zu Hause sind, selten makellose modische Kleidung vorweisen.

So verstärkt die Mode Vorstellungen von Luxus und Schönheit. Da Mode mittlerweile eine eigene Industrie ist, dringen solche Botschaften vielleicht noch stärker durch als im Mittelalter, als Teile der Gesellschaft aktiv darum kämpften, andere von der Nachahmung der herrschenden Schicht fernzuhalten. Heute wird jeder und jede dazu aufgefordert, Luxusmarken zu kaufen, obwohl die gewaltige Mehrheit der Menschen dazu nie in der Lage sein wird.

Unsere Gesellschaft pflegt auch immer noch fragwürdige

Konzepte von Attraktivität und Jungfräulichkeit. Jahr für Jahr werden junge Frauen ins Rampenlicht gezerrt und sexualisiert, während man gleichzeitig »Reinheit« von ihnen fordert. Dann werden sie gegeißelt, weil sie diesen unmöglichen Standard nicht erreichen. 2019 erklärte der Teen-Popstar Billie Eilish, sie trage Schlabberklamotten, um die enorme Fixierung und Sexualisierung zu vermeiden, die die Musikindustrie und die Kultur den Frauen auferlegen. Und doch wurde sie zum Gegenstand von Hypersexualisierung und einem ausgewachsenen Medienspektakel, als sie im Tanktop ein Bild mit einem Fan machte. Ein Interviewer drückte es so aus: »Sie ist minderjährig, und doch schrieb sogar CNN eine Geschichte über Eilishs Brüste.«[19] Zwei Jahre später und vor dem Gesetz erwachsen zierte Eilish das Cover der *British Vogue* im Korsett und erntete einen Shitstorm. Sie verlor letztlich »100 000 Follower [auf Instagram], nur wegen der Brüste«.[20] Diese Reaktion richtete sich gegen Eilishs Handlungsmacht. Es war okay, sie gegen ihren Willen zu sexualisieren, doch in dem Moment, in dem sie sich freiwillig in einem gewagten Top zeigte, war das ein Problem.

Ganz offenbar ist auch unserer Gesellschaft die theoretische sexuelle Unschuld von Frauen noch immer ein Anliegen. Manchmal wird dies als ein weiteres angeblich evolutionäres Merkmal präsentiert: Diejenigen, die ein Interesse an sexuell unerfahrenen jungen Frauen verspüren, können sich so einreden, dass daher jedenfalls sicher alle Kinder dieser Frau »ihre« wären. Doch dieses Argument ist im Grunde identisch mit der mittelalterlichen Betonung der Jungfräulichkeit, selbst wenn es Gott und die Eltern durch einen angeblichen biologischen »Trieb« ersetzt. Noch immer bringt die heutige Gesellschaft also sexuell unerfahrene Frauen in Positionen, in denen sie ausdrücklich sexualisierten Blicken ausgesetzt sind. Ob es sich nun um Kammerjungfern bei Hofe handelt oder um Popstars auf den Titelblättern von Modemagazinen – wir sind als Gesellschaft wie unser mittelalterliches Gegenstück mehr als bereit dazu, junge Frauen lüsternen Blicken zu überlassen, um dann peinlich berührt zu reagieren, wenn sie uns direkt mit diesem Blick konfrontieren.

Die Anziehungskraft der »Reinheit« setzt sich sogar noch fort, nachdem eine Frau das erste Mal Geschlechtsverkehr hatte. Die angemessene Zahl der Sexpartner, die eine Frau hat, ist noch immer in der Diskussion, und die Gesellschaft bestimmt ausdrücklich, dass eine Frau nur mit einer begrenzten Zahl von Männern ins Bett gehen darf, wenn sie noch als attraktiv gelten will. Selbst in einer Welt, die queere Beziehungen eher akzeptiert, scheint sich unsere gesellschaftliche Beschäftigung mit den Sexpartnern der Frauen fast ausschließlich auf heterosexuelle Treffen zu fokussieren. Männer machen sich Gedanken, dass Frauen womöglich mit anderen Männern ins Bett gehen, während gleichgeschlechtlicher Sex zwischen Frauen offenbar nicht »zählt«. Vielmehr gilt es oft als besonders attraktiv, wenn eine Frau sich von anderen Frauen angezogen fühlt oder sexuelle Erfahrungen mit ihnen gesammelt hat. Wir denken vielleicht, dass wir über religiöse Konzepte angemessenen Verhaltens hinweg sind, doch ganz offensichtlich wird bis heute noch immer ein Reinheitskonzept gepflegt, das auf solchen religiösen Konzepten beruht – dasselbe Ergebnis, nur neue und immer raffiniertere Mittel.

Die ideale mittelalterliche Schönheit sah ganz anders aus als das moderne Model, doch unsere gesellschaftliche Beziehung zur Schönheit ist praktisch gleich geblieben. Das mag unglaublich frustrierend sein, bedeutet aber auch, dass es eine Möglichkeit hin zu einem positiven Wandel gibt. Es ist an uns, uns zu weigern, an diesem manipulativen Spiel gegenüber Frauen teilzunehmen, die Welt für unterschiedliche Vorstellungen von Schönheit zu öffnen und die generelle Bedeutung von Schönheitsanforderungen im Leben von Frauen zu mindern.

Veränderungen in der Sexualität

Seit dem Mittelalter hat sich unsere Vorstellung von Sexualität und von Frauen insgesamt verändert, doch das spüren wir nicht unmittelbar, denn im Allgemeinen denken wir über Sex nicht mit derselben Ernsthaftigkeit wie die Intellektuellen des Mittelalters nach. Relativ gesehen haben wir gerade erst begonnen, die wissenschaftliche Beschäftigung mit Sex als legitim zu betrachten, und selbst dann ist sie in unseren Augen oft noch eine Ablenkung von ernsteren gelehrten Themen. Trotz unserer Vertrautheit mit dem Sexualforscher Alfred Kinsey, der Sexualtherapeutin Dr. Ruth Westheimer und der Sexualwissenschaftlerin Dr. Debby Herbenick gilt das Sprechen über Sexualität außerhalb einer klinischen Umgebung oft als grundsätzlich unseriös. Deshalb müssen in vielen Ländern die Sexualforschung oder auch Krankenkassen in diesem Bereich noch immer Hürden überwinden, da sich die Konservativen im Parlament weigern, für Fragestellungen der sexuellen Gesundheit zu bezahlen.[21]

Ein Grund für den Widerwillen unserer Gesellschaft, sich mit Sexualität als einem seriösen Studiengebiet auseinanderzusetzen, ist auch, dass wir zu wissen glauben, was Sex ist. Sex, so haben wir gelernt (wenn wir das Glück hatten, überhaupt aufgeklärt zu werden), ist etwas, das ein Mann und eine Frau tun, wenn sie einander sehr, sehr lieben und beschließen, ein Kind haben zu wollen. Wenn wir älter werden, lernen wir den Ablauf solcher Treffen: Küssen, Fummeln, gegenseitige Masturbation, Oralsex und schließlich »echter« Sex, unter dem wir wie die Menschen des Mittelalters penetrierenden Sex verstehen sollen.

Wir sind uns außerdem ziemlich sicher, wie Sexualität und Beziehungen je nach Geschlecht gewichtet werden. Männer nehmen Beziehungen in Kauf, um Sex zu haben. Frauen nehmen Sex in Kauf, um Beziehungen zu haben. Allerdings hat die europäische Gesellschaft eine weitaus längere Tradition, in der Frauen als sexuell unersättlich betrachtet wurden, während wir sie heute tendenziell als frigide einstufen.

Interessanterweise verbrachten christliche Philosophen der Antike und des Mittelalters sehr viel Zeit mit dem Versuch, die Menschen dazu zu bringen, auf Sex allein zum Lustgewinn zu verzichten und nur noch Fortpflanzungssex zu haben. Wenn die Moderne sich auch davon distanziert hat, neigen wir doch zu der Überzeugung, dass die einzige wahre Form von Sex penetrierend sei. Alles andere, einschließlich der Formen, die Menschen mit einer Klitoris genussvoller finden, wird zum Vorspiel erklärt. Denken Sie an die Baseball-Metapher: Küssen als erste Base, Streicheln als zweite, manueller oder oraler Sex als dritte Base und Penetration mit dem Penis als Home Run. Sexualtherapeut:innen unternehmen große Anstrengungen, dieses »sexuelle Drehbuch« zu entzaubern.[22]

Unsere Ansichten zum Sex ähneln also denen des Mittelalters insofern, als auch wir als Gesellschaft im Gesamten jene Formen ignorieren (oder zumindest gering schätzen), die für Frauen interessanter sein könnten. Pietro d'Abanos Beschreibung von Orgasmen durch Klitorisstimulation als »unbesonnen« klingt ganz ähnlich wie Freuds Beschreibung des klitoralen Orgasmus als »infantil« oder »unreif«.[23] Beide betrachten einen Orgasmus, der anders als durch Penetration mit dem Penis herbeigeführt wird, als irgendwie lächerlich oder kindisch und als Zeichen eines ungenauen Verständnisses des eigentlichen Ziels. Verändert hat sich zwischen d'Abano und Freud nur der Grund dafür.

Für die mittelalterliche Welt war ein klitoraler Orgasmus als Folge nicht penetrierenden Sexes, der also nicht zur Fortpflanzung führen konnte, tabu. Augustinus und Thomas von Aquin hielten zu viel Spaß im Bett für einen Affront gegenüber Gott und wollten ihn daher unterbunden wissen. Wir dagegen charakterisieren ebendiese Handlungen oft als Ablenkungen. Dass wir damit als Gesellschaft womöglich den jahrtausendelangen Druck, diese »Unzucht« zu unterlassen und beim Fortpflanzungssex zu bleiben, verinnerlicht haben könnten, kommt uns gar nicht in den Sinn.

Wir versichern uns selbst, dass unsere sexuellen Vorstellungen, besonders wenn es um Frauen geht, auf rein biologischen Trieben beruhen, unbeeinflusst von allem, was die Kirche uns je erzählt hat. Das ist lächerlich. Selbst die Menschen des Mittelalters würden die Vorstellung, dass Menschen nur miteinander schlafen, weil sie der biologische Trieb, Kinder zu bekommen, dazu zwingt, belächeln. Sie stellen die Frage: Warum sollten Frauen dann Sex wollen, während sie menstruieren, wenn also keine Empfängnis möglich ist? Wenn unser Fokus auf Sex mit dem Zweck der Fortpflanzung schlicht eine physische, biologische Realität widerspiegelt in Bezug auf das, was lustvoll ist, warum befindet sich dann die Klitoris außen? Wenn Sex eben immer schon so war, warum verbrachten Philosophen und Theologen Jahrhunderte damit, Menschen anzuflehen, mit jenen Sexformen aufzuhören, die nach ihrer Vorstellung nicht zählten? Unsere Einstellungen zum Sex beruhen auf einigen biologischen Fundamenten, doch unsere vorherrschenden Vorstellungen zum Thema sind ein Konstrukt der Gesellschaft.

Moderne Denker:innen definieren Frauen, ebenso wie die mittelalterlichen es taten, weitgehend über ihre Fortpflanzungsfähigkeit. Das Konzept der Frau, die sexuell aktiv wird, um einen Mann in die Falle zu locken, basiert auf der Vorstellung, dass sie zuerst und vor allem daran interessiert ist, Babys in die Welt zu setzen. »Anständige« Frauen sind niemals für sich selbst sexuell Handelnde. Sie lassen sich auf Sex ein, weil sie Mütter werden wollen. Im Gegensatz dazu werden Frauen mit einem ausgeprägten Interesse an Sex oder an Sex mit mehr als einer Person oft ausdrücklich als gestört, nicht vertrauenswürdig und unweiblich dargestellt. Dass wir dieses Framing akzeptiert haben, würde mittelalterliche Theologen geradezu in Verzückung versetzen. Schließlich wurden Frauen geschaffen, um Männern zu dienen und ihnen zu helfen, sich zu vermehren. Wenn wir Sex also als etwas ansehen, bei dem Frauen mitmachen, um Kinder zu haben, erledigen wir die Arbeit der mittelalterlichen Kirche. Die Theologen des Mittelalters wären wahrscheinlich fasziniert, wenn sie hörten, dass Frauen angeblich »von Natur aus« keusch und monogam sind, aber damit würden sie wohl klarkommen, solange wir akzeptieren, dass Sex nur ein Mittel zur Fortpflanzung ist.

Wegen ihrer Vorstellung von der Verderbtheit der weiblichen Sexualität verbrachten die mittelalterlichen Denker ihre Zeit damit, über die sexuelle Leistungsfähigkeit von Frauen zu staunen und über die Lust, die diese beim Sex verspürten, selbst wenn sie in den Augen jener Denker von schlechterer Qualität war als die der Männer. Unser modernes Verständnis von Frauen als Objekte des sexuellen Genusses der Männer dagegen hat ein neues Nachdenken über den weiblichen Orgasmus ausgelöst. Tatsächlich fragen sich Evolutionspsycholog:innen, warum Frauen überhaupt Orgasmen haben, da sie für die Fortpflanzung nicht nötig wären. Manche haben dieses Dilemma mit dem Argument zu lösen versucht, dass Frauen Lust beim Sex empfinden sollten, um »die Paarbindung zu besiegeln«

oder um »die Spermienaufnahme« zu fördern. Besonders ärgerlich ist es, wenn manche ihn als ein »zufälliges Nebenprodukt des männlichen Orgasmus« abtun, »ganz wie die männlichen Brustwarzen, [die] scheinbar keine Funktion haben und zufällige Nebenprodukte der weiblichen Brustwarzen sind«.[24]

Seltsamerweise hat sich nicht nur unser Fokus so verschoben, dass wir die Einstellung der Kirche zum Sex akzeptieren, sondern auch unsere Vorstellung davon, wer Sex genießt. Da Sex mittlerweile als etwas Gutes angesehen wird – zuerst und vor allem als Mittel zur Fortpflanzung –, hat unsere Gesellschaft beschlossen, dass es die Männer sind, die ihn mögen, und zwar idealerweise mit vielen verschiedenen Partnerinnen. Im Gegensatz dazu werden Frauen jetzt als jene treuen Geschöpfe betrachtet, die beim Sex mit einem Mann die Zähne zusammenbeißen in der Hoffnung, so ein Baby und einen hingebungsvollen Ehemann zu bekommen. Doch egal, wie viele Artikel darüber geschrieben werden, dass Frauen in Bezug auf ihre Partner »von Natur aus wählerisch« sind – es bleibt die Tatsache, dass man im längsten Teil der dokumentierten europäischen Geschichte glaubte, Frauen wollten heißen Sex mit jedem, der dazu bereit war.

Dagegen haben sich andere mittelalterliche Vorstellungen erhalten, darunter Einstellungen zu Frauen, die einen sexuellen Übergriff erlitten haben. Bis heute sind manche – wie unsere Vorfahren im Mittelalter – der Überzeugung, dass Frauen, die sexuell missbraucht werden, wahrscheinlich »darum gebettelt haben«. Verändert hat sich die Definition von Vergewaltigung: Sie gilt jetzt als ein brutaler Akt gegen die Frau und nicht, wie für die Menschen des Mittelalters, gegen die für sie verantwortlichen Männer. Allerdings wird oft den Frauen die Schuld an diesen Übergriffen gegeben, trotz aller Errungenschaften des Feminismus und einiger gewonnener Gerichtsprozesse.

Wenn eine Frau angegriffen wird, wird sie gefragt, was sie anhatte, wie viel sie getrunken hatte, warum sie allein war, warum sie ein Date mit dem betreffenden Mann hatte, wenn sie nicht am Sex interessiert war – das alles dient dazu, ihre Erfahrung der unerwünschten sexuellen Aufmerksamkeit herunterzuspielen. Es ist schlichtweg leichter, Frauen, die sich über solche Übergriffe beklagen, als die falsche Art von Frau abzustempeln, als zu akzeptieren, dass ein Mann etwas Furchtbares getan hat. Was zeigt uns das? Hat die Vorstellung, dass Frauen frigide seien, ausgedient, weil sie dem Patriarchat nicht mehr nützt, kehrt stattdessen die mittelalterliche Vorstellung von Frauen zurück: ausgesprochen sexuell aktiv in der Hoffnung, den Männern um sie herum durch den Einsatz ihrer Sexualität zu schaden.

Glücklicherweise werden Frauen nicht mehr der Hexerei beschuldigt, und die Vorstellung, dass Frauen womöglich okkulte Riten praktizieren, um mit Männern zu schlafen, ist nicht mehr aktuell. Allerdings halten wir (unbewusst) noch immer daran fest, dass Frauen einen mächtigen, vielleicht verhexenden sexuellen Einfluss auf Männer ausüben. Was sonst könnte Männer, die sich doch ansonsten um ihre Angelegenheiten gekümmert hätten, zu einem solchen Übergriff treiben?

Zusammenfassend lässt sich also feststellen: Viele unserer Einstellungen zur weiblichen Sexualität haben sich seit dem Mittelalter verändert. Aber ganz offenbar ist eine Sache gleich geblieben: Frauen sind nicht auf die richtige Art und Weise sexuell. Unsere Gesellschaft ist noch immer bestrebt, das Verhältnis der Frauen zum Sex für gestört zu erklären. Viele Millionen Menschen haben Sex außerhalb eines heteronormativen Kontextes, und von ihnen können wir einige Lektionen lernen, die uns helfen werden, unsere Annahmen über Sex zu überprüfen. So sollten wir vor allem die theologisch bedingte und fälschlich »wissenschaftlich« genannte Vorstellung aufgeben, dass Sex nur dazu da ist, um Kinder zu bekommen. Erst dann können wir anfangen, ihn in ein ganzes Spektrum von Aktivitäten einzuordnen, an denen wir interessiert sind oder auch nicht. Dabei kann sich herausstellen, dass diejenigen, denen man bisher ein mangelndes Interesse am Sex vorwirft, sehr viel interessierter sind, wenn die Dinge, an denen sie Spaß haben, angesprochen werden und als realistische Optionen behandelt werden. Wenn wir unsere Vorstellungen in Bezug auf Sex von den Vorstellungen zum Thema Fortpflanzung lösen, haben wir auch die Möglichkeit, Frauen nicht mehr nach ihrer Fortpflanzungsfähigkeit zu beurteilen.

Mit dem Vorteil der historischen Erkenntnis können wir uns von der Vorstellung verabschieden, dass die Art, wie unsere Gesellschaft mit Sexualität umgeht, die einzig mögliche ist. Wir müssen die bewusste Entscheidung treffen, Frauen nicht mehr als die »Anderen« im Gegensatz zu den Männern zu sehen, die wissen, was richtiger Sex ist. Womöglich werden wir feststellen, dass alle damit glücklicher sind.

Neue Rechtfertigungen, alte Erwartungen

Ein weiteres Gebiet, auf dem unsere Gesellschaft Mühe hat, die Vergangenheit hinter sich zu lassen, sind die gesellschaftlichen Erwartungen, die man an Frauen heranträgt. Im Mittelalter ging man selbstredend davon aus, dass sie Ehefrauen und Mütter wurden, und wir können kaum behaupten, dass sich das heute entscheidend geändert hätte. Von Kindheit an werden Mädchen ständig mit Märchen unterhalten, die in einer Glücklich-bis-ans-Ende-ihrer-Tage-Ehe mit dem richtigen Mann enden, und sie spielen Hochzeiten mit Puppen in Brautkleidern nach. Diese Erwartung verschwindet nicht mit dem Alter: In einer endlosen Abfolge von Reality-TV-Sendungen geht es darum, einen Ehemann zu finden; und die Hochzeitsindustrie ist so gewachsen, dass man schon von der Hochzeitsindustrie spricht. Für den »wichtigsten Tag im Leben einer Frau« geben Paare immer mehr Geld aus – die durchschnittliche amerikanische Hochzeit kostet etwa 29 000 Dollar. Das würde ein mittelalterliches europäisches Publikum zwar irritieren, dessen Fokus eher auf der Ehe als auf der Hochzeit lag, doch das Ergebnis ist das gleiche.[25] Man redet Frauen ein, es sei *die* Sache in ihrem Leben, dass sie heiraten.

Nach der Hochzeit sollen Frauen ihre biologische Bestimmung erfüllen und Mütter werden. Dieselben »wissenschaftlichen« Studien, die uns erklären, dass der Schönheitsstandard stets gleich geblieben und Frauen sexuell uninteressiert seien, erklären uns auch, Frauen seien zuerst und vor allem Gebärmaschinen. Genau wie jede Beziehung, die Frauen eingehen, angeblich darauf ausgerichtet ist, einen erfolgreichen Partner zu wählen, der für sie und ihre Kinder sorgen wird, ist das Leben von Frauen angeblich ganz und gar der Fortpflanzung gewidmet.

Manchmal beeinflussen diese Vorstellungen tatsächlich die reale Politik. So sprach sich zum Beispiel in der Regierungszeit von George W. Bush in den Vereinigten Staaten die Seuchenschutzbehörde in gesellschaftlich konservativer Manier dafür aus, dass Frauen im gebärfähigen Alter sich als »vor-schwanger« betrachten sollten. Bei allen jüngeren Frauen geht es also darum, dass sie eines Tages Mütter sein könnten, nicht darum, dass sie Menschen sind, deren Gesundheit und Glück an und für sich wichtig wäre. Und damit Sie nicht glauben, dass dies ein Überbleibsel eines längst vergangenen Jahrzehnts und einer besonders rückwärtsgewandten amerikanischen Regierung gewesen sei: Noch im Juni 2021 verkündete die Weltgesundheitsorganisation, dass »der Prävention von Alkoholgenuss bei … Frauen im gebärfähigen Alter … die angemessene Aufmerksamkeit zukommen soll«.[26] Das schloss 14-Jährige und Frauen, die sich gegen Kinder entschieden hatten, ebenso ein wie Frauen, die schon so viele Kinder hatten, wie sie wollten. Wenn es um die Gesundheit von Frauen geht, ist nichts, aber auch wirklich gar nichts wichtiger als die Möglichkeit, dass sie (noch mehr) Kinder bekommen könnten. Schließlich könnte es ihnen ja gelingen, einen Sohn zur Welt zu bringen, dessen Lebensgenuss tatsächlich einen Wert an sich hätte.

Auch im Mittelalter erwartete man von Frauen, dass sie heirateten und Mütter wurden, und man wünschte sich gut geführte Haushalte, Geld und politischen Einfluss. Interessant ist aber, dass damals die Erwartung von Ehe und Mutterschaft eher eine Wahrscheinlichkeit und weniger ein Ziel war als in unserer Erfahrung. Frauen bewahrten sich ihre Keuschheit oder halfen ihrem Aussehen nach, um als gute Ehekandidatinnen zu gelten, das stimmt, doch das war eben ihr Los im Leben. Es ging um die Fortsetzung von Familien, nicht um die Träume kleiner Mädchen.

Unsere Gesellschaft betrachtet die Sorge für Ehe und Kinder immer noch als eine Frauenrolle, aber sie hat dieser Rolle etwas Märchenhaftes gegeben. Sie behauptet: Du wirst einen Tag lang Prinzessin sein. Du wirst durch den Erfolg deiner Kinder leben. Womöglich wirst du erleben, dass deine kleine Prinzessin erwachsen wird und von ihrem Vater bei der Hochzeit einem anderen Mann »übergeben« wird. Das wird die Erzählung deines Lebens sein.

Interessanterweise sind die gesellschaftlichen Einstellungen zu Ehe und Mutterschaft weitgehend dieselben geblieben, während sich die Erwartungen zu Frauen und Arbeit dramatisch gewandelt haben. Wie wir gesehen haben, arbeiteten die Frauen im Mittelalter schwer, uns aber erzählt man oft, dass Frauenarbeit ein Produkt der Nachkriegszeit des 20. Jahrhunderts sei, als Frauen aus der häuslichen Sphäre hervortraten, um einen Platz in der Arbeitswelt einzunehmen. Wenn die normalen Menschen so etwas glauben, kann man ihnen das nachsehen. Doch selbst einige Wissenschaftler:innen sind dieser Meinung. Im Jahr 1963 kommentierte der Soziologe William Goode den »statistisch ungewöhnlichen Status westlicher Frauen heute … [und] ihre starke Teilnahme an der Arbeit außerhalb des Heims«, die, so seine Meinung, »auf die allmähliche logische, philosophische Ausweitung von ursprünglich protestantischen Vorstellungen zu den Rechten und Verantwortlichkeiten des Individuums auf die Frauen zurückzuführen [ist], die die traditionelle Vorstellung vom ›angemessenen Platz der Frauen‹ unterminierten«.[27] Und doch arbeiteten die Frauen des Mittelalters und erwarteten auch nichts anderes. Warum behandeln wir die arbeitende Frau als eine moderne Erfindung?

Moderne Denkweisen zu Gender und Arbeit beeinflussen die Art, wie wir auf die Vergangenheit blicken. Die Tätigkeiten mittelalterlicher Frauen galten aus den theologischen und philosophischen Gründen heraus, die ich oben dargelegt habe, als unwichtig. Frauen waren minderwertig, und ihre Arbeit wurde ebenso eingeschätzt.

Selbst im Denken der Aufklärung war es gegen die Natur, wenn Frauen herausfordernde Berufe wählten oder in der öffentlichen Sphäre auftraten. Rousseau argumentierte, Frauen seien bei häuslichen Aufgaben, die »Feinheiten« erforderten, besser, während Männer intellektueller seien, was eine gegenseitige Abhängigkeit schaffe, die den »sozialen Beziehungen« guttue. Diese »sozialen Beziehungen« funktionierten dann besonders gut, wenn sich Frauen ganz aus der Öffentlichkeit in ein häusliches Leben zurückzogen, das ihre eigenen intellektuellen Bestrebungen auf das beschränkte, was das Leben für Männer besonders angenehm machte. Rousseaus Argumente waren kaum revolutionär – ihre Wirkung schon. Als sie sich in der Gesellschaft etablierten, zogen sich die Frauen der Mittel- und Oberschicht aus den Werkstätten, den Läden und der Politik zurück ins Heim zu ihren Kindern. Die Philosophin Mary Wollstonecraft (1759–1797) stritt für den Platz der Frauen in der Gesellschaft, doch insgesamt wurde es immer üblicher, Frauen mit der privaten Sphäre zu assoziieren. Als im Laufe der Moderne immer häufiger ein nebulöses naturwissenschaftliches Konzept herangezogen wurde, um die Art, wie die Welt organisiert war, zu rechtfertigen, entstanden weitere ähnliche Argumente. Deshalb kann ein Psychologe wie Baron-Cohen uns erzählen, dass Frauen von Geburt an Nährerinnen seien und die menschliche Gesellschaft ihnen deshalb die Verantwortung für das Heim zugeschrieben habe, wie sie den Männern aufgetragen habe, Geld zu verdienen.[28] Doch die ans Haus gebundene Mutter war niemals wirklich üblich, selbst in der Moderne nicht. Häuslichkeit war ein Privileg jener, die mit dem Einkommen des Ehemanns auskommen konnten oder reich geerbt hatten. Ärmere Frauen mussten immer arbeiten. In der gesamten modernen Zeit arbeiteten Frauen – wie ihre mittelalterlichen Geschlechtsgenossinnen – in der Landwirtschaft, wobei sie ebenso wie damals vielleicht nicht immer getrennt von ihren Ehemännern gezählt wurden. Die Textilfabriken des Industriezeitalters wurden fast ausschließlich von Frauen der Arbeiterschicht am Laufen gehalten. In vermögenden Familien arbeiteten Frauen als Hausangestellte und Köchinnen, Wäscherinnen und Gärtnerinnen. Frauen haben in Teilzeit oder Vollzeit gearbeitet, bevor sie heirateten, während sie verheiratet waren und nachdem ihre Kinder erwachsen waren.

Aus komplexen Gründen heraus sind wir beziehungsweise unsere Vorfahren mitschuldig an dieser Auslöschung der arbeitenden Frauen vor dem 20. Jahrhundert. Am wichtigsten ist wohl unser Wunsch, Geschichte als einen beständigen Fortschritt zu denken. Frauen dürfen erst kürzlich die Erwerbsarbeit aufgenommen haben, weil jetzt die beste aller Zeiten sein muss, um eine Frau zu sein. Wir feiern dementsprechend, dass Frauen jetzt Berufe ergreifen und Karriere machen können, und dabei vernachlässigen wir die Tatsache, dass Frauen jahrhundertelang in den verschiedensten Berufen gearbeitet haben. Wir geben nicht gern zu, dass, selbst wenn Frauen nicht außerhalb des Heims arbeiten, auch die Aufgaben dort – das Putzen und Reparieren, das Herstellen und Ausbessern der Kleidung, das Ernähren einer Familie und die Erziehung der Kinder – Arbeit sind. Die Menschen des Mittelalters zweifelten – anders als es in unserer Gesellschaft oft zu sein scheint – nicht daran, dass es schwer war und Zeit in Anspruch nahm, eine Mutter zu sein.

Um fair zu sein: Wir haben angefangen, diese häusliche Arbeit anzuerkennen. 1989 prägte die Soziologin Arlie Hochschild den Begriff der »zweiten Schicht« für all die Arbeit, die Frauen tun, wenn sie von ihrer Erwerbsarbeit nach Hause kommen.[29] Und ganz ähnlich wie die Menschen des Mittelalters versuchen wir, sofern wir das Geld und die Möglichkeiten haben, sofort, Haushaltspflichten an andere Menschen abzugeben – und mit Menschen meine ich ärmere Frauen. Die Heerscharen von Pflegerinnen, Nannys und Putzfrauen bezeugen die Tatsache, dass häusliche Arbeit Arbeit ist. Weil aber dieser »Hausarbeit« eine negative Bewertung anhaftet, bekommen die meist weiblichen Arbeiterinnen nur niedrige Löhne.[30] Noch immer drängen wir Frauen in diese Rollen, indem wir behaupten, es sei für sie natürlich, diese Aufgaben zu übernehmen, und wir beginnen schon sehr früh, Mädchen häusliche Pflichten beizubringen.

Doch es geht noch über diese häuslichen Aufgaben hinaus. Wann immer Frauen ein zuvor von Männern dominiertes Berufsfeld übernehmen, sinkt die Bezahlung.[31] Umgekehrt steigt der Lohn in Bereichen, in denen Frauen zunächst die Mehrheit stellten und Männer sie schließlich ersetzten, etwa bei Informatik. Gleichzeitig verdienen Frauen in allen Berufen regelmäßig weniger als ihre männlichen Kollegen in den gleichen Jobs, ein Phänomen, das als *Gender Pay Gap* bekannt ist, und Frauen sind regelmäßig unterrepräsentiert auf den höheren Ebenen dieser Berufe. Ähnliches gab es auch im Mittelalter. Allerdings sagten die Menschen des Mittelalters ehrlich, warum sie das taten – sie mochten einfach keine Frauen.

Wenn sich die Mitglieder unserer Gesellschaft (und vor allem die Männer in ihr) selbst einreden, dass sie die frisch emanzipierten, Frauen respektierenden Held:innen sind, werden die Frauen aus Jahrtausenden ignoriert, die aufstanden, ihre Arbeit machten, sich um ihre Kinder kümmerten und genauso engagiert und wichtig für die Gesellschaft waren wie die Männer.

Diese Frauen und ihre Geschichte werden ins Dunkel verbannt, wenn wir eher eine Geschichte über uns selbst als über die Vergangenheit erzählen wollen. Wie die Geschichte arbeitender Frauen, Schönheitsstandards und Sex konstruiert wird, zeigt das Bestreben, die Gegenwart im bestmöglichen Licht erstrahlen zu lassen. Das hat aber oft sehr wenig mit der Realität zu tun. Wenn es uns gelingen soll, diese falschen Narrative anzugehen, müssen wir zunächst in unserem Denken Raum für die tatsächliche Geschichte der Frauen und der Arbeit schaffen.

Erst dann können wir allmählich verstehen, warum sich das übliche Narrativ so eklatant von der Realität unterscheidet und was wir zu leugnen versuchen, während wir es verfassen.

Die Beschäftigung mit mittelalterlichen Frauen und der Gesellschaft, in der sie lebten, ist an und für sich schon interessant. Mehr über jene Welt zu erfahren, die die unsere hervorbrachte, kann unglaublich viel Spaß machen, auch wenn es anstrengend ist. Wir profitieren davon. Indem wir tiefer in das mittelalterliche Verständnis von Frauen eintauchen, können wir aber auch den Blick auf unsere eigene Welt und das, was sie von Frauen erwartet, schärfen. Dabei stellt sich heraus, dass die Art, wie unsere Gesellschaft über Frauen denkt und sie behandelt, gesellschaftlich veränderbar ist und sich zwar einige der Konstrukte geändert haben, Frauen aber immer noch als minderwertig betrachtet werden.

Auf den ersten Blick ist es deprimierend, dass sich so wenig verändert hat, doch gesellschaftliche Konstrukte sind genau das – Konstrukte. Wenn wir diese Beschränkungen geschaffen haben, können wir sie grundsätzlich auch wieder dekonstruieren und neue Konstrukte kreieren. Die Vergangenheit zu sehen und sie abzulehnen, erlaubt uns, uns eine zukünftige Alternative vorzustellen und genau die Veränderungen vorzunehmen, die notwendig sind, um eine gleichberechtigtere Welt zu schaffen. Lasst uns anfangen, diese andere Zukunft zu erschaffen.

Danksagung

Dieses Buch wurde wie alle anderen Projekte durch die Menschen um mich herum erst möglich. Ich möchte zuerst Amy Cherry danken, meiner unermüdlichen Lektorin, für ihr Verständnis, ihren Scharfsinn und ihre Unterstützung während des ganzen Prozesses. Auch die Mühen und die Geduld der Redaktionsassistentin Huneeya Siddiqui waren unglaublich wertvoll, während ich die feinen Unterschiede zwischen einer akademischen Publikation und dem Schreiben für die Öffentlichkeit auslotete.

Auch meinem Agenten William Callahan gebührt großer Dank: Er hat mich zuverlässig unterstützt und mir von Anfang an geholfen, das Projekt in eine gute Form zu gießen.

Danken möchte ich auch dem Walters Art Museum, der Staatsbibliothek zu Berlin und der Koninklijke Bibliotheek für ihre Hilfe bei der Beschaffung von Bildrechten und ihr Engagement bei der Unterstützung von Autor:innen.

Mein tiefster Dank geht an meine liebe Freundin Sara Öberg Strådal – dafür, dass sie die ersten Entwürfe dieses Buches gelesen und dabei gnadenlos alles rausgeworfen hat, was mir zwar interessant erschien, aber zum Verständnis nichts beigetragen hat. Danke auch an Simon Thomas Parsons für seine Hilfe im Umgang mit dem französischen Bibliothekssystem und für die Kontrolle meiner lateinischen Übersetzungen. Er ist ein besserer Freund, als ich ausdrücken kann. Dank schulde ich auch der wunderbaren Estelle Paranque für ihr

Verständnis und ihre Hilfe beim Nachdenken über Königinnen und Patronage.

Die theoretischen Überlegungen in diesem Buch wären ohne unzählige Gespräche mit Justin Hancock und den leichten Zugang zu seinem Bücherregal nicht möglich gewesen. Auch für die vielen Tassen Kaffee und die leckeren Mahlzeiten, die plötzlich vor mir standen, während ich schrieb, kann ich ihm nicht genug danken.

Wie immer war Blair McLennan unendlich geduldig, während ich mehr als ein Jahr lang maulte, schrieb und insgesamt gänzlich von dem Buch absorbiert war. Irgendwie schafft er es, mich immer enthusiastisch anzufeuern.

Ich möchte auch meinem Doktorvater, dem einzigartigen Martyn Rady, danken, der mir immer wieder sagte, ich solle für ein breiteres Publikum schreiben. Ich stehe in seiner Schuld.

Und schließlich ist da noch das riesige Heer meiner Historikerkolleg:innen, der Podcaster:innen und Autor:innen aller Genres, die sich bereit erklärt haben, dieses Buch bekannt zu machen. Es sind zu viele, um sie einzeln zu benennen, doch jedem und jeder Einzelnen bin ich unendlich dankbar. Eine so hilfreiche und wunderbare Gruppe von Freund:innen und Kolleg:innen zu haben, bleibt mein größter Erfolg. Ohne sie bin ich nichts.

Anmerkungen

Einführung

1 Ivan Hlaváček und Zdeňka Hledíková (Hg.), Protocollum visitationis archidiaconatus Pragensis annis 1379–1382 per Paulum de Janowicz archidiaconum Pragensem factae, Prag 1973, S. 71.

1 Zurück zu den Anfängen

1 Geoffroy de La Tour Landry, The Book of the Knight of the Tower, Landry: Which he Made for the Instruction of his Daughters, hg. u. übers. v. Alexander Vance, Dublin 1868, S. 17 ff.

2 Siehe Jeffrey A. Norton u. a., Surgery: Basic Science and Clinical Evidence, New York 2008, S. 4. Zu den Schriften des Hippokrates siehe Hippocrates, Places in Man, hg. v. Elizabeth M. Craik, Oxford 1998. Mehr über den Menschen und sein Leben findet sich bei Herbert S. Goldberg, Hippocrates: Father of Medicine, Lincoln, Neb., 1963, 2006.

3 Ich verwende hier den Begriff »Weströmisches Reich«, weil es damals zwei Römische Reiche gab – das Westreich mit Rom als Hauptstadt und das Oströmische Reich, das wir heute meist Byzanz nennen, mit seiner Hauptstadt Konstantinopel

(dem heutigen Istanbul). Die Byzantiner verstanden ihr Reich, das bis ins 15. Jahrhundert Bestand hatte, ebenfalls als »Römisches Reich«. Ich habe großen Respekt vor dieser Selbstdarstellung und akzeptiere sie.

4 Hippocrates, Aphorisms, ins Eng. übers. v. Francis Adams, http://classics.mit.edu/Hippocrates/aphorisms.1.i.html. Dt.: Hippokrates, Aphorismus 1,1, nach Jutta Kollesch und Diethard Nickel (Hg.), Antike Heilkunst. Ausgewählte Schriften, Stuttgart 1994, S. 55.

5 Die vielleicht beste Einführung ist: Hippokrates, Über die Umwelt (De aere aquis locis), hg. u. übers. v. Hans Diller, Berlin 1970.

6 Sherry Sayed Gadelrab, »Discourses on Sex Differences in Medieval Scholarly Islamic Thought«, Journal of History of Medicine and Allied Sciences 66, Nr. 1 (2011), S. 48.

7 Hippokrates, »Über den Samen«, in: Iain M. Lonie, The Hippocratic Treatises: »On Generation«, »On the Nature of the Child«, »Diseases IV«: A Commentary, Berlin 1981, S. 4.

8 Siehe M. H. von Staden und H. von Staden, »The Discovery of the Body: Human Dissection and Its Cultural Contexts in Ancient Greece«, Yale Journal of Biology and Medicine 65, Nr. 3 (1992), S. 223–241.

9 Weiteres über Platon findet sich etwa bei Danielle S. Allen, Why Plato Wrote: Blackwell-Bristol Lectures on Greece, Rome, and the Classical Tradition, Hoboken, N. J., 2012.

10 Plato, Timaeus, in: Œuvres complètes, hg. und ins Franz. übers. v. Léon Robin, Paris 1962, Bd. 4, S. 60 ff. Siehe auch Plato, Timaeus, hg. und ins Engl. übers. v. Andrew Gregory und Robin Waterfield, Oxford 2009. Dt.: Platon, Timaios, übers. v. Manfred Kuhn, Hamburg 2017.

11 Platons Vorstellungen zu Penissen und Gebärmüttern sind gut zusammengefasst in: Joan Cadden, Meanings of Sex

Difference in the Middle Ages: Medicine, Science, and Culture, Cambridge 1993, S. 14.

12 Eine schöne Einführung zu Aristoteles ist Carlo Natali, Aristotle: His Life and School, Princeton, N. J., 2013.

13 Aristoteles, Politik 1254b, S. 13 f. Dt.: Aristoteles, Politik, Buch I, übers. v. Eckart Schütrumpf, Berlin 1999, S. 17.

14 Aristoteles, Historia Animalium, 608b, S. 1–14. Dt.: Aristoteles, Historia Animalium, Buch VIII und IX, übers. v. Stefan Schnieders, Berlin/Boston 2019, S. 42 f.

15 Für weitere Informationen zur Überlieferung von Galen siehe Petros Bouras-Vallianatos und Barbara Zipser (Hg.), Brill's Companion to the Reception of Galen, Leiden 2019.

16 Es gibt sehr viele Ausgaben dieses Werks. Eine exzellente ist Galen, Three Treatises: »On My Own Books«, »On the Order of My Own Books« and »That the Best Physician Is Also a Philosopher«: An Intermediate Greek Reader: Greek Text with Running Vocabulary and Commentary, ins Engl. übers. und hg. v. Evan Hayes und Stephen A. Nimis, Oxford, Ohio, 2014. Dt.: Galen, Arzt und Philosoph. Fünf autobiographische Schriften, zweisprachige Ausgabe hg. v. Kai Brodersen, Stuttgart 2021. Eine gute Einführung in sein Leben bietet Susan P. Matten, The Prince of Medicine: Galen in the Roman Empire, Oxford 2013.

17 Galenus: De usu partium corporis humani (»Über den Nutzen der Körperteile«) 14, S. 6 f.

18 In der griechischen (und römischen) Gesellschaft hatten nicht einmal alle Männer Stimm- und Bürgerrechte. Die Gesellschaft wurde gestützt durch eine riesige Menge von Sklaven, die weder im aristotelischen Denken noch nach dem Gesetz als vollwertige Menschen galten. Sklaven durften nicht wählen, auch wenn sie männlich waren, was der Vorstellung von der griechischen Gesellschaft als Leuchtfeuer der Demokratie eindeutig widerspricht.

19 Es gibt so wenige Informationen zu Themistokleia, dass nur ein Sammelband über sie Aufschluss gibt: Mary Ellen Waithe, »Early Pythagoreans: Themistoclea, Theano, Arignote, Myia, and Damo«, in: A History of Women Philosophers, Bd. 1, 600 BC-500 AD, hg. v. Mary Ellen Waite, Dordrecht 1987, S. 11–18.

20 Ich würde Ihnen gern ein Buch über Hipparchia empfehlen, aber das existiert nicht. Sie ist immer untrennbar mit ihrem Ehemann Krates verbunden. Etwas über ihr Werk und Werke über sie finden sich in: Robert Dobbin (Übers. u. Hg.), The Cynic Philosophers: From Diogenes to Julian, New York 2012, S. 79–98. Dt.: Georg Luck (Hg.), Die Weisheit der Hunde. Texte der antiken Kyniker in deutscher Übersetzung mit Erläuterungen, Stuttgart 1997, S. 218–220.

21 Sokrates Scholastikos, Historia Ecclesiastica, 7,15, https://www.earlychurchtexts.com/public/socrates_the_murder_of_hypatia.htm.

22 David Coward, A History of French Literature, Hoboken, N. J., 2002, S. 13.

23 Die ganze »Geschichte« ist unbedingt lesenswert. Eine hervorragende englischsprachige Ausgabe ist Geoffrey of Monmouth, The History of the Kings of Britain: An Edition and Translation of »De gestis Britonum, Historia regum Britanniae«, hg. v. Michael D. Reeve, übers. v. Neil Wright, Woodbridge 2007. Auf Deutsch gibt es Inhaltsangaben und das Kapitel Der Britenkönig Arthur in exakter Übersetzung in König Artus und seine Tafelrunde. Europäische Dichtung des Mittelalters, hg. v. Karl Langosch, Wolf-Dieter Lange, Stuttgart 1980, S. 5–71.

24 Mittelalterhistoriker:innen sind verliebt in die Karolingische Renaissance, deshalb ist schwer zu sagen, wo man mit dem Lesen anfangen sollte. Ein guter Einstieg ist Jean Hubert,

Jean Porcher und Wolfgang Fritz Volbach, Die Kunst der Karolinger. Von Karl dem Großen bis zum Ausgang des 9. Jahrhunderts, München 1969. Laudage, Johannes: »Die Karolingische Renaissance und Bildungsreform«, in: Isti moderni. Erneuerungskonzepte und Erneuerungskonflikte in Mittelalter und Renaissance, hg. v. Christoph Kann, Düsseldorf, 2009. S. 29–72.

25 Auch hier gibt es mehr als genug Literatur zum Thema, doch ein Klassiker ist Charles Homer Haskins, The Renaissance of the Twelfth Century, Cambridge, Mass., 1927.

26 Ernesto Bonaiuti, »The Genesis of St. Augustine's Idea of Original Sin«, Harvard Theological Review 10, Nr. 2 (1917), S. 162 f.

27 Augustinus, »De trinitate 12,7,10«, in: Patrologia Cursus Completus, Series Latina, hg. v. Jean-Paul Migne, Paris 1865, Bd. 42, Sp. 1003. Auf Deutsch: Des heiligen Kirchenvaters Aurelius Augustinus fünfzehn Bücher über die Dreieinigkeit, übers. und mit einer Einl. versehen v. Michael Schmaus, Kempten/München 1935, S. 137. Man muss Augustinus zugutehalten, dass er hier auch sagt, Frauen könnten – in Verbindung mit Männern – als das Abbild Gottes gelten. Nur eben nicht allein, anders als Männer. Immerhin.

28 Tertullian, Tertulliani de cultu feminarum 1,1, unter https://bkv.unifr.ch/de/works/cpl-11/versions/uber-den-weiblichen-putz-bkv/divisions/3. Mehr über ihn finden Sie bei Eric Osborn, Tertullian: First Theologian of the West, Cambridge 2008.

29 Es ist Ihnen vielleicht aufgefallen, dass ich Lilith hier nicht erwähnt habe. Lilith erscheint in verschiedenen hebräischen Quellen, auch im Babylonischen Talmud, als eine Dämonin. Im elften Jahrhundert schrieb der Talmudist Isaak ben Jakob Alfasi (1013–1103), der im heutigen Algerien und Spanien arbeitete, dass Lilith Adams erste Frau hätte sein sollen, sich

aber geweigert habe, ihm zu dienen, stattdessen mit dem Erzengel Samael schlief und den Garten Eden verließ. Siehe Kristen E. Kvam u. a., Eve and Adam: Jewish, Christian, and Muslim Readings on Genesis and Gender, Bloomington 1999, S. 220 f. Allerdings taucht Lilith in christlichen biblischen Quellen des Mittelalters nicht auf, obwohl diese auf den ursprünglichen jüdischen Werken aufbauen. Stattdessen ist ihr Name im Buch Jesaja übersetzt als »Lamia«, eine Art kinderfressendes Ungeheuer aus der griechischen Mythologie. Die Konzeption der Lilith als Adams erste Frau sickerte allmählich in der Frühmoderne ins christliche Denken ein und wurde besonders von Autoren wie Goethe aufgegriffen.

30 Dies ist eine stark vereinfachte Fassung eines sehr komplizierten Themas. Eine bessere Zusammenfassung findet man bei Christiaan Kappes, »Gregory Nazianzen's Prepurified Virgin in Ecumenical and Patristic Tradition: A Reappraisal of Original Sin, Guilt, and Immaculate Conception«, in: The Spirit and the Church, hg. v. J. Isaac Goff u. a., Eugene, Ore., 2018. S. 147–198.

31 Augustinus, »De natura et gratia 36,42«, in: Patrologia Cursus Completus, Series Latina, hg. v. Jean-Paul Migne, Paris 1865, Bd. 44, Sp. 267.

32 Es gab Hunderte mittelalterliche Klöster in Europa, so viele, dass man sie gar nicht alle aufzählen kann. Ihre große Zahl und ihre Bedeutung für den Bildungsprozess in Europa können gar nicht oft genug betont werden. Eine gute Einführung ist J. Patrick Greene, Medieval Monasteries, New York 1992.

33 C. Warren Hollister, Henry I, New Haven, Conn., 2001, S. 23.

34 Zu weiteren Veränderungen in der mittelalterlichen Bildung siehe Nicholas Orme, Medieval Schools: From Roman Britain to Renaissance England, New Haven, Conn., 2006, der sich besonders mit England beschäftigt.

35 Hildegard von Bingen, »Causae et curae 2, 85 ff.«. Dt.: Hildegard von Bingen, Ursprung und Behandlung der Krankheiten. Causae et curae, Werke, Bd. 2, Beuron 2011, S. 68 f. Mehr über Hildegards Leben erfahren Sie bei Michaela Diers, Hildegard von Bingen, München ^{2}2012.

36 Christine de Pizan, Das Buch von der Stadt der Frauen (1405), München 1990, S. 36. Mehr zur Autorin findet sich bei Charity Cannon Willard, Christine de Pizan: Her Life and Works, New York 1984. Auf Deutsch empfiehlt sich die Lektüre von Margarete Zimmermann, Christine de Pizan, Reinbek 2002.

37 Christine de Pizan, Das Buch von der Stadt der Frauen, S. 131.

38 Wenn Ihnen das womöglich rückständig vorkommt, denken Sie bitte daran, dass es die Sommerferien der Schulen nicht gibt, weil alle eine schöne lange Pause haben wollen, sondern weil bis vor wenigen Jahrzehnten im Sommer alle Hände bei der Ernte gebraucht wurden. Wir sind alle höchstens ein paar Generationen von dieser Lebensrealität entfernt.

39 Zu mehr Informationen über die Glossa Ordinaria, »den allgegenwärtigen Text des Hochmittelalters«, siehe Lesley Smith, The »Glossa Ordinaria«: The Making of a Medieval Bible Commentary, Leiden 2009, S. 1.

40 David d'Avray, »Method in the Study of Medieval Sermons«, in: Modern Questions About Medieval Sermons: Essays on Marriage, Death, History and Sanctity, hg. v. Nicole Bériou und David d'Avray, Spoleto 1994, S. 3–29.

41 Mervyn James, »Ritual, Drama and Social Body in the Late Medieval English Town«, Past and Present 98, Nr. 1 (1983), S. 6 f.

42 Der hier genutzte moderne Begriff der Sexarbeiter:innen ist im Zuge feministischer Bewegungen im 20. Jahrhundert entstanden. Zeitgenössisch sprach man von »Prostituierten« oder »Huren«, wobei beide Begriffe synonym genutzt wurden.

43 Jarmila F. Veltrusky, Mastičkář: A Sacred Farce from Medieval Bohemia, Ann Arbor 1985.

2
Der männliche Blick auf die Frauen

1 Robert Grosseteste, »De unica forma omnium«, in: L. Baur (Hg.), Die philosophischen Werke des Robert Grosseteste, Münster 1912, S. 108 f. Dem folgt Edgar de Bruyne, The Esthetics of the Middle Ages, New York 1969, S. 71.

2 Paulus Diaconus, »Historia Langobardorum«, in: Monumenta Germaniae historica inde ab anno Christi quingentesimo usque ad annum millesimum et quingentesimum (MGH). Scriptores rerum Langobardicarum et Italicarum saec. VI–IX, III, hg. v. Georg Waitz, Hannover 1878, S. 134 f.; »Chronicae que dicuntur Fredegarii«, in: MGH, Scriptores rerum Merovingicarum II, 4,51, hg. v. Bruno Krusch, Hannover 1888, S. 145 f.; »Vita Balthildis«, in: MGH, Scriptores rerum Merovingicarum II, Kap. 2, hg. v. Krusch, S. 483; Thegani, »Gesta Hludowici Imperatoris«, in: MGH, Scriptores in Folio II, Kap. 26, hg. v. Georg Heinrich Pertz, Hannover 1829, S. 585–603. Deutsche Übersetzungen liegen vor zu: Paulus Diaconus, Historia Langobardorum (Geschichte der Langobarden), lateinisch und deutsch, hg. u. übers. v. Wolfgang F. Schwarz, Darmstadt 2009; Thegan, »Die Taten Kaiser Ludwigs (Theganus, Gesta Hludowici imperatoris)«, in: MGH SS rer. Germ., Bd. 64, übers. v. Ernst Tremp, 1995, S. 167–278. Weiteres bei: Andreas Kusternig, Hermann Haupt (Hg.), Quellen zur Geschichte des 7. und 8. Jahrhunderts (= Ausgewählte Quellen zur deutschen Geschichte des Mittelalters. 4a), Darmstadt 1982.

3 »Vita Balthildis A«, MGH, SS rer. Mer., II, Kap. 2, S. 483.

4 Mayke de Jong, »Queens and Beauty in the Early Medieval West: Balthild, Theodelinda, Judith«, in: Acting as a Woman: Models and Practices of Representation, 6th-10th Centuries, hg. v. M.C. La Rocca, Turnhout 2007, S. 235–248.

5 Siehe Ferdinand Otto Meister (Hg.), Daretis Phrygii, De excidio Troiae historia, Leipzig 1873, S. 16 f. Dt.: Dictys und Dares, Krieg um Troja. Lateinisch und deutsch, hg. v. Kai Brodersen, Berlin 2019, Kap. 12 f., S. 310–313.

6 Ebenda, Kap. 12, S. 310 f.

7 Sappho, Fragment 23 (Voigt). Dt.: Sappho, Und ich schlafe allein. Gedichte, hg. u. übers. v. Albert von Schirnding, München 2013, S. 37.

8 Die moderne Forschung diskutiert die Existenz des Maximianus kritisch; man nimmt an, dass seine Gedichte aus der Feder verschiedener Autoren stammen könnten. Siehe Richard Webster, The Elegies of Maximianus, Princeton, N. J., 1900, S. 7–11.

9 Maximianus, »Elegien 1,93–98«, in: Edmond Faral, Les arts poétiques du XIIe et du XIIIe siècle: Recherches et documents sur la technique littéraire du Moyen Âge, Paris 1924, S. 80. Dt.: Wolfgang Christian Schneider, Die elegischen Verse von Maximian, Stuttgart 2003, S. 166.

10 Maximianus war zwar allgegenwärtig, aber nicht immer beliebt. Der Lehrer, Autor und Dichter Alexander de Villedieu (um 1175– um 1240) beschrieb seine Dichtung einmal als »Bagatellen«. Alexander de Villedieu, Das »Doctrinale« des Alexander de Villa-Dei, hg. v. Dietrich Reichling, Monumenta Germaniae Paedagogica 12, Berlin 1893, S. 24 f.

11 Matthäus von Vendôme, Ars Versificatoria 1,56, in: Mathei Vindocinensis, Opera, hg. v. Franco Munari, Rom 1977, S. 83. Dt.: Matthaeus Vindocinensis, Ars versificatoria, übers. u. hg. v. Fritz Peter Knapp, Stuttgart 2020, S. 44 f.

12 Ars Versificatoria 1,57, ebenda, S. 85 f. Dt.: ebenda, S. 46 f.

13 Um an einer mittelalterlichen Universität zu studieren oder zu lehren, musste man dem Klerus angehören. Deshalb musste sich Galfrid beim Erzbischof entschuldigen und war gut genug vernetzt, um dem Papst Geschenke zuzueignen. Dummerweise hieß das auch, dass Frauen vom Universitätsstudium ausgeschlossen waren, denn natürlich konnten sie nicht zum Klerus gehören. Für weitere Informationen zu Galfrid siehe James J. Murphys hervorragendes Buch Three Medieval Rhetorical Arts, Berkeley 1971, S. 29 ff.

14 Caroline Spurgeon, Five Hundred Years of Chaucer Criticism and Allusion: 1357–1900, London 1925, Bd. 1, S. 17, 49; James J. Murphy, »A New Look at Chaucer and the Rhetoricians«, Review of English Studies 15 (1964), S. 1–20; Karl Young, »Chaucer and Geoffrey of Vinsauf«, Modern Philology 41 (1943), S. 172–182.

15 Geoffrey de Vinsauf, Poetica Nova, in: Faral, Les ars poétiques, S. 214 f.

16 Guillaume de Lorris, Le roman de la rose par Guillaume de Lorris et Jean de Meung, hg. v. Ernest Langlois, Paris 1914–1924, Bd. 2, S. 51 f. Siehe auch The Romance of the Rose, übers. v. Frances Horgan, Oxford 2009. Dt.: Karl August Ott (Hg.), Der Rosenroman (Altfrz.-dt.), München 1976–1979, Bd. 1, S. 125 ff.

17 Lorris, Le roman de la rose, Bd. 2, S. 28, 44.

18 F. J. E. Raby, A History of Secular Latin Poetry in the Middle Ages, Oxford 1934, Bd. 2, S. 239. Laut Raby könnte die Judith, um die es hier geht, eine Äbtissin der Abtei Remiremont im heutigen Frankreich gewesen sei, aber leider gibt es keine Möglichkeit, dies zu überprüfen. Wir werden wohl nie wissen, wer da so attraktiv war.

19 Ebenda, Bd. 2, S. 244 f.

20 Geoffrey Chaucer, »The Miller's Tale«, The Canterbury Tales, 1, Vers 3245–3262. Dt.: Die Canterbury Erzählungen, Frankfurt/Main 1987, S. 139.

21 Johannes Tzetzes, Antehomerica, übers. v. Ana Untila, o. O. 2014, S. 356 ff., https://archive.org/details/TzetzesANTEHOMERICA/mode/2up.

22 Ebenda, S. 115–122.

23 Walter Mettmann, »›Ancheta de caderas‹. Libro de buen amor, C. 432 ss«, Romanische Forschungen 73, Nr. 1–2 (1961), S. 141–147; Michael Ray Solomon (Übers.), The Mirror of Coitus: A Translation and Edition of the Fifteenth-Century »Speculum al foderi«, Madison 1990, S. 8, 12.

24 Luce López-Baralt, »La bella de Juan Ruiz tenía los ojos de hurí«, Nueva Revista de Filología Hispánica 40 (1992), S. 73–83.

25 Faral, Les ars poétiques, S. 80. Siehe auch: Rüdiger Krüger, puella bella. Die Beschreibung der schönen Frau in der Minnelyrik des 12. und 13. Jahrhunderts, Stuttgart 1986. Sowie: Barbara Haupt, »Der schöne Körper in der höfischen Epik«, in: Körperinszenierung in der mittelalterlichen Literatur. Kolloquium am Zentrum für interdisziplinäre Forschung der Universität Bielefeld (18. bis 20. März 1999), hg. v. Klaus Ridder und Otto Langer, Berlin 2002, S. 47–73.

26 »Colla nivi …«, Ars Versificatoria 1,57, Mathei Vindocinensis, Opera, S. 84. Dt.: Matthaeus Vindocinensis, Ars versificatoria, S. 46 f.

27 »Succuba sit capitis pretiosa colore columna / Lactea, quae speculum vultus supportet in altum.« Geoffrey de Vinsauf, Poetica Nova, in: Faral, Les ars poétiques, S. 215.

28 Siehe zum Beispiel Peter Dronke, Medieval Latin and the Rise of European Love-Lyric, Oxford 1965, Bd. 1, S. 193; Matthew of Vendôme, Ars Versificatoria, übers. v. Aubrey E. Galyon, Ames 1980, S. 39.

29 D. S. Brewer, »The Ideal of Feminine Beauty in Medieval Literature, especially ›Harley Lyrics‹, Chaucer, and some Elizabethans«, Modern Language Review 50, Nr. 3 (1955), S. 260; Anonymous, »Alysoun«, https://rpo.library.utoronto.ca/poems/alysoun.

30 Francisco A. Marcos-Marín, »Masculine Beauty vs. Feminine Beauty in Medieval Iberia«, in: Multicultural Iberia: Language, Literature, and Music, hg. v. Dru Dougherty und Milton M. Azevedo, Berkeley 1999, S. 31.

31 Guillaume de Machaut, »Le Jugement dou Roy de Behaingne«, in: Guillaume de Machaut: The Complete Poetry and Music, Bd. 1, The Debate Series, hg. v. R. Barton Palmer, Domenic Leo und Uri Smilansky, übers. v. R. Barton Palmer und Yolanda Plumley, Kalamazoo 2016, https://d.lib.rochester.edu/teams/text/palmer-machaut-thedebateseries-bohemia, Zeile 365 f.; Chaucer, Troilus 2,1247, und The Book of the Duchess 953 f.

32 Geoffrey de Vinsauf, Poetica nova, in: Faral, Les ars poétiques, S. 215.

33 Matthäus von Vendôme, Ars Versificatoria 1,57, Mathei Vindocinensis, Opera, S. 85. Dt.: Matthaeus Vindocinensis, Ars versificatoria, S. 46 f.

34 Matthäus von Vendôme, Ars Versificatoria 1,57, ebenda, S. 84. Dt.: ebenda, S. 46 f.

35 Geoffrey de Vinsauf, Poetica nova, in: Faral, Les ars poétiques, S. 215.

36 Machaut, »Le Jugement dou Roy«, Zeile 369 f.

37 Monica H. Green (Hg. u. Übers.), The Trotula: An English Translation of the Medieval Compendium of Women's Medicine, Philadelphia 2001, S. 85.

38 Matthäus von Vendôme, Ars Versificatoria 1,57, Mathei Vindocinensis, Opera, S. 85. Dt.: Matthaeus Vindocinensis, Ars versificatoria, S. 46 f.

39 Machaut, »Le Jugement dou Roy«, Zeile 373 f.
40 Matthäus von Vendôme, Ars Versificatoria 1,57, Mathei Vindocinensis, Opera, S. 85. Dt.: Matthaeus Vindocinensis, Ars versificatoria, S. 46 f.
41 Siehe zum Beispiel Machaut, »Le Jugement dou Roy«, Zeile 376.
42 Matthäus von Vendôme, Ars Versificatoria 1,57, Mathei Vindocinensis, Opera, S. 85. Dt.: Matthaeus Vindocinensis, Ars versificatoria, S. 46 f.
43 Geoffrey de Vinsauf, Poetica nova, in: Faral, Les ars poétiques, S. 215.
44 Ebenda.
45 Machaut, »Le Jugement dou Roy«, Zeile 377 ff.
46 Es gibt bemerkenswerte Ausnahmen von dieser Regel besonders in Königshäusern und im Adel. Mehr Informationen zu Ehe und Jungfrauen finden sich bei Kim M. Phillips, Medieval Maidens: Young Women and Gender in England, 1270–1540, Manchester 2003, S. 36–42.
47 Bartholomaeus Anglicus, De puella, in: On the Properties of Things: John Trevisa's Translation of Bartholomaeus Anglicus »De proprietatibus rerum«: A Critical Text, hg. v. M. C. Seymour u. a., Oxford 1975, 1,6,6, zitiert in Phillips, Medieval Maidens, S. 6 f.
48 Phillips, Medieval Maidens, S. 7.
49 Die Kälte der Frauen, von der man das ganze Mittelalter über sprach, wurde von vielen bedeutenden Ärzten und Naturphilosophen diskutiert. Siehe z. B. Pseudo-Albertus Magnus, Women's Secrets: A Translation of Pseudo-Albertus Magnus' »De secretis mulierum«, with Commentaries, hg. u. übers. v. Helen Rodnite Lemay, Albany 1992, S. 60–70; Mazhar H. Shah, The General Principles of Avicenna's »Canon of Medicine«, Karachi 1966, S. 33 f.

50 Caroline Walker Bynum, The Resurrection of the Body in Western Christianity, 200–1336, New York 1995, S. 122; Mary Dove, The Perfect Age of Man's Life, Cambridge 1986, S. 21–25.

51 Malcolm Andrew und Ronald Waldron (Hg.), The Poems of the Pearl Manuscript, Exeter 1987, Zeile 197–204.

52 Neu-Karsthans, »Gesprechbiechlin neüw Karsthans«, zitiert in: Michael Baxandall, Die Kunst der Bildschnitzer, München [4]2004, S. 100.

53 Anne-Laure Lalouette, »Bains et soins du corps dans les textes médicaux, XIIe-XIVe siècles«, in: Laver, monder, blanchir: Discours et usages de la toilette dans l'Occident medieval, hg. v. Sophie Albert, Paris 2006, S. 33–49.

54 Etienne de Boileau, »Le Livre des métiers«, in: Women's Lives in Medieval Europe: A Sourcebook, hg. v. Emilie Amt, New York 1993, S. 162. Der Denier, von dem der moderne Ausdruck penny/Pfennig abgeleitet ist, war die kleinste und gängigste Münze. Arbeiter und Bedienstete verdienten im 13. Jahrhundert im Allgemeinen zwischen anderthalb und zweieinhalb Deniers am Tag, während Handwerker je nach ihren Fertigkeiten zwischen drei und neun Deniers am Tag verdienten. Siehe Jeffrey L. Singman, Daily Life in Medieval Europe, Westport, Conn., 1999, S. 61.

55 Georges Vigarello, Concepts of Cleanliness: Changing Attitudes in France since the Middle Ages, Cambridge 1988, S. 21 f. Alexander Ballhaus, Liebe und Sex im Mittelalter, Bergisch Gladbach 2009, S. 148.

56 Olivia Remie Constable, »Cleanliness and Convivencia: Jewish Bathing Culture in Medieval Spain«, in: Jews, Christians and Muslims in Medieval and Early Modern Times, hg. v. Arnold E. Franklin u. a., Leiden 2014, S. 257 f.

57 Zu erhaltenen hammams siehe zum Beispiel Catherine B.

Asher, »The Public Baths of Medieval Spain: An Architectural Study«, in: The Medieval Mediterranean: Cross-Cultural Contacts, hg. v. Marilyn J. Chait und Kathryn L. Reyerson, St. Cloud, Minn., 1988; zu Verdächtigungen in Bezug auf Badegewohnheiten der Frauen siehe Alexandra Cuffel, »Polemicizing Women's Bathing Among Medieval and Early Modern Muslims and Christians«, in: The Nature and Function of Water, Baths, Bathing and Hygiene from Antiquity through the Renaissance, hg. v. Cynthia Kosso und Anne Scott, Leiden 2009.

58 Kevin M. Dunn, Caveman Chemistry: 28 Projects from the Creation of Fire to the Production of Plastics, Irvine, Calif., S. 233.

59 Hildegard von Bingen, Physica 1,4. Dt. in: Heilsame Schöpfung – Die natürliche Wirkkraft der Dinge. Physica, Beuron 2012, S. 26.

60 Monica H. Green (Hg. u. Übers.), The Trotula: An English Translation of the Medieval Compendium of Women's Medicine, Philadelphia 2001, S. 115.

61 Ebenda.

62 Geoffroy de La Tour Landry, Le Livre du Chevalier de La Tour Landry pour l'enseignement de ses filles, hg. v. Anatole de Montaiglon, Paris 1854. Eine englische Ausgabe ist: Geoffroy de La Tour Landry, The Booke of Thenseygnementes and Techynge that the Knyght of the Towre Made to his Doughters, übers. v. Gertrude Burford Rawlings und William Caxton, London 1902.

63 Jan Milíč of Kroměříž, »Sermon on the Last Day of the Lord«, in: The Message for the Last Days: Three Essays from the Year 1367, hg. v. Milan Opočenský und Jana Opočenska, Genf 1998, S. 49.

64 Bernard P. Prusak, »Woman: Seductive Siren and Source of

Sin? Pseudepigraphal Myth and Christian Origins«, in: Religion and Sexism: Images of Women in the Jewish and Christian Traditions, hg. v. Rosemary Radford Ruether, Eugene, Ore., 1998, S. 89–116.

65 La Tour Landry, Le Livre du Chevalier, S. 112, nach Susan Udry, »Robert de Blois and Geoffroy de la Tour Landry on Feminine Beauty: Two Late Medieval French Conduct Books for Women«, Essays in Medieval Studies 19 (2002), S. 100.

66 Montserrat Cabré, »Beautiful Bodies«, in: A Cultural History of the Human Body in the Medieval Age, hg. v. Linda Kalof, New York 2014, S. 135.

67 Joanne B. Eicher (Hg.), Dress and Ethnicity: Change across Space and Time, New York 1999, S. 1–16.

68 Green, Trotula, S. 115 f.

69 Ebenda, S. 118.

70 Ebenda, S. 121.

71 La Tour Landry, Le Livre du Chevalier, S. 109 f., zitiert in Udry, »Robert de Blois and Geoffroy de La Tour Landry on Feminine Beauty«, S. 99.

72 Chaucer, »The Miller's Tale«, The Canterbury Tales, Vers 3245 f. Dt.: Canterbury Erzählungen, S. 139.

73 Antoninus von Florenz, Confessionale: Defecerunt scrutantes scrutinio, Delft 1482, Kap. 21, »De immodestia mulierum«, fol. 1.11, https://archive.org/details/ned-kbn-all-00001853-001. Siehe John Block Friedman, »Eyebrows, Hairlines, and ›Hairs Less in Sight‹: Depilation in Late Medieval Europe«, in: Medieval Clothing and Textiles, hg. v. Robin Netherton und Gale R. Owen-Crocker, Woodbridge 2018, Bd. 14, S. 102.

74 Friedman, »Eyebrows, Hairlines«, Bd. 14, S. 95.

75 Ebenda, Bd. 14, S. 113.

76 Montserrat Cabré i Pairet, »La cura del cos femení i la medi-

cina medieval de tradició llatina. Els tractats ›De ornatu‹ i ›De decorationibus mulierum‹ atribuïts a Arnau de Vilanova, ›Tròtula‹ de mestre Joan, i ›Flors del tresor de beutat‹ atribuït a Manuel Díeç de Calatayud«, Diss., Universität Barcelona, 1996, S. 202, zitiert ebenda, Bd. 14, S. 87.

77 Margaret Scott, Fashion in the Middle Ages, Los Angeles 2018, S. 21–24.

78 Hier nach Einheitsübersetzung: https://www.bibleserver.com/EU/Offenbarung17

79 W. Nelson Francis (Hg.), The Book of Vices and Virtues, Oxford 1942, S. 43 f.

80 James Tait (Hg.), Chronica Johannis de Reading et Anonymi Cantuariensis 1346–1367, Manchester 1914, S. 88 f., in: The Black Death, hg. v. u. übers. v. Rosemary Horrox, Manchester 1994, S. 131.

81 Scott, Fashion in Middle Ages, S. 20.

82 Zitiert in Phillips, Medieval Maidens, S. 180.

83 Peter von Moos, »›Public‹ et ›privé‹ à la fin du Moyen Age: Le ›bien commun‹ et la ›loi de la conscience‹«, Studi medievali 41, Nr. 2 (2000), S. 505–548; Etienne Dravasa, »›Vivre noblement‹. Recherches sur la dérogeance de noblesse du XlVe au XVe siècles«, Revue juridique et économique du Sud-Ouest 16 (1965), S. 135–193.

84 L. Gilliodts-Van Severen (Hg.), Cartulaire de l'ancien grand tonlieu de Bruges, faisant suite au Cartulaire de l'ancienne estaple: Recueil de documents concernant le commerce inférieur et maritime, les relations internationales et l'histoire économique de cette ville, Brügge 1901, Bd. 2, S. 312.

85 Catherine Kovesi Killerby, »›Heralds of a Well-instructed Mind‹: Nicolosa Sanuti's Defence of Women and Their Clothes«, Renaissance Studies 13, Nr. 3 (1999), S. 255–282.

86 G. Bistort, »Il magistrato alle pompe nella Repubblica di

Venezia. Studio storico«, Miscellanea di storia veneta, ser. 3, 5 (1912), S. 74 f.

87 Ebenda, S. 71 ff.

3
Wege der Liebe

1 Augustinus, De civitate Dei 14,26 (»Glück und Frieden im Paradies«).

2 P. J. Payer, The Bridling of Desire: Views of Sex in the Later Middle Ages, Toronto 1993, S. 185.

3 Augustinus, De Genesi 11,41.

4 Augustinus, De civitate Dei 14,20 (»Selbst die schamlosen Kyniker schämten sich«).

5 Ebenda 14,7 (»Die verschiedenen Bezeichnungen der Schrift für Liebe«).

6 Ambrosius, De Virtute 13, übers. v. Daniel Callam, Peregrina Translation Series 7, Toronto 1989, S. 13, 81. Dt.: Ambrosius, Über die Jungfräulichkeit (De virginitate), in: Ausgewählte Schriften des heiligen Ambrosius, Bischofs von Mailand, übers. v. Dr. Franz Xaver Schulte (Bibliothek der Kirchenväter, 1. Serie, Band 13), Kempten 1871, S. 175 f.

7 Hermann Theodor Bruns, Canones apostolorum et conciliorum saeculorum IV, V, VI, VII: Recognovit atque insignioris lectionum varietatis, Notationes subiunxit, Berlin 1839, S. 2, 6.

8 Canones 7 und 21, in: Georg Gresser, Die Synoden und Konzilien in der Zeit des Reformpapsttums in Deutschland und Italien von Leo IX. bis Calixt II. (1049–1123), Paderborn/München/Wien 2006, S. 483.

9 Johannes Gerson, De pollutione, Köln, o. D. Siehe auch Cadden, Meanings of Sex Difference, S. 141 f.; James A. Brundage,

Law, Sex, and Christian Society in Medieval Europe, Chicago 1987, S. 400 f.

10 Thomas von Aquin, Summa Theologica, pt. 2, quaest. 154, art. 5.

11 Zitiert in: Jeffrey Richards, Sex, Dissidence and Damnation: Minority Groups in the Middle Ages, New York 1994, S. 23 f.

12 Brundage, Law, Sex, and Christian Society, S. 430.

13 Zitiert in: Pierre J. Payer, The Bridling of Desire, S. 118.

14 Augustinus, De civitate Dei 14,16 (»Sinnliche Regungen nicht dem Willen unterworfen«).

15 Thomas von Aquin, Summa Theologica, pt. 2, quaes. 154, art. 4. Ins Englische übertragen von der Autorin, Übersetzung ins Deutsche.

16 Jerome, Against Jovinianus, übers. v. W. H. Fremantle, G. Lewis und W. G. Martley, in: A Select Library of Nicene and Post Nicene Fathers of the Christian Church, hg. v. Philip Schaff, Buffalo, N. Y., 1893, Bd. 6, S. 367.

17 Hieronymus, Adversus Iovinianum 1,49, ebenda, Bd. 6, S. 386.

18 Thomas von Aquin, Summa Theologica, pt. 1, quaes. 98, art. 2.

19 Burchard von Worms, Corrector, in: Die Bußordnungen in der abendländischen Kirche, Halle 1851, S. 642.

20 Thomas von Aquin, Summa Theologica, pt. 2, quaes. 154, art. 11.

21 Zu weiteren Informationen über Alexander von Hales siehe James A. Brundage, »Let Me Count the Ways: Canonists and Theologians Contemplate Coitus Positions«, Journal of Medieval History 10 (1984), S. 81, 86. Zu Wilhelm von Pagula, siehe ebenda, S. 87.

22 Fragmentum Cantabrigiense, MS. Add. 3321, I, S. fol. 23v, Cambridge University Library. Siehe Brundage, »Let Me Count«, S. 85.

23 James A. Brundage, »Sex and Canon Law«, in: Handbook of

Medieval Sexuality, hg. v. Vern L. Bullough und James A. Brundage, New York 1996, S. 157.

24 Ebenda, S. 36.

25 Zitiert in: Brundage, »Let Me Count«, S. 84.

26 Ebenda, S. 86.

27 Isidor von Sevilla, Etymologiae 11,2,24. Dt.: Die Enzyklopädie des Isidor von Sevilla, übers. v. Lenelotte Müller, Wiesbaden 2008, S. 439.

28 Brundage, Law, Sex, and Christian Society, S. 451 f.

29 Jerome, Against Jovinianus, Bd. 6, S. 367.

30 Dieses große Thema wird ausführlich in Cadden, Meanings of Sex Difference, S. 117–129 behandelt.

31 Ebenda, S. 65.

32 Avicenna, Liber Canonis fol. 362r., zitiert in: Ruth Mazo Karras, Sexualität im Mittelalter, Düsseldorf 2006, S. 163.

33 Brian Lawn (Hg.), The Prose Salernitan Questions: Edited from a Bodleian Manuscript, London 1979, S. 4.

34 Zu der Analogie mit dem feuchten Holz siehe William of Conches, A Dialogue on Natural Philosophy, Dragmaticon Philosophiae, übers. v. Italo Ronca und Matthew Curr, Notre Dame 1997, Bd. 2, S. 135. Zum Eisen siehe Danielle Jacquart und Claude Thomasset, Sexuality and Medicine in the Middle Ages, Princeton, N. J., 1988, S. 28.

35 Jacquart und Thomasset, Sexuality and Medicine, S. 81.

36 Pseudo-Albertus Magnus, Women's Secrets: A Translation of Pseudo-Albertus Magnus' »De secretis mulierum« with Commentaries, hg. u. übers. v. Helen Rodnite Lemay, Albany 1992, S. 51.

37 Albertus Magnus, Alberti Magni. Opera omnia, Bd. 12, Quaestiones super de animalibus, hg. v. Ephrem Filthaut, Münster 1955, S. 5, Q4, Q6.

38 Vinzenz von Beauvais, Speculum naturale 31,5.

39 Joan Cadden, »It Takes All Kinds; Sexuality and Gender Differences in Hildegard of Bingen's Book of Compound Medicine«, Traditio 40 (1984), S. 159. Vgl. dt.: Hildegard von Bingen, Causae et curae 2,150, in: Ursprung und Behandlung der Krankheiten, S. 97.
40 Zitiert in Joyce E. Salisbury, »Gendered Sexuality«, in: Handbook of Medieval Sexuality, hg. v. Vern L. Bullough und James A. Brundage, New York 1996, S. 93.
41 Mazo Karras, Sexualität im Mittelalter, S. 38.
42 »Prolog der Frau aus Bath«, Zeile 44 ff., Übersetzung der Autorin, nach Larry D. Benson und F. N. Robinson (Hg.), The Riverside Chaucer, Oxford [3]2008, S. 105.
43 MGH LL 1, hg. v. Georg Heinrich Pertz, Hannover 1835, S. 345. Siehe auch Mazo Karras, Sexualität im Mittelalter, S. 138.
44 Thomas von Aquin, Summa Theologica, Suppl., quaest. 58, art. 1.
45 Jacquart und Thomasset, Sexuality in Middle Ages, S. 171.
46 R. H. Helmholz, Marriage Litigation in Medieval England, Cambridge 1974, S. 89; Mazo Karras, Sexualität im Mittelalter, S. 146 f.
47 Zitiert in Jacquart und Thomasset, Sexuality in Middle Ages, S. 173.
48 Thomas von Chobham, Summa Confessorum, hg. v. F. Broomfeld, Louvain-Paris 1968, S. 184. Siehe auch Catherine Ryder, »Magic and Impotence in the Middle Ages«, Societas Magicas Newsletter 13 (Herbst 2004), S. 1.
49 Giovanni Boccaccio, Das Dekameron, übers. v. Karl Witte, München 1991, 3. Tag, 1. Geschichte, S. 216.
50 Jean de Meun, The Romance of the Rose, übers. v. Harry W. Robbins, New York 1962, S. 172, 182. Dt.: Ott, Der Rosenroman, Bd. 2, S. 487 und 515.

51 John C. Jacobs (Übers.), The Fables of Odo of Cheriton, Syracuse, N. Y., 1985, S. 143. Siehe auch Mazo Karras, Sexualität im Mittelalter, S. 188 f.

52 Michael Goodich (Hg.), Other Middle Ages: Witnesses at the Margins of Medieval Society, Philadelphia 1998, S. 111.

53 Geoffroy de La Tour Landry, Le Livre du Chevalier de La Tour Landry pour l'enseignement de ses filles, hg. v. Anatole de Montaiglon, Paris 1854, S. 24, 96.

54 Andreas Capellanus, De amore, praef. und 1,7,4. Dt.: Andreas, königlicher Hofkapellan, Von der Liebe. Drei Bücher, übers. v. Fritz Peter Knapp, Berlin 2006, S. 3 und 176.

55 Ebenda, 1,1,1 (S. 5), 1,2,5 (S. 8), 1,2,7 (S. 8), 1,11,2 (S. 187).

56 Ebenda, 1,5,2 (S. 10), 1,9,10 (S. 181).

57 Ebenda, 1,11,3 (S. 187).

58 Andreas Capellanus, The Art of Courtly Love, übers. v. John Jay Parry, New York 1960, S. 23.

59 Andreas Capellanus, De amore 2,7,41. Dt.: Andreas, Von der Liebe, S. 233.

60 Ebenda, 2,7,24 (S. 226).

61 Ebenda, 3,1,34 (S. 267).

62 Ebenda, 2,1,104 (S. 290).

63 Avicenna, Kanon 3,21,1,9, zitiert in Jacquart und Thomasset, Sexuality and Medicine, S. 130.

64 Justin Hancock, Gespräch mit der Autorin, 17. Februar 2021.

65 Pietro d'Abano, Conciliator, Venedig 1521, in: Jacquart und Thomasset, Sexuality and Medicine, S. 46.

66 Avicenna, Kanon 3,21,1,9, zitiert in Jacquart und Thomasset, Sexuality and Medicine, S. 130 f. Interessanterweise identifiziert Avicenna auch den »Sitz der Lust« bei Frauen als »zwischen dem Anus und der Vulva«, was uns vermuten lässt, dass seine Beobachtungen zu sexueller Lust persönlicher Natur waren.

67 William of Conches, Dialogue on Natural Philosophy, S. 136.
68 Thomas von Aquin, Summa Theologica, pt. SS, quaes. 154, art. 7.
69 Ebenda.
70 William of Conches, Dialogue on Natural Philosophy, S. 137.
71 Humbert de Romans, To the Leprous, in: Goodich, Other Middle Ages, S. 147.
72 Odette Pontal (Übers.), Les statuts de Paris et le synodal de l'Ouest, XIIIme siècle, Paris 1971, S. 205 ff.
73 P. de Koning (Übers.), Trois traités d'anatomie arabe, Leiden 1903, S. 403 ff., zitiert in Jacquart und Thomasset, Sexuality and Medicine, S. 72. Interessanterweise wurden die anderen Körperteile, die als »weiß« klassifiziert werden, durch das Sperma von Vater und Mutter geschaffen.
74 William of Conches, Dialogue on Natural Philosophy, S. 137 f.
75 Zitiert in Benjamin Lee Gordon, Medieval and Renaissance Medicine, London 1960, S. 534.
76 Green, Trotula, S. 97 f., 127 f., 133 f.
77 Ebenda, S. 71.
78 Zitiert in Jacquart und Thomasset, Sexuality and Medicine, S. 174.
79 Green, Trotula, S. 72.
80 Johannes von Gaddesden, Rosa Anglica practica medicine a capite ad pedes, hg. v. N. Scyllacius, Augsburg 1595, S. 596 f. Siehe auch Jacquart und Thomasset, Sexuality and Medicine, S. 176.
81 Jacquart und Thomasset, Sexuality and Medicine, S. 176.
82 De Animalibus 11,I,1, zitiert in Joan Cadden, »Western Medicine and Natural Philosophy«, in: Handbook of Medieval Sexuality, hg. v. Vern L. Bullough und James A. Brundage, New York 1996, S. 59.
83 Zitiert in Jacqueline Murray, »Twice Marginal and Twice In-

visible: Lesbians in the Middle Ages«, in: Bullough und Brundage, Handbook of Medieval Sexuality, S. 197.

84 Burchard von Worms, Decretorum Liber, in: Patrologiae Cursus Completus. Series Latina, hg. v. Jacques-Paul Migne, Paris 1856, Bd. 140, Sp. 971.

85 Hinkmar von Reims, De divortio Lotharii et Theutbergae reginae, in: Patrologiae Cursus Completus, Series Latina, hg. v. Jean-Paul Migne, Paris 1852, Bd. 125, Sp. 692 f., zitiert in John Boswell, Christianity, Social Tolerence, and Homosexuality: Gay People in Western Europe from the Beginning of the Christian Era to the Fourteenth Century, Chicago 2015, S. 204.

86 Burchard von Worms, Corrector and Doctor, in: Medieval Popular Religion, 1000–1500: A Reader, hg. v. John R. Shinners, Toronto [2]2006, S. 469.

87 »Gerard Cagnoli (d. 1342) and the Exorcism of Lust«, in: Other Middle Ages: Witnesses at the Margins of Medieval Society, hg. v. Michael Goodich, Philadelphia 1998, S. 143 f.

88 »Bridget of Sweden (d. 1371)«, ebenda, S. 144 f.

89 Ob der zweite für den Malleus genannte Verfasser, der dominikanische Inquisitor Jakob Sprenger, um 1436–1495, tatsächlich an der Entstehung dieses einflussreichen Werkes beteiligt war, steht zur Diskussion. Siehe z. B. Christopher S. Mackay (Hrsg.): Henricus Institoris, O. P. and Jacobus Sprenger, O. P.: Malleus maleficarum. Band 1, Cambridge 2006, S. 103–121.

90 Heinrich Kramer (Institoris), Der Hexenhammer. Malleus Maleficarum, München 2000, I,6, S. 224.

91 Ebenda, I,6, S. 229 und 238.

92 Ebenda, II,1,7, S. 426.

93 Ebenda, II,1,6, S. 417 f.

94 Ebenda, I,6, S. 240.

95 Ebenda, I,1, S. 139 ff.
96 Ebenda, II,1,3, S. 386.
97 Ebenda, II,1,7, S. 420.

4
Frauen und Arbeit

1 Max L. W. Laistner, Christianity and Pagan Culture in the Later Roman Empire: Together with an English Translation of John Chrysostom's »Address on Vainglory and the Right Way for Parents to Bring up their Children«, Ithaca, N. Y., 1951, S. 8.
2 Bella Millett und Jocelyn Wogan-Browne (Hg.), Medieval English Prose for Women: Selections from the Katherine Group and Ancrene Wisse, Oxford 1990, S. 31.
3 »St. Jerome: Virginity and Marriage, 4th c. A. D.« in: Women's Lives in Medieval Europe: A Sourcebook, hg. v. Emilie Amt, New York 1993, S. 26.
4 Millett und Wogan-Browne, Medieval English Prose for Women, S. 23, 25, 21.
5 Judith Bennett, Women in the Medieval English Countryside: Gender and Household in Brigstock before the Plague, New York 1987, S. 56.
6 Henrietta Leyser, Medieval Women: A Social History of Women in England, 450–1500, London 1995, S. 143 f.
7 »Survey of Alwalton: Obligations of Peasants, 1279« in: Amt, Women's Lives in Medieval Europe, S. 182 ff.
8 Zvi Razi, »Family, Land, and the Village Community in Later Medieval England«, Past and Present 93, Nr. 1 (1981), S. 5.
9 Amt, Women's Lives in Medieval Europe, S. 181.
10 Ebenda, S. 182.

11 Millett und Wogan-Browne, Medieval English Prose for Women, S. 35.

12 Heath Dillard, Daughters of the Reconquest: Women in Castilian Town Society, 1100–1300, Cambridge 1984, S. 150; Leyser, Medieval Women, S. 152.

13 Martine Segalen, Love and Power in the Peasant Family: Rural France in the Nineteenth Century, Chicago 1983, S. 138 f.

14 Peter Ward, Der saubere Körper. Eine moderne Kulturgeschichte, Berlin 2020, S. 102 f.

15 Burchard von Worms, Corrector and Doctor, in: Medieval Popular Religion, 1000–1500: A Reader, hg. v. John R. Shinners, Toronto [2]2006, S. 461. Vgl. dt.: Birgit Kynast, Tradition und Innovation im kirchlichen Recht: das Bußbuch im Dekret des Bischofs Burchard von Worms, Ostfildern 2020.

16 »Descriptions of Maidservants' Work, 12th-13th c.« in: Amt, Women's Lives in Medieval Europe, S. 181.

17 Aelfric, Ælfric's Colloquy: Translated from the Latin, übers. v. Ann E. Watkins, http://www.kentarchaeology.ac/authors/016.pdf, S. 13.

18 »Manorial Court rolls, 14th c.« in: Amt, Women's Lives in Medieval Europe, S. 185.

19 Llewellyn Jewitt, »A Few Notes on Ducking Stools«, Green Bag 10, 1898, S. 522.

20 »Coroners' Rolls: Violent Incidents, 13th-14th c.« in: Amt, Women's Lives in Medieval Europe, S. 189.

21 Helena Graham, »›A Woman's Work …‹: Labour and Gender in the Late Medieval Countryside«, in: Woman Is a Worthy Wight: Women in English Society, c. 1200–1500, hg. v. P. J. P. Goldberg, Wolfeboro Falls, N. H., 1992, S. 141; Leyser, Medieval Women, S. 147.

22 Leyser, Medieval Women, S. 156.

23 »Parisian Guild Regulations, 13th c.« in: Amt, Women's Lives in Medieval Europe, S. 194.
24 Ebenda, S. 196.
25 Guy Geltner, »Healthscaping a Medieval City: Lucca's Curia Viarum and the Future of Public Health History«, Urban History 40, Nr. 3 (2013), S. 396–400.
26 Christopher Mielke, »Rub-a-dub-dub, Three Maids in a Tub: Women in Bathhouse and Secondary Sites of Sex Work in Medieval Hungarian Towns«, in: Same Bodies, Different Women: »Other« Women in the Middle Ages, hg. v. Christopher Mielke und Andrea-Bianka Znorovszky, Budapest 2019, S. 118 ff.
27 Ebenda, S. 121.
28 Ebenda, S. 197.
29 Ebenda.
30 »Infractions of Commercial Regulations, 13th-14th c.« in: Amt, Women's Lives in Medieval Europe, S. 202.
31 Ebenda, S. 202 f.
32 Erika Uitz, Die Frau in der mittelalterlichen Stadt, Stuttgart 1988, S. 43 f.
33 Ebenda, S. 38 f.
34 Stadtarchiv Regensburg, AlmU, 130 Schenkung Mathews der Ranttinger, 1397.03.16 [Urkunde]. Sabine Schmieder: »Azurblaues Tuch aus Brabant. Die Kauffrau Margarethe Runtinger«, in: Regensburger Frauenspuren. Eine historische Entdeckungsreise, hg. v. Ute Kätzel und Karin Schrott, Regensburg 1955, S. 52–54. Edith Ennen: Frauen im Mittelalter, München 1994, S. 186 f.
35 Zitiert in Jenifer Ní Ghrádaigh, »Mere Embroiderers? Women and Art in Early Medieval Ireland«, in: Reassessing the Roles of Women as »Makers« of Medieval Art and Architecture, hg. v. Therese Martin, Leiden 2012, S. 93.

36 Charles Henry Hartshorne, »English Medieval Embroidery«, Archaeological Journal 1, Nr. 1 (1844), S. 322.

37 Christine de Pizan, Das Buch von der Stadt der Frauen (1405), München 1990, S. 116. Dorothy Miner, Anastaise and Her Sisters: Women Artists of the Middle Ages, Baltimore 1974, S. 20 f.

38 Annemarie Weyl Carr, »Women as Artists in the Middle Ages«, Feminist Arts Journal (Frühjahr 1976), S. 6.

39 Pierre Alain Mariaux, »Women in the Making: Early Medieval Signatories and Artists' Portraits, 9th-12th c.«, in: Martin, Reassessing the Roles, S. 399–409.

40 Françoise Baron, »Enlumineurs, peintres et sculpteurs parisiens des XIIIe et XIVe siècles, d'après les rôles de la taille«, Bulletin archéologique du Comité des travaux historiques et scientifiques 4 (1968), S. 37–121; Baron, »Enlumineurs, peintres et sculpteurs parisiens des XIVe et XVe siècles, d'après les archives de l'hôpital Saint-Jaques-aux-Pèlerins«, Bulletin archéologique du Comité des travaux historiques et scientifiques 6 (1971), S. 77–115.

41 Katrinette Bodarwé, »Pflege und Medizin in mittelalterlichen Frauenkonventen/Cure and Medicine in Medieval Nunneries«, Medizinhistorisches Journal 37, Nr. 3/4 (2002), S. 231–263.

42 Vern L. Bullough, »Training of the Non-University-Educated Medical Practitioners in the Later Middle Ages«, Journal of the History of Medicine and Allied Sciences 14, Nr. 4 (1959), S. 448.

43 Monica H. Green (Hg. u. Übers.), The Trotula: An English Translation of the Medieval Compendium of Women's Medicine, Philadelphia 2001, S. xii-xiv.

44 Green, Trotula, S. 80.

45 Leyser, Medieval Women, S. 127.

46 Kramer, Hexenhammer I,11, S. 286.

47 Augustinus, De ordine, in: Corpus scriptorum ecclesiasticorum Latinorum, hg. v. P. Knöll, Bd. 63, Leipzig, 1922, S. 155; Thomas von Aquin, Summa Theologica, pt. Iia-IIae, ques. 10, art. 11.

48 Ivan Hlaváček und Zdeňka Hledíková (Hg.), Protocollum visitationis archidiaconatus Pragensis annis 1379–1382 per Paulum de Janowicz archidiaconum Pragensem factae, Prag 1973, S. 118.

49 Ebenda, S. 62.

50 »Carpenter's Specifications: A Town House, 1308« in: Amt, Women's Lives in Medieval Europe, S. 213.

51 Ebenda, S. 211.

52 John Martin Klassen, The Nobility and the Making of the Hussite Revolution, New York 1978, S. 20.

53 John Noorthouck, A New History of London Including Westminster and Southwark, London 1773, Bd. 3, Kap. 1 »Southwark«, Anm. 11, https://www.british-history.ac.uk/no-series/new-history-london/pp678-690.

54 John E. Lobdell und Douglas Owsley, »The Origin of Syphilis«, Journal of Sex Research 10, Nr. 1 (1974), S. 76–79. Kerttu Majander u. a.: »Ancient Bacterial Genomes Reveal a High Diversity of Treponema pallidum Strains in Early Modern Europe«, Current Biology, Bd. 30(2020), S. 1–16.

55 Emile Friedberg (Hg.), Corpus iuris canonici: Editio lipsiensis secunda post Aemilii Ludouici Richteri curas ad librorum manu scriptorum et editionis romanae fidem recognouit et adnotatione critica instruxit Aemilius Friedberg, Graz 1879–1881, Bd. 2, S. 668.

56 »Vita venerabilis presbyteri Milicii, praelati ecclesiae Pragensis«, in: Josef Emler (Hg.), Fontes Rerum Bohemicarum, Prag 1871–1873, Bd. 1, S. 418.

57 Leah Lydia Otis, Prostitution in Medieval Society: The History of an Urban Institution in Languedoc, Chicago 1985, S. 72 f.

58 Ebenda, S. 73–76.

59 »Caesarius of Arles: Rule for Nuns, ca. 512–534« in: Amt, Women's Lives in Medieval Europe, S. 221 f.

60 Ebenda, S. 223.

61 James of Vitry, »The Life of Mary of Oignies«, in: The Essential Writings of Christian Mysticism, hg. v. Bernard McGinn, New York 2006, S. 65.

62 Marguerite Porete, The Mirror of Simple Souls, übers. v. Ellen L. Babinsky, New York 1993, S. 104. Dt.: Der Spiegel der einfachen Seelen, übers. v. Louise Gnädinger, Zürich/München 1987, Kap. 21, S. 51.

63 Phillips, Medieval Maidens, S. 74. Manuel González Jiménez: Fernando III el Santo. El rey que marcó el destino de España, Sevilla 2011, S. 330 f., FN 9.

64 Agnes Strickland, Lives of the Queens of England from the Norman Conquest, Philadelphia 1841, S. 308.

65 Phillips, Medieval Maidens, S. 118.

66 Ebenda, S. 114.

67 »Christine de Pisan: Advice to Noblewomen, 1405« in: Amt, Women's Lives in Medieval Europe, S. 164 f.

68 »Household Accounts of Dame Alice de Bryene, 1412–13«, ebenda, S. 166 ff.

69 »The Paston Family: Letters, 15th c.«, ebenda, S. 173.

5
Was bedeutet das für uns

1 Marie Shear, »Media Watch: Celebrating Women's Words«, New Directions for Women 15, Nr. 3 (Mai-Juni 1986), S. 6.

2 Virginia Woolf, A Room of One's Own. Ein Zimmer für sich allein, München 2021, S. 209.

3 John Locke, Two Treatises of Government, Cambridge 1969, S. 37, 16. Dt.: John Locke, Zwei Abhandlungen über die Regierung, übers. v. Hans Jörn Hoffmann, Frankfurt/Main 1967, S. 96 (I,47) und 253 (II,82).

4 Jean-Jacques Rousseau, Über den Ursprung der Ungleichheit unter den Menschen (2. Diskurs), 1. Teil, Anm. l, zitiert nach: ders., Schriften zur Kulturkritik, Hamburg 1971, S. 147.

5 Gina Rippon, The Gendered Brain: The New Neuroscience that Shatters the Myth of the Female Brain, London 2020, S. 176.

6 Cordelia Fine, Die Geschlechterlüge, Stuttgart 2012, S. 192 f.

7 Diane F. Halpern, »How Neuromythologies Support Sex Role Stereotypes«, Science 330, Nr. 6009 (2010), S. 1320 f.

8 A. Memrick, Gaston Gazette, 15. Januar 2011, zitiert in: Diane F. Halpern u. a., »The Pseudoscience of Single-Sex Schooling«, Science 333, Nr. 6050 (2011), S. 1706 f.

9 Lacey J. Hilliard und Lynn S. Liben, »Differing Levels of Gender Salience in Preschool Classrooms: Effects on Children's Gender Attitudes and Intergroup Bias«, Child Development 81, Nr. 6 (2010), S. 1787–1798.

10 James Damore, »Google's Ideological Echo Chamber: How Bias Clouds Our Thinking About Diversity and Inclusion«, Juli 2017, https://s3.documentcloud.org/documents/3914586/Googles-Ideological-Echo-Chamber.pdf.

11 M. J. Law Smith u. a., »Maternal Tendencies in Women Are

Associated with Estrogen Levels and Facial Femininity«, Hormones and Behavior 61, Nr. 1 (2012), S. 12–16.

12 E. James Anthony und Therese Benedek (Hg.), Parenthood: Its Psychology and Psychopathology, New York 1997; Mardy S. Ireland, Reconceiving Women: Separating Motherhood from Female Identity, New York 1993, S. 48.

13 Nancy J. Chodorow, Das Erbe der Mütter. Psychoanalyse und Soziologie der Geschlechter, München 1985, S. 43.

14 Shelley J. Correll, Stephen Benard und In Paik, »Getting a Job: Is There a Motherhood Penalty?«, American Journal of Sociology 112, Nr. 5 (2007), S. 1297–1338.

15 Michelle Fox, »The ›Motherhood Penalty‹ Is Real, and It Costs Women $ 16,000 a Year in Lost Wages«, CNBC, 25. März 2019, https://www.cnbc.com/2019/03/25/the-motherhood-penalty-costs-women-16000-a-year-in-lost -wages.html.

16 Eva Sierminska, »Does It Pay to Be Beautiful?«, IZA World of Labor 2015, S. 161; Eva M. Sierminska und Xing (Michelle) Liu, »Beauty and the Labor Market«, in: International Encyclopedia of the Social & Behavioral Sciences, hg. v. James D. Wright, Amsterdam [2]2015, S. 383–391; Daniel S. Hamermesh, Beauty Pays: Why Attractive People Are More Successful, Princeton, N. J., 2011; Jason M. Fletcher, »Beauty vs. Brains: Early Labor Market Outcomes of High School Graduates«, Economics Letters 105 (2009), S. 321–325; D. S. Hamermesh und J. E. Biddle, »Beauty and the Labor Market«, American Economic Review 84 (1994), S. 1174–1194; M. T. French, »Physical Appearance and Earnings: Further Evidence«, Applied Economics 34 (2002), S. 569–572; D. S. Hamermesh, X. Meng und J. Zhang, »Dress for Success – Does Primping Pay?«, Labour Economics 9 (2002), S. 361–373.

17 William D. Lassek und Steven J. C. Gaulin, »Evidence Sup-

porting Nubility and Reproductive Value as the Key to Human Female Physical Attractiveness«, Evolution and Human Behavior 40, Nr. 5 (2019), S. 408–419; Jeanne Bovet, »Evolutionary Theories and Men's Preferences for Women's Waist-to-Hip-Ratio: Which Hypotheses Remain? A Systematic Review«, Frontiers in Psychology (4. Juni 2019), https://doi.org/10.3389/fpsyg.2019.01221.

18 Will Lassek, Steve Gaulin und Hara Estroff Marano, »Eternal Curves«, Psychology Today (Juli 2012); Devendra Singh, »Universal Allure of the Hourglass Figure: An Evolutionary Theory of Female Physical Attractiveness«, Clinical Plastic Surgery 33, Nr. 3 (2006), S. 359–370; Daniel Davies, »Why Science Says Men Go for Women with Hourglass Figures: It's in Our Nature Apparently«, Men's Health (18. Juni 2019); Gad Saad, »Men's Preference for the Female Hourglass Figure: The Appeal of Women with Curves, Latest Data«, Psychology Today (Februar 2010).

19 De Elizabeth, »Billie Eilish Reveals the Reason for Her Baggy Clothes in New Calvin Klein Ad«, Teen Vogue (11. Mai 2019); Eve Barlow, »Billie Eilish Has Already Lived a Hundred Lives – And She's Only 17«, Elle (5. September 2019).

20 Leyla Mohammed, »Billie Eilish Said Her Experimental Vogue Cover Was Meant to Be ›A Specific Aesthetic for a Photo Shoot‹ and ›Not a New Style‹ After Critics Called Her Out for Wearing Lingerie and Form-Fitting Clothes«, BuzzFeed News (2. Dezember 2021), https://www.buzzfeednews.com/article/leylamohammed/billie-eilish-responds-to-backlash-over-vogue-cover.

21 »House Republicans Balk at Sex-Research Funding«, Washington Times (9. Juli 2003), https://www.washingtontimes.com/news/2003/jul/9/20030709-110059-9087r/; Liam Beattie, »Tory Cuts Are Causing a Sexual Health Crisis«, Tribune

(12. Dezember 2020), https://tribunemag.co.uk/2020/12/tory-cuts-are-causing-a-sexual-health-crisis.

22 Meg-John Barker und Justin Hancock, Enjoy Sex How, When, and If You Want To: A Practical and Inclusive Guide, London 2017, S. 1–7.

23 Pietro d'Abano, Conciliator controversarium, quae inter philosophos et medicos versantur, 1472, in: Danielle Jacquart und Claude Thomasset, Sexuality and Medicine in the Middle Ages, Princeton, N. J., 1988, S. 46; Sigmund Freud, Drei Abhandlungen zur Sexualtheorie, Frankfurt/Main 2009.

24 David M. Buss, »Evolutionary Psychology: A New Paradigm for Psychological Science«, Psychological Inquiry 6, Nr. 1 (1995), S. 5.

25 Jamie Cuccinelli, »Marriage in the ›New‹ America: A Pandemic, Equality, and an Industry Ready for Change«, Brides (13. Dezember 2021).

26 World Health Organization, Global Alcohol Action Plan 2022–2030 to Strengthen Implementation of the Global Strategy to Reduce the Harmful Use of Alcohol (Juni 2021), https://cdn.who.int/media/docs/default-source/alcohol/action-plan-on-alcohol_first-draft-final_formatted.pdf?sfvrsn=b690edb0_1&download=true.

27 William Goode, World Revolution and Family Patterns, New York 1963, S. 56.

28 Simon Baron-Cohen, Vom ersten Tag an anders. Das weibliche und das männliche Gehirn, Düsseldorf/Zürich 2004, S. 178 f.

29 Arlie Russell Hochschild und Anne Machung, Der 48-Stunden-Tag. Wege aus dem Dilemma berufstätiger Eltern, München 1993.

30 Peter Kay Chai Tay, Yi Yuan Ting und Kok Yang Tan, »Sex and Care: The Evolutionary Psychological Explanations for

Sex Differences in Formal Care Occupations«, Frontiers in Psychology (17. April 2019), https://doi.org/10.3389/fpsyg.2019.00867.

31 Asaf Levanon, Paula England und Paul Allison, »Occupational Feminization and Pay: Assessing Causal Dynamics Using 1950–2000 U. S. Census Data«, Social Forces 88, Nr. 2 (Dezember 2009), S. 865–891.

Bildnachweis

S. 39: Heritage Image Partnership Ltd / Alamy Stock Photo
S. 99: VTR / Alamy Stock Photo
S. 101: Den Haag, KB, Nationalbibliothek der Niederlande, 76 F 2, fol. 278 r.
S. 102: IanDagnall Computing / Alamy Stock Photo
S. 105: The Picture Art Collection / Alamy Stock Photo
S. 124: Wellcome-Apokalypse, Wellcome Collection
S. 206: Heritage Image Partnership Ltd / Alamy Stock Photo
S. 211: INTERFOTO / Alamy Stock Photo
S. 230: The Walters Art Museum, Baltimore
S. 232: Pictorial Press Ltd / Alamy Stock Photo
S. 239: Staatsbibliothek Berlin

Register